《شەرق شاملى قۇرۇلۇشى》 كىتاب نەشر قىلىش تۈرى (4933)

"东风工程" 图书出版项目之 4933

用声音刻录百年记忆　听文物致敬百年风华

红色印记

百件革命文物的声音档案

中央广播电视总台
国家文物局　编著

中国国际广播出版社

追随领袖红色足迹 传扬大党红色基因

中宣部副部长、中央广播电视总台台长兼总编辑 慎海雄

红色资源是我党宝贵的精神财富。习近平总书记指出，革命博物馆、纪念馆、党史馆、烈士陵园等是党和国家红色基因库。要把红色资源作为坚定理想信念、加强党性修养的生动教材，讲好党的故事、革命的故事、根据地的故事、英雄和烈士的故事，加强革命传统教育、爱国主义教育、青少年思想道德教育，把红色基因传承好，确保红色江山永不变色。今年以来，中央广播电视总台深入学习贯彻习近平总书记重要指示批示精神，扎实做好庆祝中国共产党成立100周年宣传报道，生动讲好百年大党故事，完美呈现盛世盛典的永恒华章，倾力打造《美术经典中的党史》《敢教日月换新天》《山河岁月》《大决战》《跨过鸭绿江》《全国大学生党史知识竞答大会》等一大批精品力作，为党的百年大庆记载伟业、展示辉煌，得到海内外受众特别是年轻受众的高度赞誉。

今年1月以来，由国家文物局、中央广播电视总台、中央网信办联合主办的"全国革命文物百佳讲述人遴选和展示推介"活动在全社会引发热烈反响，经过初评推荐、展播投票、专家复评等环节，即将在今天发布"百佳"名单。与此同时，由三家单位联合制作的大型融媒体报道《红色印记——百件革命文物的声音档案》已于7月底在总台中国之声完播。这档节目精选百年党史中100件有代表性的革命文物，邀请100位"最美声音"作为"革命文物讲述人"

进行播讲，既有老中青三代广播电视播音员，也有众多国宝级解说员、配音演员；既有德艺双馨的表演艺术家，也有革命博物馆馆长、金牌讲解员和革命后人，是一档旗帜鲜明、形式新颖、内容翔实、可听性强的新时代革命文物声音"传记"，是我们深入开展党史学习教育的生动实践，也是总台庆祝建党百年的又一精品力作。节目还特别采访了100位"90后"讲解员，通过青年一代的自述折射文物所承载的人文价值。报道一经推出就在互联网端引发热烈反响，全网点击量达8个多亿，并在上海至嘉兴的红色旅游列车上实现滚动播放。

党的十八大以来，习近平总书记的"红色足迹"遍及大江南北，多次前往革命圣地、博物馆、纪念馆，瞻仰革命文物、倾听历史回响，亲自讲述党史故事，强调要从中国革命历史、优良传统和精神中汲取养分。今天，我们很高兴地看到，"全国革命文物百佳讲述人活动"在全社会形成了"百年党史人人讲、红色基因代代传"的良好氛围。《红色印记》作为一套生动讲述百年党史的融媒体声音产品，将进入全国各地的革命博物馆、纪念馆。这意味着，未来将有更多的观众在参观革命文物展览时，能够听到这套制作精良、可听性强的有声导览，接受更加生动鲜活的党史教育，更加深刻地领悟我们党的苦难辉煌和伟大历程。

中央广播电视总台将持续深入学习贯彻习近平总书记"七一"重要讲话精神，进一步深化拓展总台建党百年宣传报道工作成果，大力唱响爱党爱国爱社会主义的时代主旋律，以总台人的担当作为和实干实绩为党的百年华诞增光添彩！

（本文为中宣部副部长、中央广播电视总台台长兼总编辑慎海雄同志于2021年8月24日在全国革命文物百佳讲述人发布暨《红色印记》声音档案进入革命博物馆、纪念馆启动仪式上的致辞节选）

讲好革命故事 赓续红色血脉

文化和旅游部副部长、国家文物局局长 李群

党的十八大以来，习近平总书记高度珍视革命历史、珍视我们走过的路，对奋斗历程、革命文物始终满怀崇敬，主要的革命圣地、红色旧址、革命历史纪念场所基本上都走到了。每到一地，习近平总书记都要瞻仰革命旧址、缅怀革命先烈，明确指示革命历史是最好的教科书，革命精神跨越时空、永不过时；革命文物承载党和人民英勇奋斗的光荣历史，记载中国革命的伟大历程和感人事迹；讲好党的故事、革命的故事、英雄的故事，把红色资源利用好、把红色传统发扬好、把红色基因传承好。习近平总书记的重要论述，立意高远、思想深邃，充分反映了我们党鉴往知今、继往开来的高度历史自觉，弘扬革命传统、铸就千秋伟业的强烈政治担当，为保护好、管理好、运用好革命文物指明了前进方向，提供了根本遵循。

红色是中国共产党、中华人民共和国最鲜亮的底色。在广袤的中华大地上，革命文物星罗棋布。一处处旧址，一座座纪念馆，一件件文物，一个个故事，记录着百年奋斗的伟大成就，承载着坚如磐石的信仰信念，彰显着历久弥新的初心使命。用好革命文物，赓续红色血脉，提高革命文物的研究阐释和展示传播水平，是新时代革命文物工作的重要任务。要以《中共中央关于党的百年奋斗重大成就和历史经验的决议》和之前两个历史决议为遵循，坚持正确党史观、树立大历史观，开展系统研究，深化价值挖掘，阐释革命文

物蕴含的厚重精神内核和独特胜利密码。要以全面展现党的百年奋斗的伟大成就、历史意义和历史经验为己任，突出教育功能，打造精品展陈，依托重要革命旧址、场馆，讲清楚过去我们为什么能够成功、未来我们怎样才能继续成功，增强"四个意识"，坚定"四个自信"。要以弘扬传承以伟大建党精神为源头的中国共产党人精神谱系为目标，讲好革命故事，创新传播方式，增强精神力量，奋进崭新征程。

在庆祝中国共产党成立100周年之际，国家文物局、中央广播电视总台、中央网信办制播了《红色印记——百件革命文物的声音档案》融媒体节目，社会反响良好。为延伸价值链、拓展传播力，我们对节目文案进行了再加工再充实，编辑出版同名书籍。本书以100个革命文物故事为主线，以文字表述和声音艺术为载体，语言平实质朴，叙事娓娓道来，是生动传播红色文化的融合实践。

希冀本书能让广大读者灵魂受到一次震撼、精神受到一次洗礼，感悟初心使命！希冀这次联合出版能为多部门协作、融媒体衔接讲好党的故事辟出新路、积累经验，推出更多成果！希冀新时代革命文物工作坚持守正创新，注重传史育人，更好发挥革命文物在党史学习教育、革命传统教育、爱国主义教育中的重要作用，为红色基因、红色血脉、红色江山代代相传作出更大贡献、赢得更多荣光！

C ★ NTENTS 目录

真理之甘
《共产党宣言》首个中文全译本 / 3

初心化力
董必武南湖题诗 / 7

菊花砚背后的风暴
一方砚台背后的血雨腥风 / 11

国共携手赴国难
李大钊在国民党一大上的发言稿 / 15

完成革命始回头
金佛庄的三份任命文件 / 19

纷飞的"动员令"
见证五卅运动的刻印钢板 / 25

铁军的象征
叶挺独立团的壮志与荣光 / 29

调研出真知
毛泽东留存最早的农村调查报告 / 33

冲破黑暗的驳壳枪
南昌起义第一"枪" / 37

一担水桶挑起鱼水情
秋收起义中的拥军水桶 / 41

第一篇

初心·星火燎原

土地革命的见证

缴税清单背后的"档案" / 45

包袱布上的铁律

一块红薯引发的军规 / 49

战火中的戎装

红军第一套军装蕴含的诗意 / 53

"浪花"的力量

红军创办的首份报纸 / 57

不忘初心的誓言

现存最早的中国共产党入党誓词 / 61

为了宝贵的真相

教科书上没有的历史 / 67

红土地上的守护碑

"红军的摇篮、将军的故乡" / 73

一本特殊的"声音情报"

遗失 40 年的红军作战"密码本" / 77

吃水不忘挖井人

瑞金红井的故事 / 81

烽火陕甘的红色金融

陕甘边革命根据地的货币 / 85

传奇山炮的长征路

贺龙元帅念念不忘的"老战友" / 91

一面红旗　四代守护

红旗背后的军民鱼水情 / 95

珍藏一生的党证

一张血染的党证 / 99

万万火急的生死关头

一份特别的"万万火急"电令 / 103

半面红旗映初心

留在深山密林里的神秘红军 / 107

凝聚力量的《中国呼声》

字里行间的民族呼声 / 111

缝在枕套里的秘密

一张珍贵的党员登记表 / 115

六面密印藏情报

木质印章里的秘密 / 119

迟到的绝笔信

赵一曼的爱与信仰 / 123

留在腰间的荣耀

一枚 16 年的子弹头 / 129

第二篇

恒心·暗夜荣光

一波三折的团结宣言

"西安事变"背后的风云变幻 / 133

家书里的抗战实录

抗日英烈蔡良家书 / 139

《新华日报》

记录烽火斗争的抗战号角 / 145

不曾消逝的电波

墙壁里发出的"红色电波" / 149

永远的《黄河大合唱》

《黄河大合唱》延安手稿真迹 / 153

校歌里的刚毅坚卓

西南联大之"大学之大" / 157

纪念白求恩

永远不灭的光辉 / 161

集结百团的作战图

"天降奇兵"的百团大战 / 165

聂荣臻和他的日本"女儿"

"战场救孤"的故事 / 169

光明必将冲破黑暗

周恩来写给延安女记者的一封信 / 173

我们是 XNCR
红色电台的诞生 / 179

窑洞里诞生的大学
"最革命、最进步"的"将帅摇篮" / 185

一张报纸十万兵
"马背上的印刷机" / 189

一手拿笔 一手拿枪
战地记者的赤子丹心 / 193

小提琴延安造
直抵人心的"特殊武器" / 197

写在党证上的誓言
77 年前的新四军战士的党证 / 201

全面反攻的冲锋令
对日寇的最后一击 / 205

重庆谈判之"窃听风云"
秘密报告的故事 / 209

最特殊的受降
铁道游击队的传奇 / 213

人民军队永向前
一份非同寻常的命令 / 217

第三篇

决心·人间正道

记录烽火岁月的办公桌
毛泽东在西柏坡的 10 个月 / 221

七秒钟的生死抉择
梁士英烈士的爆破筒残片 / 225

小船划出胜利之路
一只木盆如何渡长江 / 229

一根竹竿行万里
小竹竿的支前故事 / 233

北平战与和 一笔定乾坤
真实版《北平无战事》 / 237

开启胜利大门的钥匙
1949 年解放军北平入城式 / 241

光影中的秘密北上
鲁迅之子镜头下的历史 / 245

傲雪红梅永绽放
江姐的一封"托孤"信 / 251

那些你不知道的国旗设计
新中国第一面五星红旗的故事 / 255

最诚挚的敬意
宋庆龄《向中国共产党致敬》手稿 / 259

日出东方
开国大典的珍贵档案 / 265

邓稼先的"秘密武器"
见证中国第一颗原子弹的计算机 / 271

弹痕累累的树干
打不下来的上甘岭 / 277

新中国汽车的奠基石
第一辆国产汽车的诞生 / 281

一道特殊的命令
新疆驻军集体转业之后 / 285

陆海空三军 1 号战斗令
新中国第一次三军联合出动 / 289

鸭绿江波涌 日照凯旋门
"最可爱的人"的英雄壮举 / 295

移山填海铁轨情
20 万人的伟大工程 / 299

农田里的"东方红"
60 年前田间地头的"网红" / 303

绝壁上凿出红旗渠
建设红旗渠的铁锤钢钎 / 307

第四篇

信心·艰苦创业

千尺井下的掘进先锋

千尺井下的开采故事 / 311

一桥飞架南北

南京长江大桥建设"九九八十一难" / 315

如果你是一颗最小的螺丝钉

历久弥新的《雷锋日记》 / 319

荒原上的"干打垒"

大庆油田艰苦奋斗的故事 / 323

"东方红一号"飞天记

毛泽东珍藏的两盘磁带 / 327

大三线的"争气铁"

一块铸铁疙瘩背后 400 万人的创业故事 / 331

一把旧藤椅上的 400 天

"人民的好干部"焦裕禄 / 335

揭开水稻秘密的论文

袁隆平论文的原始手稿 / 339

一针一线皆关情

邓颖超的丝绵袄的故事 / 343

真理的春风

思想解放的"春风第一枝" / 347

历史转折的宣言书

开启中国改革开放的手写提纲 / 353

鹰击长空的传奇

英雄的歼-8 战机 / 357

小小药箱情 拳拳公仆心

援藏干部孔繁森的故事 / 361

"4 分钱"打破"大锅饭"

惊动中南海的"4 分钱奖金" / 365

国旗在南沙飘扬

南沙群岛上空的五星红旗 / 369

固沙"田字格"

沙坡头治沙传奇 / 373

海上缉私英雄艇

邓小平视察南方坐的"功勋船" / 377

法庭敲响第一槌

人民法院的"一槌定音" / 381

金笔绘就入世图

金笔见证的历史性时刻 / 385

航天员的护身服

太空 21 小时中的"护身符" / 389

第五篇 雄心·伟大跨越

千年田赋废 一鼎颂功绩
"告别田赋"鼎的故事 / 395

从"一幅图"到"一张网"
中国高铁的厉害之处 / 399

照亮生命的那束光
汶川地震亲历者回忆瞬间 / 403

家门口的奥运会
一把特殊的祥云火炬 / 407

高原孤岛通天路
通往神秘墨脱的公路 / 411

加快开放步伐的备案证
一份不寻常的证明 / 415

脱贫攻坚"军令状"
又一个彪炳史册的人间奇迹 / 419

中国"蓝盔"守护和平之路
维和战士的荣耀勋章 / 423

微光成炬的力量
普通人"披荆斩棘为苍生" / 427

不朽的"七一勋章"
最光辉的榜样的力量 / 431

第一篇

初心

星火燎原

音频内容二维码

《共产党宣言》首个中文全译本

馆藏：中共一大纪念馆

时间：1920年

真理之甘
《共产党宣言》首个中文全译本

讲述人：

康　辉　中央广播电视总台央视播音员

用声音刻录百年记忆，我是革命文物讲述人、播音员康辉。

我讲述的文物是《共产党宣言》首个中文全译本。这本薄薄的小册子，历经百年，伴随着中国共产党的诞生与发展壮大，现收藏在上海的中共一大纪念馆展厅中。

仔细看，这本只有56页的小册子，长18.1厘米，宽12.4厘米，封面是淡淡的红色。从1920年到2021年，百年风雨稀释了它鲜艳的色彩，但其中蕴含的思想光泽却历久弥新。

2012年11月29日上午，刚刚当选中共中央总书记的习近平来到中国国家博物馆参观大型展览《复兴之路》。他指着一本泛黄的《共产党宣言》，生动地讲述了一个关于共产党人的初心和信仰的故事：

> 一天，一个小伙子在家里奋笔疾书，妈妈在外面喊着说："你吃粽子要加红糖水，吃了吗？"他说："吃了吃了，甜极了。"老太太进门一看，这个小伙子埋头书写，嘴上全是黑墨水。结果吃错了，他旁边一碗红糖水没喝，却把那个墨水给喝了，而他浑然不觉，还说："可甜了可甜了。"

总书记提到的"忘我的青年"叫陈望道，他笔下正在翻译的文本正是《共产党宣言》。对他而言，真理的味道是如此甘甜。

"有一个怪物，在欧洲徘徊着，这怪物就是共产主义。"经过反复的推敲和斟酌，1920年春天，陈望道敲定了译文中这不同寻常的第一句话。其实，在他之前，不少人都曾在文章中摘译、引用过《共产党宣言》的片段。当年的知识分子急盼能看到全译本。1919年6月，《星期评论》在上海创刊，这本刊物以宣传社会主义、激励工人运动闻名。编辑部很快将翻译《共产党宣言》全文提上日程。中共一大纪念馆副馆长杨宇告诉我们，也是在1919年，陈望道留学归来。他与"历史"迎面相遇了。

陈望道是我国著名的教育家、语言学家，早年曾赴日本留学，学习文学、哲学、法律等专业，其间结识了不少进步学者，阅读过很多马克思主义书籍。1919年，他归国后被浙江第一师范学校聘为国文教员。这时，正赶上《星期评论》在苦苦寻找《共产党宣言》的翻译，于是这一"历史的重任"就落在了陈望道的肩上。

1920年夏天，上海市拉斐德路（现复兴中路）成裕里的一幢石库门内，印刷机轰鸣不歇。一张张浸润着"真理之味"的纸张被倾吐出来，并装订成册。由陈望道翻译并带到上海的《共产党宣言》首个中文全译本，正是从这个藏在民宅里的印刷厂，流向了千万进步青年。振聋发聩的文字震撼着旧中国积贫积弱的现实，唤醒了那个年代青年们的心灵。首版《共产党宣言》1000册发行后立即销售一空，1920年秋天加印1000册又瞬间售罄。可以说，《共产党宣言》直接塑造了早期中国共产党人的信仰。此后几十年，书里的真理又穿越了历史的惊涛骇浪，更多的人在为守护它而前仆后继。

1927年4月，蒋介石发动"四一二"反革命政变，白色恐怖笼罩着上海。危难关头，一个名叫张人亚的青年党员冒着巨大的风险，将一部分党的文件和马克思主义书刊偷偷带出上海，转运至宁波老家，托给父亲代为保存。这里面就有出自陈望道之手的《共产党宣言》首个中文全译本。

张人亚的老父亲深知这些文件的重要。他谎称儿子死了，修建衣冠冢，里面放的正是张人亚冒死带回来的这些书刊文件。独守着这个秘密，走过战乱岁月，父亲一直静静地等待儿子有朝一日能够回来开棺取书。可是直到新中国成立，张人亚仍杳无音信，其实他早在1932年，就病故于由瑞金赴长汀的路上。

1951年，张人亚的父亲年事已高，用半生苦苦等待儿子的他，其实心里也知道，儿子应该已经不在人世了。怀着思念，老父亲亲自打开"衣冠冢"，让张人亚用生命守护的这批珍贵文物重见天日。

如今，由张人亚和父亲两代人珍藏、1920年9月再版的《共产党宣言》也收藏在中共一大纪念馆。它的封面是淡蓝色的，与红色封面的首版并排陈列在一起，静静守护着中国共产党人的初心。

百年来，有人为保存《共产党宣言》舍生忘死，有人为理解《共产党宣言》彻夜钻研，还有人为发扬《共产党宣言》终身实践。在马克思诞辰200周年之际，上海曾展出全球2200种版本的《共产党宣言》，不同的文字，同样的信仰，这汇聚起来的，是怎样的力量啊！书页犹在，时光荏苒，坚定如初。这本看似薄薄的小册子，如同恒星照亮了一代又一代中国人的"精神世界"。

初心激响

　　我是中共一大纪念馆宣教专员李欣瞳，出生于1993年。今年是我成为革命文物解说员的第五个年头。我在跟"00后"小朋友们讲解《共产党宣言》的故事时，他们会睁着大大的眼睛，好奇地围在展柜前。听我讲解的小朋友，现在都已经转变为我们馆的小小解说员志愿者，用他们自己的语言，讲给更多的观众和其他小朋友听。虽然语气还很稚嫩，但是我觉得这就是我心目中的"信仰的传承"。

董必武重访嘉兴南湖题诗

馆藏：南湖革命纪念馆

时间：1964年

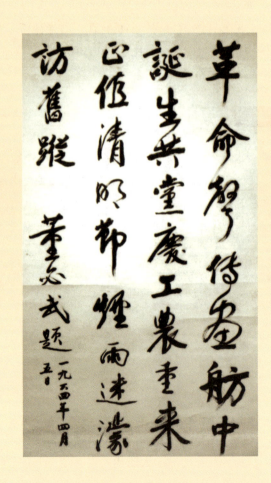

初心化力
董必武南湖题诗

讲述人：

瞿弦和 朗诵艺术家、演员

用声音刻录百年记忆，我是革命文物讲述人、演员瞿弦和。

我要讲述的这件文物是中国共产党的创始人之一董必武重访嘉兴南湖时亲笔所题的一首七言诗："革命声传画舫中，诞生共党庆工农。重来正值清明节，烟雨迷濛访旧踪。"短短28个字，重现了中国共产党第一次全国代表大会召开的场景，揭开了中国共产党引领一个民族书写救亡图存的壮丽史诗。

这首诗作的手稿现收藏在浙江嘉兴的南湖革命纪念馆中，它是用毛笔题写在一幅长120厘米、宽65.5厘米的宣纸上的，因为是1964年所写，现在看上去已经微微泛黄。但从右到左用行书书写的这四句诗，却在历史的长河中依然闪耀着革命的光辉。每每读起这些诗句，总能让人回想到1921年夏天，嘉兴南湖上的那艘红船。

这一天，看起来跟往日没有什么不同。浙江嘉兴的狮子汇渡口停靠了一艘看似普通的游船，一拨客人陆续登上了船。

游船慢慢摇动，穿桥过河，到了嘉兴南湖。船在湖里转了一圈，摇到离湖心岛烟雨楼东南约200米的僻静湖面上，就停下了。盛夏的南湖，荷花盛开，翠柳拂堤。但船舱内的客人们却无心欣赏这如画的美景，因为他们正在商议的，是"开天辟地的大事变"。

历史的宏大画卷常在不经意间开篇。嘉兴南湖游船上的会议，其实是中共一大最后一天的会议。此前，出席一大的代表们已经在上海法租界望志路106号秘密召开了6次会议，但由于会场受到暗探的注意和租界巡捕的搜查，会议的最后一天临时改在了嘉兴南湖的这艘游船上。

就在这条小小的游船内，中共一大代表们审议通过了中国共产党历史上的第一个纲领、第一个决议，并正式确定党的名称为中国共产党。

当年通过的党纲每一条字数都不长，一共不足1000字。但条条都字斟句酌，力透纸背。

建立地方委员会，党员应是5名还是8名，这样看似细节的讨论，充分证明了我党在创建初期的担当。讨论纲领和决议草案时，代表们既有一致的认识，又有激烈的争论。比如围绕着对孙中山先生的看法，有人认为他是军阀，而有人则认为应该和他合作。后来代表们在讨论中逐步形成了共识：孙中山先生是可以团结的对象。

南湖革命纪念馆史料展陈部主任陈莉说，董必武同志是唯一一位重访南湖的中共一大代表，据他回忆，当时党纲的通过，并不容易。

> 陈莉：他说，"当时有的时候争吵还是比较激烈的，像《（中国）共产党宣言》，有提到但是没有通过"。很多观点，当时争论还是比较激烈的。

正是这份党纲，确定了中国共产党最基本的建党原则，特别是在组织章程中明确提出了入党须由党员介绍、候补党员经过一定考察期限才能被接收等规范，时至今日仍然为我党所沿用，是9000多万中共党员需要履行的入党程序。

四月的江南，烟雨蒙蒙，春雨淅淅沥沥，时下时停。78岁的董必武同志再回南湖，这一次，距离他1921年的到访已经过去了整整43年。当年南湖一别，代表们步履匆匆，把革命的火种燃遍祖国山河每一寸土地。从此，星火燎原，梦想起航，转眼已近半个世纪，日月换新天。

董必武同志缓缓登上了烟雨楼，欣赏着当年无心观看的浩渺湖波，之后踏上了重新仿造的中共一大纪念船。他仔细地察看船的外形、内舱以及陈列布置，连连肯定道："这条船，我回忆是造得对的，造得成功的。"那一刻，他仿佛再次看到了1921年那些意气风发、斗志昂扬的青年，是如何以思想引爆惊雷，揭开波澜壮阔的建党伟业的。

激动的董老在参观完之后仍然心绪难平，当即挥毫题写了这首诗："革命声传画舫中，诞生共党庆工农。重来正值清明节，烟雨迷濛访旧踪。"语言朴实无华，情感却深沉凝重。1921年的中国，正遭遇深重的民族危机。风雨如晦，暗夜如磐，无数仁人志士进行了千辛万苦的探索和不屈不挠的斗争，才迎来了今天的光明。而南湖上的红船，正是中国共产党诞生的摇篮。中国革命的领航者们作出了惊天动地的壮举，从此中国革命的面貌焕然一新。

> 陈莉：这首诗里明确提出来，中国共产党的初心是什么？"诞生共党庆工农"，就是为了工农、为了人民大众，这是中国共产党的初心和使命，而且初心和使命一直没有改变。

现在，游客走在南湖岸边就能看到红船静静地停靠在湖面，在船的东面临水处，建了一座纪念亭，董老的这首诗镌刻成碑，立于亭中。这座亭也被命名为"访踪亭"，寓意着革命精神薪火相传，红船故事代代传颂。

初心化力，使命在肩。一百年来，小小红船承载着人民的重托、民族的希望，越过急流险滩，穿过惊涛骇浪，成为领航中国行稳致远的巍巍巨轮。

★ **初 心 激 响**

我是南湖革命纪念馆讲解员李怡婷，出生于1991年。作为讲解员的我，很幸运能在南湖畔、在访踪亭边接待五湖四海的来客，向大家介绍董老的诗碑，与大家一起触摸历史，一起忆初心、找初心、悟初心。我也在这里找到了自己的初心，我愿意在这儿把党的历史和红色故事讲给更多的人听。

中国劳动组合书记部工作人员使用的菊花砚

馆藏：中共一大纪念馆

时间：20世纪20年代

菊花砚背后的风暴
一方砚台背后的血雨腥风

讲述人：

陆　洋　播音艺术家、原中央广播电视总台央广中国之声《新闻和报纸摘要》播音员

用声音刻录百年记忆，我是革命文物讲述人、播音员陆洋。

我讲述的文物是一方特殊的菊花砚台。在中共一大纪念馆展厅里，共产国际代表马林的照片下，这方菊花砚台就静静地安放在那里，玲珑剔透、古朴雅致。菊花的花瓣，看似人工雕琢，其实却是天然形成的原石肌理。不过，这中国传统文房四宝之一的砚台，与马林这个外国人有什么关系呢？

中共一大结束后，中国劳动组合书记部，也就是中华全国总工会的前身在上海成立，主要任务是联络和团结工人，开展工人运动。这方菊花砚就是当年马林与高君宇、罗章龙等书记部的工作人员使用的。它见证了一份又一份重要文件的诞生，更见证了中国工人是如何凝聚起像潮水般澎湃的力量。

安源路矿、开滦煤矿、京汉铁路等大罢工此起彼伏，掀起了第一次工人运动的高潮。原中央党史研究室第一研究部研究员李蓉说，从之前自发组织争取工资，到工会成立后争取权利，工人运动的性质发生了改变。

李蓉：（工人）有了一个全国性的机构，工人阶级由原来主要争取经济利益到开始提出明确的政治诉求，参与到共产党领导的反帝反封建的民主革命斗争中来。

1923年2月4日，当怀表指针指向9点，京汉铁路总工会江岸分会委员长、共产党员林祥谦下达罢工命令，锅炉工黄正兴紧握拉杆，用力拉响汽笛。

一时间，武汉江岸笛声长鸣。工人们听到信号，开始了一致的行动。他们

熄灯灭火、关闸刹车、中断通信；纠察队员戴上臂章，维护着罢工的秩序；工人们结成队伍，浩浩荡荡涌向街头。震惊世界的京汉铁路工人大罢工拉开了序幕。

"为争自由而战！""为争人权而战！"激昂的口号震天动地。短短3小时内，京汉铁路两万多工人实现了全线的总同盟大罢工，长达1200多公里的京汉铁路线顿时瘫痪。

这可把以京汉铁路运营收入为主要军饷来源的军阀吴佩孚吓坏了，他慌忙调动两万多军警在京汉铁路沿线镇压罢工工人。2月7日下午，湖北督军署参谋长张厚生以调停谈判为借口、将工会代表骗到会场后，包围了总工会，当场开枪，打死32人、打伤200多人。林祥谦被捕。

当天晚上天降大雪，天寒地冻中，被捕工人们被绑在了江岸车站的电线杆上。张厚生亲自提着灯找到林祥谦，逼他下达让工人上工的命令。林祥谦大声说："我们好好的中国就断送在你们这群军阀、资本家手里。京汉铁路三万工人绝不罢休，全国工人要跟你们算总账！"张厚生气急败坏，让刽子手举刀砍向他的左肩，然后问："上不上？"林祥谦坚定地说："不上！"张厚生又让刽子手砍向他的右肩，声嘶力竭地再问："到底上不上？"林祥谦忍住疼痛大声呼喊："上工要总工会下命令，头可断，血可流，工不可复！"就这样，林祥谦壮烈牺牲，年仅31岁。

虽败荣犹著，英光永世红。革命者的热血与牺牲，进一步唤醒了沉睡的中国，它就像点点火种，撒播到亿万同胞的心坎上，燃起反抗斗争的烈火。我们党领导的第一次工人运动虽然失败了，但共产党人并没有消沉，而是决心联合一切可以联合的力量，继续新的斗争。

> 李蓉：京汉铁路大罢工一方面反映了工人阶级的力量，让当时的反动派认识到工人组织起来不得了。同时，我们也意识到要把革命斗争进行到底，还要争取更多的积极革命的力量，也就有了之后的第一次国共合作。

　　再来看看这方陪伴了工人运动领袖们出生入死的菊花砚吧。它见证了中国工人阶级最初的怒吼，也见证了国际共产主义战士马林与中国同事罗章龙、高君宇之间的真挚情谊。1993年，马林的女儿西玛来到中国，时年已经97岁高龄的罗章龙把菊花砚赠送给她作为纪念；16年后，西玛又将菊花砚捐赠回了中国。中共一大纪念馆副馆长杨宇说，这也是替马林老人圆了心愿。

　　　　杨宇：马林女儿说，当年父亲结束任务离开中国后，心心念念一直想回到中国，可这个梦想最终没有实现，这个文物留给中共一大纪念馆，或许也算帮他了却一个心愿。

初心激响

　　我是中共一大纪念馆讲解员何博恒，今年29岁，大学毕业后就来到这里工作，到今天已经5年多了。我每天都能看到这方菊花砚，它历经岁月洗礼，承载着厚重的历史。我经常会盯着它看，看的时候就想：是怎样的勇气和信仰，支撑着当年的英烈和恶势力抗争？我们今天可以在如此宽敞、明亮、舒适的纪念馆安心工作，离不开这些先烈的付出。把菊花砚讲解好，在党的诞生地讲好建党故事，这是我的初心，也是我的使命。

音频内容二维码

北京代表李大剑意见书

国共携手赴国难

李大钊在国民党一大上的发言稿

讲述人：

乔 榛 表演艺术家、配音演员

用声音刻录百年记忆，我是革命文物讲述人、一个年近80岁的老文艺工作者、配音演员乔榛。

我讲述的文物是李大钊在国民党一大上的发言稿——《北京代表李大钊意见书》（简称《意见书》）。位于广州的国民党一大旧址内存有它的复制品。

> 《北京代表李大钊意见书》节选：
>
> 诸位同志们：兄弟深不愿在改造的新运中，潜植下猜疑与不安的种子，所以不能不就我个人及一班青年同志们加入本党的理由及其原委，并我们在本党中的工作及态度，诚恳的讲几句话。

发言稿近2000字，用端正的小楷从右到左竖排写成，字迹刚健、力透纸背。这张已泛黄的纸页，长29.2厘米，宽33厘米，展开后就像一幅古朴的书法字帖。

李大钊这份洋洋洒洒、言辞恳切的《意见书》，曾经对促成第一次国共合作发挥了重要作用。

下面我们就一起回到那军阀混战、民不聊生的1922年。

这一年的秋天，一位戴眼镜的先生叩响了上海香山路7号孙中山寓所的大门。原来，一个月前召开的西湖会议作出了共产党员以个人身份加入国民党、进行"党内合作"的决议。为此，李大钊专程来拜访孙中山先生。

几次会面之后，两人之间建立了深厚的信任。李大钊对孙中山说："其实我们的共产主义和先生的三民主义是一致的，所以，我建议中山先生必须改组国民党，去恶存善，让党形成活力，充满动力。"而在孙中山的心目中，李大钊正是帮助他改组国民党的不二人选。

李大钊（1889—1927）

1924年1月20日，在广州一座仿罗马古典式钟楼礼堂里，国民党一大召开。孙中山主持会议，李大钊、毛泽东等20多名共产党人出席了大会。

在会上，是否允许共产党员参加国民党的问题，引发了激烈的争论。

面对这场尖锐的斗争，顶住来自部分国民党人的质疑与不屑，李大钊代表中国共产党义正词严地阐明了立场，并印发了这份《意见书》。

《北京代表李大钊意见书》节选：

我们加入本党，是几经研究再四审慎而始加入的，不是胡里胡涂混进来的，是想为国民革命运动而有所贡献于本党的，不是为个人的私利与夫团体的取巧而有所攘窃于本党的。

《意见书》既对国民党右派污蔑共产党员加入国民党是一种"阴谋"的谬论进行了回击，同时言辞真切，一番肺腑之言，深深感动了在场的大多数代表，让会场形势顿时逆转。

最终，会议确立了联俄、联共、扶助农工的三大政策，确认了共产党员以个人身份加入国民党的原则，标志着第一次国共合作正式形成。

这期间以反对北洋军阀和帝国主义为目标的革命运动，似滚滚洪流席卷中国大地。中国共产党的组织也蓬勃发展起来，短短几年，党员从500多人发展到了5万多人，增长了近100倍。这一颗颗火红的种子，深植在人民中间，在

中国国民党第一次代表大会会场旧址
（摄于 20 世纪 30 年代，广州鲁迅纪念馆 供）

广州鲁迅纪念馆内展出的《北京代表李大钊意见书》
和其他相关资料复制品（官文清 摄）

中华大地上生根发芽、开枝散叶，给积贫积弱的中国带来了希望。

　　历史的画卷，总是在砥砺前行中铺展，那是无数革命先烈用鲜血绘就的壮美。1927 年 4 月 28 日，这位毛泽东口中"真正的老师"、年仅 38 岁的李大钊被反动军阀杀害，慷慨就义。

 初 心 激 响

　　我叫何礼衡，在广州出生，今年刚好 21 岁。我在国民党一大旧址担任讲解员。每当我讲解到《北京代表李大钊意见书》这一件展品的时候，我的眼前总会浮现出李大钊的身影。"以青春之我，创建青春之家庭，青春之国家，青春之民族……"写《青春》这一篇文章的时候，李大钊只有 27 岁。穿越百年风雨沧桑，李大钊的这份青春宣言依旧铿锵有力。他没能实现的青春梦想由我们来延续；他没能完成的振兴民族重任，我们也一定会承担起来。

金佛庄的三份任命文件

馆藏：东阳档案馆

时间：1924—1925年

完成革命始回头
金佛庄的三份任命文件

讲述人：

苏 扬 中央广播电视总台央广中国之声播音员

用声音刻录百年记忆，我是革命文物讲述人、播音员苏扬。

我要讲述的文物，是革命烈士金佛庄在黄埔军校时期的三份任命文件。

这三份文件分别是两张任命状和一张委任状，每张都如同4开报纸版面大小，现收藏在金佛庄的家乡——浙江省东阳档案馆。任命状和委任状上的黑色毛笔繁体大字，记录着1924年6月到1925年10月，金佛庄在黄埔军校，曾接连担任第三学生队队长、教导第二团第三营营长和国民革命军第一军第一师第二团党代表。岁月流转间，三份文件的纸面早已泛着微黄，但字迹、落款、印章，还有文件边框上棕黄、深蓝、亮红的彩色图案依然清晰而鲜艳，仿佛在无声诉说着，第一次国共合作期间，以金佛庄为代表的共产党员们在黄埔军校挥洒过的热血与青春。

你可能想问，这金佛庄究竟是谁？他是浙江东阳人，年少时本来致力研究科学，却投笔从戎，从保定陆军军官学校毕业后，又投身于黄埔军校；在北伐战争中，他身先士卒、冲在一线；他是一名坚定的共产党员、是党的三大代表，却得到了蒋介石的信任与器重；他身为一代名将，却葬身乱坟岗，直到八年后才回归故里……下面请跟着我，来听听他和这些任命文件的故事。

金佛庄（1897—1926）

　　1920年代的广州，革命思潮涌动。1923年6月，中共三大在这里召开；转年1月，国民党一大会址也选在了这里。在国民党一大上，孙中山宣布改组国民党，推进国共合作，并创建了黄埔军校，由蒋介石担任校长。

　　1924年，能文能武、才华出众的共产党人金佛庄，经毛泽东推荐，从上海乘船抵达广州，加入了黄埔军校。这年6月，27岁的他收到了第一张任命状：担任黄埔一期第三学生队队长。

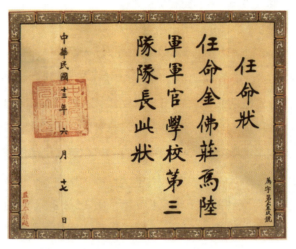

1924年6月，金佛庄被任命为陆军军官学校（黄埔军校）
第三队队长（东阳档案馆 供）

　　在黄埔军校里，每天的生活是"三操两讲"，就是三次出操、两次讲课。校园内，随处可见"碧血丹心""卧薪尝胆"等激励人心的标语。怀揣着报国志向的年轻人们聚在一起，训练生活积极而紧张。担任队长的金佛庄，充分利用在保定陆军军官学校学到的丰富军事知识，一心一意为革命训练人才，既做表率，又做导师。在他的带领下，国共两党的学生们团结在一起，第三学生队英才辈出。像后来我们熟知的陈赓、杜聿明等将领，都出自他的麾下。浙江东阳党史专家金承善介绍说，他在全校师生中颇有威望。

　　金承善：他很重视对学员的教育和训练，以身作则做表率。学生队当中的学员有些是国民党员，有些是共产党员，他团结国民党员一起共事，在国共统一战线当中做了重要的工作。

担任第三学生队队长半年后，他被提拔为黄埔军校教导第二团三营营长。在此期间，他带领主要由学生组成的黄埔校军，参加了对军阀陈炯明的东征。部队一路凯歌，战功卓著。

1924 年 12 月，金佛庄被委任为黄埔军校教导第二团三营营长（东阳档案馆 供）

那么是什么，让这支以"学生军"为主力的队伍，在东征中展现出如此强大的威力呢？其实，除了训练有素，还离不开首次被引入校园的政治教育。以政治部主任周恩来为代表的一批共产党骨干力量，将"培养有觉悟的军人"视为己任，给学校注入了活力与新鲜的力量。"为什么打仗？为谁打仗？"训练之余，对这些问题的思索，也深深扎根在学生们心中。

中国人民革命军事博物馆教授 王聚英：黄埔学生组成的军队，攻无不克，战无不胜，最主要的原因，就是树立了革命思想。

　　第一次东征结束后，金佛庄又被提拔为国民革命军第一军第一师第二团党代表。共产党员在学校和军队中威望的增高，引起了国民党的警觉。1926年，蒋介石策划"中山舰事件"，强迫共产党员退出第一军，金佛庄也被解除了职务。这次风波后，蒋介石多次利用"浙江同乡"关系，拉拢金佛庄脱离共产党，许诺予以重用。面对高官厚禄的诱惑，金佛庄向党组织进行了如实汇报。根据指示，他假装接受拉拢，秘密监视蒋介石。

1925年10月，金佛庄被任命为国民革命军第一军第一师第二团党代表（东阳档案馆 供）

　　1926年底，金佛庄主动请缨，前往江浙一带策反军阀孙传芳的部下。12月初的一天晚上，他化装成上海的洋行买办，离开南昌，乘船顺流东下。没想到他上船后行踪就被泄露了。船到南京下关码头，他当即被孙传芳手下逮捕。上海的国共两党组织闻讯后，多方设法营救，甚至委托当时的浙江省省长陈仪出面，向南京方面说情疏通。蒋介石也特意发电要孙传芳善待金佛庄，并提出可以用孙传芳军队被俘的高级将领交换，被孙传芳断然拒绝。仅仅三天之后，金佛庄被秘密杀害，为人民献出了年仅29岁的生命。

金佛庄《传略自述》节选：

尝曰："为国家人才乎！为世界人才乎！从军乎！研究科学乎！眼见国家将亡，不应徒作书生，默默以终也！……"

"眼见国家将亡，不应徒作书生"。这是"中山舰事件"后，在生命的最后一年，金佛庄写下的决心书。黄埔军校里，那三份薄薄的文件，承载着共产党员沉甸甸的使命与信仰。作为国共两党首度合作的成果，黄埔军校不仅培养出了军队里的骨干、战场上的先锋，更传承了爱国爱民、救亡图存的革命精神。

初心激响

我是浙江省东阳博物馆讲解员刘佳佳，出生于1990年。小时候，每年的清明节，学校会组织扫墓，从那时起，我知道家乡走出过一个了不起的革命先烈。如今，我和当年金佛庄去黄埔军校时差不多大。当我以讲解员的身份，来到博物馆里金佛庄烈士的展区，详细了解他在短暂生命中走过的经历，我真正体会到了，先烈们那被家国担当和使命信仰点燃的青春，燃烧得多么炽烈而夺目。我要把烈士们抛头颅洒热血的青春故事讲给孩子们听。我希望，我的这些讲述和一点点的努力能触动更多的人，尤其是年轻人，心怀家国，砥砺前行。

文 物 展 示 ————————

五卅运动时期刻传单用的钢板

馆藏：中共一大纪念馆

时间：1925年

音频内容二维码

纷飞的"动员令"
见证五卅运动的刻印钢板

讲述人：

魏春荣 北方昆曲剧院国家一级演员、中国戏剧梅花奖得主

用声音刻录百年记忆，我是革命文物讲述人、昆曲演员魏春荣。

我要讲述的这件文物是五卅运动时期刻传单用的钢板。这块钢板现收藏在上海的中共一大纪念馆中。

这块刻蜡纸用的钢板呈长方形，镶嵌在一块斑驳的木板内。五卅运动期间，上海街头纷飞的传单许多都是用这块钢板刻印出来的。

也许您会奇怪，为什么要用这种方式印传单呢？因为当时斗争形势紧迫，没有更多充裕时间去排版，这种在钢板上刻蜡纸的方式会让传单印得数量多、速度快。

如今，钢板上几乎看不清刻印蜡纸时的留痕。岁月磨平了钢板上的印迹，却无法磨灭人们的记忆。透过这块钢板，我仿佛看到1925年5月的上海街头，那时"口号雄壮、声震屋瓦，传单飘飞，满蔽天日"（《五卅运动史料》）。

1925年5月15日，上海日商内外棉七厂门口。面对工厂主无故开除工人和停工的行为，年轻的工人代表、共产党员顾正红和几位工友挺身而出，提出抗议，穷凶极恶的日本工厂经理突然拔出手枪对准顾正红，扣下了扳机。顾正红中枪倒地，壮烈牺牲。

日本帝国主义者枪杀顾正红的暴行成为五卅运动的直接导火索。

5月30日，天气闷热，似乎预示着一场风暴的来临。2000多名上海工人、学生到公共租界繁华的马路上散发传单，进行讲演，揭露帝国主义的罪行。而当他们走到南京路老闸捕房门前时，英帝国主义分子竟命令巡捕向手无寸铁的群众开枪射击，当场打死13人，伤者无数。这就是震惊中外的五卅惨案。

在中国共产党的领导下，从6月1日开始，上海相继有20余万工人罢工，5万多学生罢课，公共租界的商人全体罢市，形成了声势浩大的五卅运动。随后，反帝爱国运动像烈火一样席卷全中国。

南京路附近的著名商业地标恒隆广场，在20世纪20年代还是一条不起眼的弄堂。这条弄堂里诞生了当时的上海大学，并成为五卅运动的策源地。五卅运动中，学生不畏强权、不怕牺牲，成为当时中国革命的一个侧影，上海大学的学生朱有才便是其中一位。

在上海城区一间平房内，朱有才挽着袖子，满头大汗，正在钢板上刻印传单。这些传单是他参与革命的"秘密武器"。

> 《上海学生市民工人反抗帝国主义大运动宣言》传单节选：
> 上海是中国人的上海！然而自从帝国主义强迫开埠以来，上海租界上的中国人，吞声忍气的蜷伏于帝国主义的压迫之下，比十几国的奴隶还不如！……我们已经预备牺牲一切，冒犯各种困难与危险，为全中国反抗帝国主义的民族革命作前驱！

一张张传单被学生们散发在上海的大街小巷。罢工罢课罢市的号角、爱国主义的思潮，自上海传遍全国，汇聚成一股洪流般的力量，势不可当。当时的《申报》曾这样描写道："（上海各学校）学生三五成群，柱旗一面，上书'学生演讲队'字样，并分发传单二种，一为《学生被捕》，一为《打倒帝国主义》。"

中共一大纪念馆副馆长杨宇告诉我们，这样的散发传单行为，在当时是极其冒险的。他们稍有不慎，面临的就是帝国主义者的棍棒和铁牢。

小小传单仿佛一颗颗子弹，揿在帝国主义的阴谋上，令其千疮百孔。中国共产党和中国工人运动早期领导人邓中夏，曾在《上海日本纱厂罢工中所得来的经验》一文中这样评价传单之于革命斗争的重要作用："传单得力。……'镇定军心'和'鼓励军心'是当前的大问题了……关于道理的解释，谣言的揭破，消息普遍的流传，厂方弱点的露布……都靠文字的传单……"

　　五卅运动中一张张小小传单激发了人民的斗志，唤起了人民的觉悟，成为这场反帝爱国运动的助推器。五卅运动过后，正如邓中夏所说"革命高潮，一泻汪洋"，中国革命开启了另一段波澜壮阔的斗争。

初心激响

　　我是中共一大纪念馆宣教专员孙宗珊，出生于1992年，今年29岁。三年前硕士一毕业，我就来到这里成为一位革命文物解说员。今天，观众看到的每一件文物，比如这件五卅运动时期刻印传单时用过的钢板，背后都蕴含着一段革命往事。那时候，中国人民手无寸铁，赤手空拳，面对全副武装的帝国主义侵略势力，发扬了不畏强暴、敢于藐视敌人的大无畏精神。"赤血洗神州，浩气弥千古。"我将守护纪念馆这方精神家园，并愿意把这段历史讲给更多人听。

铁军的象征
叶挺独立团的壮志与荣光

讲述人：

黎　春　中央广播电视总台央广中国之声播音员

　　用声音刻录百年记忆，我是革命文物讲述人、播音员黎春。

　　我讲述的文物是北伐名将叶挺曾使用过的指挥刀。这把指挥刀现收藏在中国人民革命军事博物馆。指挥刀长约1米，刀把是由铜、玉合制的，上面镌刻着精美的梅花图案。刀鞘虽然已锈迹斑斑，但是刀身却依然锃亮，仿佛用无声的语言讲述着叶挺带领他的独立团将士们浴血北伐的壮志与荣光。

　　广东肇庆西江畔，有一座始建于明朝的南方园林庭院式建筑阅江楼。站在楼上远眺，江水自楼前滔滔东去，对岸是连绵的青山。1925年11月21日，由中国共产党直接领导的第一支正规武装——国民革命军第四军第十二师第三十四团在这里正式成立，1926年1月更名为第四军独立团。

　　独立团组建仅半年后，在中国共产党的推动和影响下，国民革命军在广州誓师北伐。时任中国共产党广东区委军事负责人的周恩来为独立团送行，除了叮嘱他们要加强党的领导、奋勇杀敌，还专门与叶挺相约：饮马长江，武汉见面。

　　独立团由共产党员叶挺担任团长，因此这个团也被人们称为叶挺独立团，全团有2000多人，设有三个营及两个直辖队。广东省肇庆市叶挺独立团团部旧址纪念馆讲解员曾泰介绍说，虽然刚刚成立不久，但部队纪律严明却已名声在外。

　　独立团要求各级军官和士兵严格执行"三不"——不拉夫、不扰民、不筹款；军官做到"无三金"，也就是没有金戒指、没有金牙、没有金丝眼镜。

　　叶挺身佩指挥刀，冒着炎热的天气急行军，当时全团只有一匹白马，给生病的人骑着，他和战士一样走路。抵达湖南安仁后，面对即将到来的硬仗，他对各个营长说："我们是人民的武力，又是北伐的先遣队，我们不但代表了广东革命军，而且代表了中国共产党。这是第一次打仗，我们一定要打胜。"

　　他指挥部队奋勇向前，击败了六倍于己的敌军。独立团首战大捷，稳定了湖南战局，也为北伐奠定了基础。随后，叶挺率兵继续北上，先后占领了浏阳、平江，瓦解了敌人的防线。军阀吴佩孚听说叶挺的队伍马上就要打到武汉，顿时慌了神，下令部队要不惜一切代价死守军事要地汀泗桥。汀泗桥是湖北咸宁的一个小镇，地理位置十分重要，是武汉三镇的南大门，历来都是兵家必争之地，地势险要，易守难攻。

　　8月26日清晨，战斗打响，北伐军将士从汀泗桥的正面扑上桥头，吴佩孚的军队占据有利地形，阻击北伐军的进攻。全军上下都焦急万分，千方百计寻找突破口。这时候，叶挺团长想出了妙招。

　　在当地农民的带领下，叶挺、周士第带领独立团第二营、第三营成功绕到敌人背后，与正面主攻部队前后夹击，一举攻下汀泗桥。这回，吴佩孚的武汉老巢只剩下最后一道防线了——贺胜桥，不过敌人也更加强大。曾泰介绍，固守贺胜桥的都是吴佩孚的嫡系精锐，"从来是所向披靡、号称无敌"。此外，还有从汀泗桥退下来的万余人驻守，吴佩孚亲自布防，构筑了贺胜桥纵深前后三道防线，可谓固若金汤。

　　8月30日清晨，大雾突降，独立团将士迎着密集的火力，全线冲锋，与敌人刺刀拼杀，殊死肉搏。吴佩孚部队企图实施包围策略，独立团遭到敌军三面炮火的袭击，伤亡惨重，但战士们浴血奋战，死战不退。在此紧要关头，叶挺决定坚决往前攻。直到晚年，时任团参谋长、后来的开国上将周士第也忘不了当时他和叶挺的这段对话。

　　　《周士第回忆录》节选：
　　　　叶挺说，现在只有横下一条心，以此求生杀出一条血路，你意如何？我立即回答，好，我上去！不破此山愿军法从事。叶挺严峻地说，将无虚言，你若有失，军法无情，我说我不敢以私废公。叶挺又说，告诉一营、二营营长、共产党员曹渊、许继慎，拿不下山头就交党证。

一路强攻下，兄弟部队及时赶到，协同作战，战局顿时明朗起来，北洋军犹如山崩堤决，溃不成军，即便是吴佩孚在桥头亲自督战也无济于事。占领贺胜桥后，独立团官兵继续追击北洋军，扩大战果，像一把尖刀，直指武昌。

出奇制胜，不怕牺牲，靠着叶挺的谋划和战士们的英勇，经过激烈战斗，叶挺独立团终于率先攻入武昌城，创造了北伐战争史上最为辉煌的战绩，叶挺也终于兑现了对周恩来的承诺：饮马长江，武汉见面。

在北伐战争中，独立团英勇善战，威震长江南北，其所在的第四军也被誉为"铁军"，当时武汉粤侨联谊社特意在汉阳兵工厂铸造了刻有"铁军"字样的盾牌赠送给将士们。

穿过历史的硝烟，叶挺独立团在党的领导下一路发展壮大，成为如今的解放军陆军第八十二集团军"铁军旅"。政委张兴民说，时至今日"铁军"还姓铁。从万里长征、抗日战争、解放战争到海外维和、抗震救灾、国庆阅兵，"铁军旅"全体官兵始终践行"铁军铁心跟党走，战旗永随党旗飘"的铮铮誓言，朝着实现新时代强军目标、全面建成世界一流军队砥砺前行。

这把曾跟随一代名将叶挺驰骋疆场的指挥刀，也成为叶挺带领将士前仆后继、所向披靡的英勇见证，为后人纪念和观瞻。

初 心 激 响

　　我是叶挺纪念馆讲解员张尤，出生于 1995 年，已经工作 5 年了。在讲解叶挺的指挥刀这件文物的过程中，我经常会讲到叶挺将军和战士们"宁可前进一步死，不愿后退一步生"的事迹，每一次被深深感动的同时，也由衷敬佩。或许我们对他们的相貌是陌生的，但每次看到这些革命文物，比如他们随身带着的指挥刀、望远镜、家人寄给他们的书信时，我都能真切地感受到他们的精神。作为一名讲解员，我也要用我全部的能量不断地探索和理解革命文物承载的文化，讲好文物的故事，传承红色精神。

《中国佃农生活举例》

馆藏：武汉革命博物馆

时间：1926年

调研出真知

毛泽东留存最早的农村调查报告

讲述人：

吴俊全 八一电影制片厂配音演员、译制导演、解说员

用声音刻录百年记忆，我是革命文物讲述人、八一电影制片厂解说员吴俊全。

我讲述的文物是毛泽东留存最早的农村调查报告——《中国佃农生活举例》。这本只有12页的小册子现收藏在武汉革命博物馆内。

《中国佃农生活举例》是32开纸质铅印本。长19厘米，宽13厘米，用粗线装订。封面上端从右至左印有"中国佃农生活举例"红字书名，稍下方印有"毛泽东著"字样。

翻开泛黄的纸页，看到一个世纪前农户家庭详尽的收支记录，人们仿佛回到了1926年的湖南农村。

1926年，随着北伐的胜利进军，轰轰烈烈的农民运动迅速发展。同年12月，时任中共中央农民运动委员会书记的毛泽东前往湖南考察农民运动。在老家湘潭，他与佃农张连初促膝长谈，获得了宝贵的第一手调查材料。

翻开这份调查报告，你会发现，毛泽东通过对张连初家庭情况的摸排，他核算出：如果没有天灾人祸，这户佃农"收支相抵，不足一十九元六角四分五厘五"。于是，他在报告中写道：

> 中国之佃农比牛还苦，因牛每年尚有休息，人则全无。然事实上佃农不能个个这样终年无一天休息地做苦工，稍一躲懒，亏折跟来了。这就是中国佃农比世界上无论何国之佃农为苦，而许多佃农被挤离开土地变为兵匪游民之真正原因。

撰写《中国佃农生活举例》的过程，为毛泽东日后探索中国革命道路奠定了坚实的思想基础。早在湖南第一师范学校求学时，毛泽东就提出，既读"有字之书"，也要读"无字之书"。他说，以往思想界"很少踏着人生社会的实际说话"，结果"凑热闹成了风"。

> 武汉革命博物馆馆长　高万娥：早在1920年3月，毛泽东在给友人的一封信中就表达了这样的思想："吾人如果要在现今的世界稍为尽一点力，当然脱不开'中国'这个地盘。关于这地盘内的情形，似不可不加以实地的调查，及研究。"所以，毛泽东的做派就是没有调查，没有发言权。就是实事求是。

写完《中国佃农生活举例》之后，毛泽东并没有停止调查的脚步。他还要到中国农村去看看，农民运动到底是"糟得很"，还是"好得很"。

1927年初，34岁的毛泽东身着蓝布长衫，脚穿草鞋，手拿雨伞，提着装有笔纸的布袋子，用32天的时间，徒步700公里，足迹遍布湘潭、湘乡、衡山、醴陵、长沙5个县，对农民运动进行考察。他发现，农民打土豪、分田地，寒冬里的湘西农村热火朝天。

> 高万娥：毛泽东说，农民运动不是"糟得很"，而是"好得很"。在我们党内，毛泽东不是第一个从事农民运动的。但是农民运动理论造诣最深的是毛泽东。他深知中国革命的问题，最核心的问题就是"农民问题"。没有农民参加革命，中国革命是不可能取得成功的。

从湘西农村回到武汉后，怀揣《中国佃农生活举例》这本小册子，毛泽东站到了武昌中央农民运动讲习所的讲台。

1927年4月4日下午，毛泽东出席了中央农民运动讲习所的开学典礼。来自全国各地的800名学员如同涓涓细流在此相汇。

　　高万娥：举办农讲所期间，武汉是大革命高潮的中心，就像后来的延安一样，是全国各地青年向往的地方。

　　毛泽东亲自为学员讲授农民问题、农村教育两门课程，并作了著名的《湖南农民运动考察报告》的专题报告。武汉革命博物馆讲解员李丹说，上课时，毛泽东最爱用例子深入浅出地讲道理。

　　李丹：毛泽东在黑板上画了三根竹子。一根向左弯，一根向右弯，中间的一根是直的。他边画边讲，一根竹子弯了必须向相反的方向狠掰。这就是矫枉须过正，不过正不能矫枉的道理。

　　讲习所将毛泽东撰写的《中国佃农生活举例》作为中央农民运动讲习所丛书之一正式发表。学员们通过这本薄薄的小册子了解到真实的中国农村、中国农民，也将革命的火种埋进心中。毕业后，他们就像星星之火，在随后更为严酷的革命斗争中，燃成燎原之势。

★ **初心激响**

　　我叫陈佳怡，2002年在武汉出生，是武汉革命博物馆的一名志愿者讲解员，目前还是一名大学生。童年记忆中，我很想成为革命博物馆里那些讲解员（之一）。长大后，我加入了志愿讲解队伍，很幸运地实现了小时候的梦想。在一次讲解过程中，我遇到一位来自黄冈的老爷爷，他向我感慨地说，武汉真是一座英雄城市，武汉人真是了不起。他说这话时，眼睛亮亮的，音调高高的。老人对英雄的敬仰感染着我。我们青年人应该牢记这段历史，不仅是为了缅怀，更是为了传承，这些历史、这些精神，是我们这座城市的根。

朱德在南昌起义中使用的驳壳枪

馆藏：中国人民革命军事博物馆

时间：1927年

冲破黑暗的驳壳枪
南昌起义第一"枪"

讲述人：

张　译 演员，代表作有《士兵突击》《红海行动》等，曾为多部广播剧配音

用声音刻录百年记忆，我是革命文物讲述人、演员张译。

我要讲述的这件文物是朱德在南昌起义中使用的驳壳枪。这件革命文物既象征着1927年南昌起义打响的第一枪，也是人民军队此后峥嵘岁月的起点，现存放在中国人民革命军事博物馆里。

看上去，这是一把普通的德国造毛瑟1896式7.63毫米驳壳枪，它有6条右旋膛匣，可装10发子弹，是世界上最早出现的自动手枪之一。20世纪20年代，列强对华武器禁运，这种驳壳枪被认为"不好用"而不在禁运之列，大量进口到中国。它连续射击时枪口容易上跳，但中国人把它横过来打，克服了这一缺陷。连它的创造者毛瑟都惊呼：中国人找到了它的正确用法！

朱德的这把枪，枪号为592032。仔细看，枪身上刻着宽宽扁扁的几个大字——"南昌暴动纪念 朱德自用"，可以想象，那是朱老总在1927年8月1日以后的某天刻上去的。

让我们回到那个不眠夜。大战前夜，看似风平浪静，实则剑拔弩张。周恩来和起义领导小组成员们正紧张筹谋，朱德却带着国民党第三军的人大摆宴席。席间没人知道酒酣耳热之际，朱德正在执行一项特殊任务。国防大学教授李银祥告诉我们，其实任务执行得并不十分顺利。

李银祥：因为朱德是滇军出来的，党给他的任务就是把滇军核心的两个团长和一个副团请出来喝酒。有人来报告要暴动了，朱德就说现在谣言很多，我们只管喝酒。

消息还是走漏了。送走"客人",朱德迅速赶到指挥部向贺龙总指挥报告。就这样,起义提前到凌晨两点,在南昌城头打响。

起义部队脖上系红领带、臂扎白毛巾,那一日,朱德也为自己随身佩带的这把驳壳枪系上了红飘带。激战持续4个多小时,全歼守军3000多人,这是中国共产党独立领导革命战争、创建人民军队和武装夺取政权的开始。

起义几天后,毛泽东在八七会议上提出"枪杆子里出政权"的著名论断。按照中央在起义前的决定,起义军撤离南昌,南下广东,以期恢复广东革命根据地,重新北伐。在南下途中,起义军同前来堵截的国民党军队多次作战,伤亡很大。起义军进占大埔后,决定兵分两路,主力由周恩来、贺龙、叶挺、刘伯承等率领,经潮汕、揭阳向汤坑西进;朱德则奉命带着留守部队断后,阻止敌人从背后抄袭主力部队。

这支部队完成了阻击任务,但也损失过半。他们屡屡遭到地方武装和土匪的袭击,不得不在山谷中穿行,在树林中宿营。9月天气渐冷,这支孤军却穿单衣、打赤脚、与上级联系全都中断。在最绝望无助的十字路口,战士们等来的却是个坏消息:他们拼命保护的主力部队南下失败了。

> 李银祥:打了三天三夜,(战士们)发现南下的主力部队失败了。怎么办?他们也没办法了,散的散,走的走。朱德这时就站出来说,要革命的就继续跟我走。有一次到山崖,朱德拿着驳壳枪,带着人上去把敌人消灭。垭口夺了以后,他又拿着驳壳枪指挥同志们过山口。

在最黑暗的日子里陪伴他的就是这把驳壳枪。朱德宣布了两条:第一,共产主义必然胜利;第二,革命必须自愿。朱德、陈毅率领南昌起义保留下来的部队和湘南起义农军一万余人陆续转移到井冈山地区,与毛泽东领导的部队会师,合编为工农革命军第四军,也称"朱毛"红军。

也许谁也说不清,1927年8月1日的第一枪究竟是谁打响的,但我们知道,南昌起义的火种从此再也没有熄灭。那支原本为掩护起义军主力作战而留守在三河坝的部队，后来壮大成中国人民解放军的中流砥柱。这把枪的主人，在革命最绝望的谷底展示出了磐石般的坚定意志，并成为中国人民解放军总司令，位列中华人民共和国十大元帅之首。即便在胜利之后，从他的声音里，我们仍然能听到那份坚定。

初心激响

　　我是南昌八一起义纪念馆讲解员刘俊凡，1996 年出生。在日常讲解过程中，我都会向观众介绍这把驳壳手枪。当年参加起义的战士们大多数比我还要年轻，他们是以怎样的勇气投身到这场轰轰烈烈的大革命当中，每个人都有自己心中的答案。对于参观者来说，缅怀革命先辈，珍惜现在的幸福生活，是他们最直观的感受。而对于我来说，讲好文物背后的故事，传递好八一精神，就是我心中的答案。

文 物 展 示 ——————

秋收起义中农民送饭用的水桶

馆藏：秋收起义铜鼓纪念馆

时间：1927年

一担水桶挑起鱼水情

秋收起义中的拥军水桶

讲述人:

韩童生 国家一级演员,曾出演多部话剧、影视剧,获得过第5届中国戏剧梅花奖

用声音刻录百年记忆,我是革命文物讲述人、演员韩童生。

我讲述的文物是秋收起义中的拥军水桶。它是群众用来给毛泽东率领的秋收起义部队送茶水、稀饭的。这担水桶现存放在江西省铜鼓县秋收起义铜鼓纪念馆陈列厅内,是由铜鼓县上庄村农民曾月梅在1978年捐赠的。

从外观上看,这两只水桶并无特别之处,高89厘米,直径63厘米,单个重量3斤多一点。宽度一致的木板被铁圈扎紧后严丝合缝。不过,其中一只由于使用时间久远,提手处的木材已经开裂,留下了岁月的痕迹。

这对外观普通的水桶既承载了秋收起义时部队与当地群众的军民鱼水深情,更见证了先辈们的伟大革命历程。下面我们就一起回到1927年那段风云变幻的岁月。

1927年7月,汪精卫等控制的武汉国民党中央公开与共产党决裂,对共产党员和革命群众进行逮捕、屠杀。8月7日,中共中央召开了紧急会议,即著名的八七会议,确定了土地革命和武装反抗国民党反动派的总方针。

20世纪20年代,封建地主依仗权势通过雇工、租佃、高利贷等手段对广大农民实行最残酷的剥削。

当农民在黑暗中抬不起头时,八七会议定下的土地革命方针和革命队伍的出现就像一道光,照亮了他们的路。

1927年9月9日,湘赣边界秋收起义爆发。10日,毛泽东在铜鼓县城萧家祠主持召开第三团排以上干部会议,正式宣布驻铜鼓部队改编为工农革命军第一军第一师第三团,要求全体指战员响应湖南省委号召,立即武装起义。秋夜,

皓月当空，毛泽东心潮起伏，挥墨成辞，豪迈地写下了《西江月·秋收起义》：

> 军叫工农革命，旗号镰刀斧头。匡庐一带不停留，要向
> 潇湘直进。地主重重压迫，农民个个同仇。秋收时节暮云愁，
> 霹雳一声暴动。

1927年9月11日，毛泽东完成工农革命军的组建，打出工农革命军第一军第一师的旗帜。红旗猎猎，梭镖如林，面对群情振奋的起义队伍，毛泽东带着浓重的湘音发出了武装暴动的号召。

9月11日中午，毛泽东率领的工农革命军第一军第一师第三团抵达铜鼓上庄后，受到当地群众的热烈欢迎。

当地百姓送粮送物援助部队，妇女们为得疟疾的伤病员熬汤换药，男青年则组成梭镖队协助部队站岗放哨，当场更是有多名青壮年报名参加起义军。有的群众还主动为部队抬担架，做挑夫，踊跃支前。

此时，上庄村农民曾月梅听说秋收起义部队来了，特地带着全家用水桶把茶水、稀饭抬到部队，一碗一碗地送到战士们的手上。

> 秋收起义铜鼓纪念馆馆长 邓永忠：虽然当时老百姓对
> 于革命的认识还不深刻，但他们知道起义部队是为了他们好，
> 所以他们才会踊跃支前。曾月梅给起义军送水送粥的这担水
> 桶，见证了共产党人领导的军队与群众的鱼水深情。

秋收起义犹如平地一声惊雷，完成了白色恐怖下的奋力一击。在这次起义中，共产党军队打出自己的旗帜，成为中国共产党独立领导革命战争、创建人民军队的重要标志之一，也为中国共产党保存、播撒了革命的火种。

秋收起义并非一帆风顺，起义部队分兵三路在进攻长沙的途中受挫，损失惨重。在关键时刻，毛泽东审时度势，决定立即实行战略退却，指示起义部队暂退铜鼓排埠，后开赴浏阳县文家市集中。

　　从9月到10月，起义的战士和广大工农端起步枪长矛，向着土豪劣绅和国民党反动派猛烈冲杀过去，星星之火在秋收起义播种下，逐步形成燎原之势。1927年10月27日，起义部队抵达井冈山茨坪，开创了中国共产党领导下的第一块农村革命根据地，中国革命掀开了崭新的一页。

★ 初 心 激 响

　　我是秋收起义铜鼓纪念馆讲解员任方，出生于1990年。铜鼓是秋收起义的发生地，是一片红色沃土。革命战争年代，铜鼓有七八万人为革命英勇牺牲。如今身处和平年代，我成了一名革命文物讲解员，知道每一件文物背后或催人奋进、或感人至深的故事。当我在生活中遇到困境、在工作中感到迷茫时，我都愿意静静地在纪念馆里坐一会儿，看看革命先辈们用生命留下的痕迹，从他们身上汲取前行的力量。

江西宁冈县新城区桥上乡农民交土地税清单

馆藏：井冈山革命博物馆

时间：1928年

土地革命的见证
缴税清单背后的"档案"

讲述人：

任志宏 中央广播电视总台央视主持人、播音指导，曾为《国宝档案》《新中国》等节目和纪录片解说

用声音刻录百年记忆，我是革命文物讲述人、播音员任志宏。

我讲述的这件文物是一份1928年江西宁冈县农民缴纳土地税的记录清单，现收藏于井冈山革命博物馆中。

这张土黄色的毛边纸清单，长72.5厘米，宽23.5厘米，呈长方形。上面的文字竖行排列，为黑墨色的行书字体，字迹比较清晰。清单详细记载了1928年间江西宁冈县新城区桥上乡农民缴纳土地税时，上交谷物的数量和时间。

这份看似寻常的记录清单，是当年井冈山革命根据地人民向新生的红色政权积极缴纳土地税、支援革命战争的历史见证。

1927年，大革命失败后，党的八七会议确定了土地革命和武装反抗国民党反动派的总方针。1927年10月，毛泽东率领秋收起义部队来到井冈山，创建了中国第一个农村革命根据地——井冈山革命根据地。

有了根据地，土地革命怎么搞？毛泽东开始对湘赣边界的土地状况进行调查研究。他发现，湘赣边界的土地60%以上在少数地主手里，只有不到40%在农民手里。1928年3月，工农革命军在湖南酃县水口，江西宁冈、大陇等地进行分田尝试，没收地主的土地进行分配。贫困农民获得了梦寐以求的土地。

1928年的一天，毛泽东来到井冈山桐木岭哨口下的白泥湖乡。他看到不少老乡忙着往乡政府跑。他忙拽住一个问："老表，你这么急着干什么去啊？""赶着去领分田牌啊！"老乡笑着回答。此时不宽敞的乡政府院里挤满了人。正低头写分田牌的乡政府秘书双眼通红，右手似乎已握不住毛笔。身边的工作人员赶忙向毛泽东解释，为了赶着写完分田牌，秘书已经两天两夜没合眼，实在写不动了。听了这话，毛泽东二话没说，卷起袖子，拿起毛笔，开始一笔一画地给农民写起分田牌。从这件小事可以看出，毛泽东对当时的分田工作十分关心。

在中国共产党领导下，1928年7月，湘赣边界各县的土地分配基本完成。1928年12月，井冈山《土地法》正式颁布施行。

> 井冈山《土地法》节选：
> 土地分配的数量标准：（一）以人口为标准，男女老幼平均分配。（二）以劳动力为标准，能劳动者比不能劳动者多分土地一倍。以上两个标准，以第一个为主体。有特殊情形的地方，得适用第二个标准。

这部法律解决了土地没收与分配、山林分配与竹木经销、土地税的征收与使用等问题，是中国共产党制定的第一部土地法。土地法实施后，群众欢欣鼓舞，热情歌唱："土地回老家，合理又合法。分了田和地，穷人笑哈哈。跟着毛委员，工农坐天下。"

拥有了土地的农民，生产积极性高涨，农业生产得到较快发展，1928年，井冈山革命根据地普遍获得粮食大丰收。"得之滴水，报之涌泉。"农民踊跃缴纳农业税，用朴素的方法支持革命。井冈山革命博物馆副研究员汤根姬说，这份1928年江西宁冈县农民交土地税的记录清单就是最好的见证。

土地革命使广大贫苦农民得到了实际利益，也激发了贫苦农民投身革命的热情，巩固了红军的群众基础。

> 汤根姬：在黄洋界保卫战中，面临敌众我寡的艰险境地，井冈山群众与地方武装配合红军第三十一团，不分昼夜地修筑工事、挖壕沟、运石块、制檑木，取得了黄洋界保卫战的胜利。

"山下旌旗在望，山头鼓角相闻。敌军围困万千重，我自岿然不动。早已森严壁垒，更加众志成城。黄洋界上炮声隆，报道敌军宵遁。"毛泽东的一首《西江月·井冈山》，道出了井冈山军民万众一心的斗争决心。

在中国共产党领导下的土地革命斗争，充分调动了广大农民发展生产和参加革命战争的积极性。农村革命根据地呈现出生机勃勃的景象，也让陷于水深火热之中的中国人民看到了光明和希望。

初心激响

　　我是江西井冈山革命博物馆"90后"讲解员许微微，出生于1994年，是土生土长的井冈山人。这张斑驳的土地税清单，每次讲解它时，我似乎能看到贫苦农民分得土地时脸上的笑容，听到农民抱着分田牌激动地喊着"红军万岁"，也让我感受到中国共产党为人民谋幸福的初心从未改变。听着红色故事长大的我，会从中汲取前行力量，传递给每一个人。

音频内容二维码

写着"六项注意"的红军包袱皮

馆藏：中国国家博物馆

时间：1928年

包袱布上的铁律
一块红薯引发的军规

讲述人：

李立宏 配音演员，曾为《舌尖上的中国》《风味人间》等纪录片解说

用声音刻录百年记忆，我是革命文物讲述人、配音演员李立宏。

我讲述的文物是写着"六项注意"的红军包袱皮。这块长94厘米、宽85厘米，粗布做成的包袱皮，曾在井冈山时期被一位红军战士长期使用，现收藏在中国国家博物馆。

它跟着红军战士一路风吹、日晒、雨淋，见证了中国工农红军铁一般的纪律。由于布料不易保存，曾经的白布早已变色发灰，上面的字迹也模糊不清，但依然可以分辨"六项注意"的内容："（捆铺）草；上门板；买卖公平；言语和气；借东西要还，损坏要赔偿；不准乱翻东西。"红军战士以工整的字体书写着毛泽东给部队定下的"六项注意"。

这纪律为什么要写在包袱皮上，还要从1927年的一块红薯说起。

秋收起义后，毛泽东率领部队南下，准备在井冈山建立革命根据地。当时，起义军形式上虽然已经接受中国共产党的领导，但由工人、农民和一部分原国民革命军士兵构成的队伍自由散漫惯了，军官打士兵、买东西不给钱的情况时有发生。

部队到达江西省永新县三湾村时，正是红薯收获的季节。行军路上，饥渴难耐的战士们看见路边田地里长着诱人的红薯，就毫不犹豫地连苗拔起，用衣袖胡乱擦擦泥巴，狼吞虎咽起来。这引起了毛泽东深深的忧虑。因为他知道老百姓对那些烧杀的旧军队历来是既害怕又痛恨，要想在井冈山创建革命根据地，就一定要和当地百姓搞好关系，取信于民。于是，毛泽东决心整肃军纪。几天后，在江西吉安遂川县荆竹山一块雷打石上，他扳着手指数出了三项纪律："行动听指挥，不拿群众一个红薯，打土豪要归公。"

1928年1月，部队攻占遂川县城。根据前敌委员会指示，战士们要分头下乡，发动群众。出发前，毛泽东在进行纪律教育时，宣布了工农革命军最早的"六项注意"。"上门板，捆铺草"等要求开始被老百姓所熟知。至此，"三大纪律、六项注意"的纪律基本形成，这也是工农革命军"第一条军规"的雏形。

毛泽东要求部队把"三大纪律、六项注意"写在墙上、包袱布上。每到一处，红军战士不仅不乱拿老百姓的东西，还主动帮助老百姓劈柴、挑水、打扫院子。即便在行军途中，饥饿难忍，吃了老百姓地里的苞米、红薯，来不及找到粮食主人的，他们也会在田间地头写个字条说明情况，留下银圆作为补偿，这给老百姓留下了很深的印象。

老百姓这样歌颂部队："红军纪律真严明，行动听命令；爱护老百姓，到处受欢迎。"

中国工农红军的步伐一路向前，走过大江南北，"三大纪律、六项注意"也在不断变化完善。

后来，毛泽东将"三大纪律"中的"行动听指挥"改为"一切行动听指挥"，把"不拿工人农民一点东西"改为"不拿群众一针一线"，将"打土豪要归公"改为"筹款要归公"，后来又改为"一切缴获要归公"；"六项注意"也逐步修改补充为"八项注意"：说话和气，买卖公平，借东西要还，损坏东西要赔，不打人骂人，不损坏庄稼，不调戏妇女，不虐待俘虏。

红军在井冈山地区对百姓秋毫无犯，得到了广大人民群众的支持。红军多次粉碎湘赣国民党军队对井冈山革命根据地发动的"围剿"，井冈山根据地得以巩固和发展。

后来，红军的铁律被编入了军歌，很快在部队中传唱开来。战士们在歌唱中重温纪律要求，人民军队的好作风也随着清脆的歌声传扬开去。

从一块红薯到一针一线，作为中国共产党领导的人民军队的统一纪律，"三大纪律、八项注意"体现了全心全意为人民服务的建军宗旨。而这块写有"六项注意"的红军包袱皮，也正是人民军队开始走向正规化的历史见证。

　　我是江西省博物馆讲解员黄园，出生于1994年。生在江西这片红土地，家里长辈们总向我们讲起红军故事。如今我有幸成为一位革命文物讲解员，大家看到的每一件文物，都是历史最鲜活的史料。每一次讲解，都能让我感受到我们国家从弱到强一路走来的艰辛，我们国家的强大是无数敢于流血牺牲的革命者换来的。所以，我们要珍惜这份来之不易的幸福。不忘初心，牢记使命。

红军第一套正式军装

馆藏：古田会议纪念馆

时间：1929年

战火中的戎装
红军第一套军装蕴含的诗意

讲述人：

边 江 配音导演、配音演员，曾为多部热门影视剧配音，塑造了众多观众喜爱的声音形象

用声音刻录百年记忆，我是革命文物讲述人、配音演员边江。

我讲述的文物是中国红军第一套正式军装，现收藏在位于福建省龙岩市的古田会议纪念馆里。展出的这套灰蓝色的军装有些破旧，衣领磨出毛边，衣服上的扣子全部掉光，裤子磨得泛黄，还有破损的痕迹。可以想象军装的主人，度过了怎样一段枪林弹雨的艰苦岁月。

中国红军第一套正式军装于1929年3月在福建闽西长汀设计并制作而成。军装的上衣是中山装式样，正面共有四个口袋，衣领上镶有两块红布做的红领章，领章四周绣一圈黑边；裤子是半长的阔腿样式，配有一副绑腿；军帽参照列宁戴过的八角帽式样，上面缀着一颗布质红五角星帽徽。

为什么人民军队从1927年南昌起义成立，直到1929年才拥有第一套正式军装？这套军装又是如何诞生的？让我们回到1928年那段烽火岁月。

1928年4月，"朱毛"红军在井冈山会师，成立了工农革命军第四军，后改为红军第四军。由于井冈山红色根据地的发展壮大，从1928年7月开始，国民党军一次又一次向井冈山发动"进剿"和"会剿"。在敌人长时间封锁下，井冈山上红军生活面临空前困难。陈毅在《关于朱毛红军的历史及其状况的报告》里这样记录："在浓冬之际，边界丛山中积雪不消，红军衣领饮食非常困难。又因敌人封锁，红军未能到远地游击，以致经济没有出路。在此时期中，红军官兵单衣御寒，日食红米南瓜，两个月没有一文零用钱。"

给养不足，红四军连吃饭都成问题，更别提统一军装了。为了打破敌人的封锁，解决经济困难，1929年1月14日，毛泽东、朱德、陈毅率领红四军主力悄悄下了井冈山，沿着山间小路向赣南出击。

攀越高山巨峰，没有山径可寻，到处都是嶙峋怪石和无底深渊，山风像刀子一样吹打着战士们。古田会议纪念馆副馆长陈金娥说，这一路，红四军走得异常艰难和危险，不是打仗就是行军，有时甚至还要匍匐前行。为了保暖，他们有什么衣服就穿什么衣服。

1929年3月14日，红四军从赣南进入闽西，进驻长汀县。打土豪、分田地。在长汀，红四军筹措到了近5万元的大洋。

5万大洋！这些钱要怎么用？大家议论纷纷。经过深思熟虑，毛泽东对朱德、陈毅等人说出了自己的想法：筹集来的军饷，决不能分光吃光，每一元钱都要用好。他提议，先给在上海的党中央寄去3万大洋作为经费，给红四军战士发一部分军饷，余下的再拿出一部分赶制4000套军装，每人一套。

红四军自创建以来，长期处于战争环境，无法大量生产军服，很多人穿着从老家带来的长衫短袄，为便于作战和管理，统一部队服装十分必要。

当时的闽西重镇长汀县，被称作"小上海"，物产丰富，富商云集，手工作坊遍布城乡。不仅如此，还有一个有利的条件是，红四军在长汀接收了一个被服厂，厂里有12台缝纫机和一批布料，这样做军装的条件就具备了。

有了机器，有了布料，但军服到底该如何设计，定什么样的色调，却没有可以借鉴的经验。陈金娥说，红四军前委经过反复研究论证，最终确定了新军装的款式，布料使用灰蓝色，这灰蓝色代表的是天空、海洋、青黛的群山和辽阔的大地。

陈金娥：八角形的帽子，帽子的正面点缀着一颗用红布做的五角星，上衣领口上面配着绣有黑边的红领章，这个红领章代表着两面红旗，但是为什么在红领章的四周要绣着黑边呢？因为当时列宁逝世5周年，为了纪念列宁同志而设计的。红军军装史上，也就唯有首套服装，给领口上面的两面红旗绣了黑边。

样式确定了，被服厂的工人就日夜加班赶制军装，军需处还找来20多家服装店的老板一起来加工。几天后，4000套崭新的军装发到了全军官兵手中，每人领到一套军服、一顶军帽、一个挎包、一副绑腿和两双胶鞋。

红四军干部、战士穿上新军装，个个精神抖擞、英姿飒爽。部队在长汀南寨广场举行了盛大的阅兵典礼，以整齐威武的军容，接受了毛泽东、朱德、陈毅等人的检阅。

4000套统一的新军装，使红四军队伍焕然一新。这是红军自1927年创建以来，第一次统一了军装！多年以后，朱德在延安接受美国记者史沫特莱的访问时，还对在长汀制作统一军装的往事记忆犹新。史沫特莱在她的著作《伟大的道路》中这样写道，朱将军说，我们现在终于有了第一批正规的红军军装。它没有外国军装那么漂亮，但对我们来说，却真是其好无比了。

这套军装代表着与旧时代的决裂。"一颗红星头上戴，两面红旗领子绣。"92年前的春天，红四军就是穿着这套凝聚着闽西人民革命热情的军装，开始了创建中央革命根据地的光辉历程，成为中央苏区的一支红色铁军，最后成长为人民军队的雄师劲旅！

★ 初心激响

　　我是古田会议纪念馆的讲解员谢贵全，今年23岁。每当为游客讲起这套军装的故事时，红军战士们斗志昂扬的神情，就浮现在我的眼前。无论在战火纷飞的革命年代，还是朝气蓬勃的建设年代，红色文化一直激励着我们奋勇前行。作为新时代的青年，我将接力好这一棒，让红色文化代代相传！

红四军创办的第一份正式出版的报纸《浪花》报（创刊号）

馆藏：古田会议纪念馆

时间：1929年

"浪花"的力量
红军创办的首份报纸

讲述人:

宋春丽 国家一级演员,代表作有《红岩》《便衣警察》等,曾多次荣获中国电影金鸡奖、大众电影百花奖和中国电视艺术飞天奖等奖项

用声音刻录百年记忆,我是革命文物讲述人、演员宋春丽。

我讲述的文物是红军创办的首份报纸——《浪花》报(创刊号)。这页黑色单面铅印的纸张,于1985年7月在福建龙岩原宁洋县城一座土地庙的内墙上被发现,现收藏在福建古田会议纪念馆中。

立体的玻璃展墙内,陈列着一块重达200公斤的黄色土墙,土墙上坑坑洼洼,走近它才能发现,墙壁上粘贴着一张长约37厘米、宽约56厘米的报纸,它的版面虽然已经破损,但是仍然可以看出右侧"浪花""一九二九"的字样。

透过这斑驳的字迹,我们仿佛被卷入了90多年前革命的滚滚洪流中,眼前闪现出一幅幅画面,那里有红四军浴血奋战、开辟闽西革命根据地的栉风沐雨,有80万贫苦农民分得土地、翻身解放的欢天喜地,还有无数人默默无声、忠诚于党的矢志不移。这朵小小的"浪花"是如何折射出太阳的光芒的?

1929年1月,毛泽东、朱德、陈毅等率领红四军主力离开井冈山,向赣南、闽西出击。12月,红四军第九次党代会在闽西古田召开。

闽西这块红土地,堪称"共和国摇篮",而作为中央苏区的经济中心、有着"红色小上海"美誉的长汀,对中国革命来说也有着非同寻常的意义,一个又一个的"第一"在这里诞生——在这里,红四军成立了长汀县革命委员会、长汀县赤卫队,建立了红色政权,第一个地方武装诞生了。

斗争离不开群众,在毛泽东看来,宣传革命真理和进步思想、唤起人民觉醒至关重要。有了根据地以后，环境相对稳定，红四军政治部决定，要配合武装斗争，利用从敌人手中缴获的印刷机器，办自己的报纸，这样便于广泛宣传党和红军的路线方针，把"红军是穷人的军队""把土地还给农民"的政策，告诉广大百姓。

出版军报《浪花》的任务，就交给了以印刷为掩护的长汀早期地下党员毛钟鸣及其兄长毛焕章所创办的毛铭新印刷所。

闽西特有的玉扣纸，纸质薄韧，用糨糊贴在粉墙上不易撕毁；铅印技术虽然费时，但不像油印那样会逐渐变得模糊。1929年7月27日，《浪花》报（创刊号）终于面世了。

《浪花》的《发刊词》开宗明义地阐明了红四军政治部创办报纸的宗旨是"唤起被压迫阶级和弱者"，以简洁的文字揭露了反动军阀到处征收苛捐杂税、屠杀爱国青年和土豪劣绅剥削贫民的罪行。《特讯》以漫画《灯光照耀》为由头，暗示了共产党、苏维埃政府的政策就像一盏明灯照亮广大贫苦群众的生活。

8月4日，红四军一举攻占了宁洋县城，不仅烧毁了县衙门、打击了土豪劣绅，宣传员们还四处刷写革命标语，张贴毛泽东党代表、朱德军长和陈毅主任签署的《红军第四军司令部政治部布告》，还有一张又一张的《浪花》报，宣传红军的宗旨、性质和任务。由于红四军的英勇战斗和地方群众的配合支持，9月初，敌人的"三省会剿"终于被瓦解了。

> 《红军第四军军党部布告　告商人及知识分子》节选：
> 　共产党对城市的政策是：取消苛捐杂税，保护商人贸易。
> 在革命时候对工商人酌量筹款供给军需，但不准派到小商人
> 身上。

11月，红四军又一次进驻长汀，被毛泽东誉为"制造精神炮弹的兵工厂"的毛铭新印刷所，一连17天，夜以继日，赶印包括《共产党宣言》《告商人及知识分子》等在内的书刊文件。这些印刷品被贴在了闽西的大小角落，传播着革命思想，就像一朵朵浪花汇聚成澎湃的力量。

　　日月如梭，如今，尽管这份最早的红军军报《浪花》创刊号，已经与土墙紧紧地粘在了一起，发黄卷角，但它依旧是闽西根据地历史的见证者，依旧是革命先辈留下的历久弥新的精神财富，闪耀着无比灿烂的光芒。

初 心 激 响

　　我是古田会议纪念馆的廖东娘，出生于1991年。2016年，我毕业之后来到古田会议纪念馆，从事讲解员的工作。《浪花》报是我军最早的一份军报，但早些年大家并不认识它。每天，我走上工作岗位，看到《浪花》创刊号，就想起在那么艰难的情况下，无数先辈为了心中的信仰努力奋斗。我觉得我有责任，把过去的历史告诉现在的人，让革命精神继续传承、弘扬。

现存最早的中国共产党入党誓词

馆藏：中国国家博物馆

时间：1931年

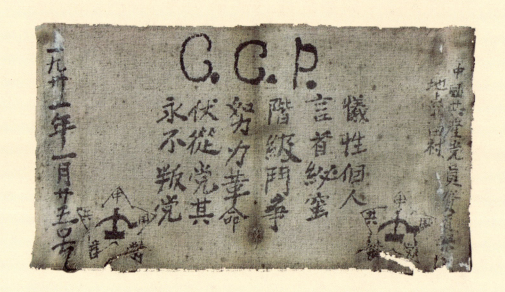

不忘初心的誓言
现存最早的中国共产党入党誓词

讲述人：

海　霞　中央广播电视总台央视主持人

用声音刻录百年记忆，我是革命文物讲述人、主持人海霞。

我讲述的文物是现存最早的中国共产党入党誓词。在这张早已看不出原本颜色的布片上，右手边自上而下竖写着"中国共产党员贺页朵，地点北田村"14个字，正中从右到左写着"牺牲个人，言（严）首（守）紩（秘）蜜（密），阶级斗争，努力革命，伏（服）从党其（纪），永不叛党"；正中最上方是"C.C.P."3个英文字母，也就是中国共产党的英文缩写；最左边是竖体的"一九三一年一月二十五号"。

这份入党誓词，正是普通农民在争取翻身解放的艰难历程中坚定跟党走的历史见证。原件现收藏于中国国家博物馆，复制品在井冈山革命博物馆展出。

1927年9月29日，毛泽东率领秋收起义部队到达江西永新县三湾村，在这里对部队进行了著名的三湾改编。中国国家博物馆副研究馆员尹静说，三湾改编是我们党建军历史上一次重要的改编，从组织上保证了党对军队的绝对领导，是建设无产阶级领导的新型人民军队的重要开端。为扩大党的组织，毛泽东非常重视在工农出身的战士中发展党员。

> 尹静：入党仪式非常重要，因为通过这样的仪式，不仅使入党程序更加规范，也可以使我们的党员更加坚定党性信念。

时年41岁的贺页朵，是江西省永新县北田村的一位普通农民，家境贫寒，十几岁就以帮人榨油打短工为生。

当时，党领导土地革命，农民分得土地、翻身解放的现实，让他明白：中国共产党是为工农谋利益的。在这样的革命洗礼中，他的心慢慢地跟党贴在了一起。今年已经82岁的贺页朵的孙女贺常媛回忆，爷爷曾向她讲述过接触地下党员贺龙雪时的场景。

> 贺常媛：我爷爷觉得（贺龙雪）是个好人，我爷爷就向他表示说愿意为共产党做事，愿意为劳苦大众做事。

信仰的种子一旦种下，就会迅速生根发芽。贺页朵下定决心，党指向哪儿，我们就打向哪儿。"三打永新""九打吉安"都留下了他的身影。为帮助红军搜集和传递情报，他冒着生命危险，把自己家的榨油坊当作红军的联络点，为红军运输粮食、食盐和弹药。由于表现出色，1931年1月，永新县的党组织批准了他的入党申请。

> 尹静：当时由于国民党军队的"围剿"，中央苏区的环境非常险恶，在入党誓词上署名，势必会给自己和家人带来危险。但是贺页朵还是毅然在誓词上署上了自己的名字，显示出他对党的忠诚和对革命的坚定信念。

榨油坊旧址（永新县融媒体中心李平 供）

江西的冬夜透骨生寒，小小的油坊中，却如春天般温暖，油灯的橘色灯光填满了整个房间，贺页朵把入党誓词写在红布上，更刻在了心里。

> 贺佐武（贺页朵孙子）：（这样做）就是要冒着全家人杀头的危险，但是我爷爷他就不怕，他说他把个人交给了党。

> 入党誓词：
> 牺牲个人，严守秘密，阶级斗争，努力革命，服从党纪，永不叛党。

在这份24个字的入党誓词中，有6个错别字格外引人注目。中共永新县委史志办主任彭朝胜介绍，由于条件有限，当时，只准备了一块红布，入党介绍人发现有错别字，要再写也没有布了，所以将错就错，就把这个作为入党宣誓书的誓词。

> 彭朝胜：里面有错字，更体现这份入党誓词的真实性，为什么呢？他（贺页朵）本人识字不多，他能够把这个入党誓词写下来，不会写的字就用其他字去代替，这更显得这份入党誓词是他亲手所写，也是他本人朴素的思想的真实写照。他受党的教育，他把这6条记得清清楚楚，记在布上，印在脑海里，以此为标准，严格要求自己去实践，真正去体现一个共产党员的革命性。他只想着个人为党奉献什么，为国家做些什么，从其中我们可以看到一个老共产党员的初心和使命。

1933年9月，国民党反动派调集了50万兵力对中央苏区进行第五次"围剿"，1934年10月，中央红军主力部队被迫进行战略转移，开始踏上两万五千里长征之路。

遗憾的是，在长征前的一次战斗中，贺页朵身负重伤，无法跟随大部队一起转移，他便留在永新县继续坚持斗争。他的入党介绍人临行时嘱咐他，要对

榨油坊旧址内部（永新县融媒体中心李平 供）

自己的党员身份保密，对任何人都不能说，包括自己的亲人。在国民党反动派的白色恐怖下，他与党组织失去了联系，虽然面临着生死考验，他却一直严守着对党的承诺。

誓言无声，初心永驻！为了不被敌人发现，贺页朵将入党誓词用油纸层层包裹，然后把它放在自家榨油坊的屋檐下。每当夜深人静的时候，他就把入党誓词取出来，一笔一画抚摸，一遍一遍诵读，仿佛队伍从不曾离开。

贺常媛：他把这个入党宣誓书视为命一样地保存起来了，这是他的命根子。他经常想念党，默默地看自己的入党宣誓书，抱着永远跟党走、永远为革命牺牲的思想准备。

17年，弹指一挥间。1951年，中央派慰问团到曾经的革命根据地进行慰问，在到达永新县的时候，得知消息的贺页朵颤抖地拿出自己珍藏的入党誓词，交到慰问团负责人的手上，最后交由中国国家博物馆保管，这份誓词也成为现存最早的入党誓词。

★ 初 心 激 响

    我是井冈山革命博物馆的讲解员尹龙乔丹，出生于1992年。生在红旗下、长在红旗下的我，从小就听长辈讲了许多有关井冈山的革命故事。曾有一段时间，对我来说，理想与信念是非常遥远的词汇。通过讲述这份由贺页朵用生命保存下来的入党誓词，我才明白，"信念"原来就是脚踏实地为了心中的目标持之以恒，而"理想"就是努力拼搏、为了更美好的明天而不断付出。这两个词对于今天的我来说也是如此珍贵，是我人生最宝贵的财富。

巩天民夫人用过的雅马哈风琴

馆藏：沈阳"九·一八"历史博物馆

时间：1931年

音频内容二维码

为了宝贵的真相
教科书上没有的历史

讲述人：

韩　啸 沈阳"九·一八"历史博物馆讲解员

用声音刻录百年记忆，我是革命文物讲述人、沈阳"九·一八"历史博物馆讲解员韩啸。

我讲述的文物，是一架珍藏在我们馆内的雅马哈风琴。这架老式雅马哈风琴看起来并不起眼。深褐色的琴体上痕迹斑斑，慢慢揭开琴盖，黑白琴键残缺不全，琴盖边仅有的几颗螺丝也早已松动。

现在，它已经无法再弹奏出优美的乐曲。可当年，正是这架风琴掩护着九位爱国人士躲过敌人一次又一次的追查，让他们最终能够将日军侵华罪证整理成册，上交国际联盟，为我们留存下"九·一八"事变的宝贵真相。

沈阳"九·一八"历史博物馆残历碑（沈阳"九·一八"历史博物馆 供）

20世纪30年代初，辽阔的东北大地暗潮汹涌。日军虎视眈眈，伺机制造各种事件，不断增兵东北，人们看似还算平静的生活早已经注定了战火纷飞的命运。

在当时的奉天，也就是今天的沈阳，基督教青年会中有一位人物格外活跃，他就是金融界名流巩天民。以这样的身份作为掩护，身为共产党员的他在青年会中结识了一大批爱国知识分子。银行家邵信普，大学教授刘仲明、张查理、毕天民、李宝实、于光元，社会活动家张韵泠，医学家刘仲宜，他们组成了一个九人爱国小组，人称沈阳"九君子"。

1931年9月18日晚上10点20分，盘踞在中国东北的日本关东军按照精心策划的阴谋，炸毁南满铁路沈阳柳条湖段，嫁祸给中国军队，并以此为借口，炮轰东北军北大营，制造了震惊中外的"九·一八"事变。此后，日军迅速占领东北，并建立伪满洲国傀儡政权。这一事件在当时的国际组织——国际联盟中引起轩然大波，在中国政府的强烈要求下，国联宣布开始对事件展开调查。

国难当头，在得知调查团要来的消息后，"九君子"毅然决定，搜集有关日本侵略东北的证据，向国际社会揭露真相。但是，当时的东北三省已经被日军控制。为了掩盖真相，他们抓走了大批进步人士，重要的命令布告等证据周围更是有人24小时把守，搜查遍及每个角落。在这样的情况下，如何获得直接证据呢？巩天民的孙子巩辛说，"九君子"想了个办法：把机密文件偷出来，拍照。

大家分工合作，一份又一份证据陆续汇集到基督教青年会教堂的阁楼上。它们需要被整理、翻译、装订……而这一切，必须在特务不断的突击搜查中隐秘进行。

一天，正当"九君子"秘密工作时，日伪特务突然闯进了教堂，他们用狰狞的目光审视着教堂里的每一个人，下一秒，就要去阁楼上了。

就在这时，悠扬的乐曲从教堂的风琴中传出。特务们上楼一看，发现阁楼上只有几位名流人士正在打麻将，于是只得作罢。

原来，"九君子"已经和夫人们约好，一旦特务突然搜查，夫人们就会带着教堂里的孩子们弹起事先约定好的曲目。听到信号，阁楼上的"九君子"可以立刻藏好证据，假装打麻将。这架老式风琴就是这样见证了一场场惊心动魄的暗战。

TRUTH（《真相》）及其封皮背面，影印本存于沈阳"九·一八"历史博物馆

"九君子"用了48天时间，将300多件日军侵华罪证整理成一份400多页、图文并茂的英汉双语汇编文件。医学教授张查理的夫人还特意为它赶做了一个蓝缎子封皮，并一针一线地在封皮上绣上了英文"TRUTH"（真相）。沈阳"九·一八"历史博物馆编研室主任高建说，这本资料太珍贵了。

> 高建：《真相》史料一方面成为国际社会对日本侵略真相进行公正判断最直接、最有力的证据，另一方面，它也使"九·一八"事变进一步引起国际社会的关注，进而将中日之间地区性的军事冲突转化为日本法西斯与世界人民追求和平愿望的冲突，进一步彰显了"九·一八"事变的国际性。

证据准备好了，危险的工作却远远没有结束。根据国际法庭的法律原则，提供材料者必须在文件上签署自己的真实姓名，否则没有法律效力。"九君子"毫不犹豫，在这份"生死簿"上郑重地签下了自己的名字。

1932年4月21日，国联调查团抵达中国，住进了日军事先安排好的大和旅馆。他们所到之处，都被周密地布控了便衣宪兵和特务。这种情况下，谁能把这本《真相》送到调查团的手上呢？这可把巩天民等人难坏了。他们几经辗转，终于联系到了调查团团长李顿的好友——法库基督教教区牧师倪斐德，将材料转交到了调查团手中。

1933年2月24日，国联以42票赞成、1票反对，通过了《国联调查团报告书》，指出日本发动的事变是侵略中国的行为，成为国际社会第一次对"九·一八"事变做出的正式定性。

"九·一八"事变成为中国人民抗日战争的起点，同时揭开了世界反法西斯战争的序幕。"九君子"隐秘而传奇的行动正代表了那个年代中国人民抵御外敌侵略的决心和不屈不挠的抗争精神。正如当年在北平欢迎国联调查团的宴会上，张学良将军曾说过的那样："东三省素来是中国的一部分，在历史上是可以考察的。……现在有3000万人民，在东三省是他们的故乡土。所以他们这3000万人民，有九十九分都是中国人，他们也愿意为他们的乡土而奋斗，就是剩一个人他们也很愿意。"

然而，"九君子"也为此付出了巨大的代价。1935年秋天，恼羞成怒的日军进行大搜捕，"九君子"中除张韵泠外全都被捕入狱。面对审讯，刘仲明大义凛然地说："我在为真理作证，我要对历史负责，我没有罪！"巩天民被折磨了49天，信念依旧坚定，他说："人有享不了的福，没有受不了的苦。"敌人摆出即将行刑的阵势，毕天民仍暗下决心："就是死，也不能给中国人丢脸！"碍于这几个人都是社会名流，又没有证据，日本人后来只好将他们释放。

新中国成立以后，"九君子"和他们的后人一直没有放弃寻找这本《真相》，直到2008年6月，巩天民的孙女才在联合国日内瓦图书馆看到它的原件。他们将其影印，并把影印本捐赠给了沈阳"九·一八"历史博物馆。

时光荏苒，在博物馆中，面对破旧的脚踏风琴，人们已经很难想象其背后曾经的血雨腥风。但它始终就在这里，希望有更多的人能来看看，听听前辈们浴血荣光的传奇故事。

初 心 激 响

    我是沈阳"九·一八"历史博物馆讲解员李雨繁，在馆内我担任中、英、日多语种讲解工作。听过我讲解的有感兴趣的孩子，也有缅怀先烈的老兵，他们说，听我讲述觉得很有感触，也感觉身临其境。这正是我愿意做博物馆讲解员的一个重要原因——在讲解的过程中我也在反复品读。从前的历史就像一首诗，不同时间、不同心境去解读的时候感受也会随之变化。沉浸在自己讲述历史的同时，把真相传递给他人，这就是我想要与之终身相伴的工作！

红军公田碑

馆藏：金寨县革命博物馆

时间：1932年

红土地上的守护碑
"红军的摇篮、将军的故乡"

讲述人：

倪　军　金寨县革命博物馆馆长

用声音刻录百年记忆，我是革命文物讲述人、安徽省金寨县革命博物馆馆长倪军。

我讲述的文物是土地革命时期的红军公田碑。这座红军公田碑，现收藏在我们金寨县革命博物馆内。它高1.07米，宽0.55米，厚0.18米，由整块花岗岩凿刻而成。碑的正面刻有大小不等的汉字，石碑的中央竖行刻着"红军公田"四个大字，上侧刻着"赤城五区三乡"，右下侧刻着"共计田五斗"几个字。

所谓"红军公田"，就是土地革命时期，鄂豫皖苏区分给红军、游击队员、脱离生产的工作人员及其家属的田地。"田五斗"是说一年能收获五斗粮食的田亩。

据鉴定，这座石碑立于1932年2月至8月期间。它虽然看上去有些简陋、粗糙，却亲历了红军时代的烽火岁月、苏区轰轰烈烈的土地改革，也见证了中国共产党"军爱民、民拥军"的优良革命传统。

安徽金寨县位于大别山腹地，被誉为"红军的摇篮、将军的故乡"，是著名的革命老区。

《八月桂花遍地开》这首在大别山区广为流传的革命歌曲，最初就是为了庆祝当地苏维埃政府成立。

1929年5月6日，正值农历的立夏节气，在中国共产党领导下，金寨县爆发了声势浩大的商南起义（立夏节起义）。金寨历史上第一次革命武装起义，就此轰轰烈烈地拉开了大幕。

与此同时，吴家店、包畈、斑竹园、南溪等10多个地方也举行了暴动，并取得了全面胜利。一时间，大别山腹地红旗漫卷。

立夏节起义胜利后，鄂豫皖地区的苏维埃政权纷纷建立并实行土地改革，广大贫苦农民从重压下解放出来。在根据地建设中，"红军战士应当分得土地"成了鄂豫皖苏区党组织和广大人民群众的共同心愿。金寨县委党史和地方志研究室主任胡遵远说，红军公田制度就是在这个时期建立的。

> 胡遵远：各个乡镇在土改的过程中，都留下了一块上等的好田作为"红军公田"，并竖碑刻文。红军公田由代耕队耕种，收获的粮食，主要用于解决红军的公粮和烈士亲属的实际困难。红军公田制度是当地苏维埃政府代表群众，对红军战士表达一种特殊的感情。

1931年10月，鄂豫皖苏区提出"每乡留一石到五石为红军公田，分给红军中由白色区来的贫苦农民和俘虏哗变加入红军的士兵"。这个"一石到五石"，是说一年能收获十斗到五十斗粮食的田亩。之后，苏区又相继颁布《关于怎样分配土地的宣传材料》等文件，对红军公田进行制度上的规范和完善。为了表达对红军的热爱，当地百姓在分田的时候自发地把村里最好的土地划为红军公田。

根据老红军的回忆，竖红军公田石碑的那天，人们敲着锣鼓，从四面八方涌向公田。在一片锣鼓声、欢呼声中，红军公田碑被稳稳地立在了农田边上。

红军公田制度推行后，鄂豫皖苏区农民自愿跟着红军走，红军队伍迅速发展壮大。在《金寨红军史》一书中，开国第一中将徐立清回忆道："我读过几年书，在斑竹园招兵登记处负责登记造册，一天就登记了20多人。"

金寨县斑竹园文化站原站长廖家同老人也向我讲了这样一段感人故事。

> 廖家同：我们这个地方有一个人叫漆远恒，他把十个儿孙都送去当红军，后来这十个儿孙都牺牲了。为什么我们这

个地方有这么多老百姓去当红军？就是因为老百姓得到了田，老百姓为了保卫我们的成果，所以就报名去当红军。鄂豫皖苏区在这个时候是鼎盛时期。

20世纪70年代，金寨县斑竹园小河村农民挖出了这块红军公田碑。廖家同老人看见碑上的文字后，激动不已："我感到非常高兴，我们在写红军公田碑的时候，终于有了实物来证明。"

红军公田碑寄托着祖辈们对红军的热爱，也像是守卫，守护着他们经过艰辛斗争得来的胜利果实。如今，石碑成为"军爱民、民拥军"的历史见证。而我们也会将这种人民军队与群众鱼水相依的光荣传统传承下去。

★ 初心激响

　　我是安徽省金寨县革命博物馆讲解员陶明静，出生于1997年。革命老区金寨县是我的家乡，从小爷爷就教导我，不管自己身在何处，都不能忘记养育我们的土地。在一遍遍讲述"红军公田碑"故事的过程中，我才对爷爷的话有了深刻的认识。中国共产党通过革命让贫苦农民翻身做了土地的主人，也得到了农民最大的拥护。把遥远模糊的历史拉近，将逝去的岁月和记忆变得鲜活清晰，用心用情讲述这段故事，让更多人记住这段历史，就是我的心愿。

《中国工农红军军用号谱》

馆藏：宁化长征出发纪念馆

时间：20世纪30年代

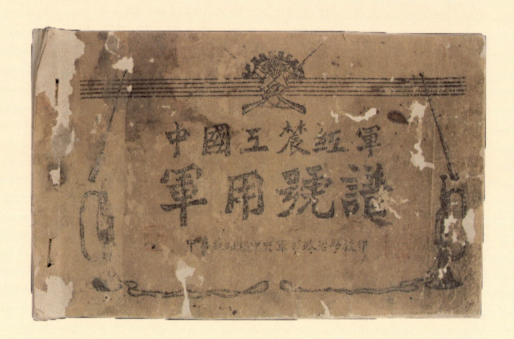

一本特殊的"声音情报"

遗失 40 年的红军作战"密码本"

讲述人：

虹 云 播音艺术家，曾担任电视纪录片《话说长江》、文献纪录片《百幅手迹怀伟人——毛泽东的110 个故事》等解说

用声音刻录百年记忆，我是革命文物讲述人、播音员虹云。

我讲述的文物是《中国工农红军军用号谱》（简称《军用号谱》），现收藏在福建三明宁化长征出发纪念馆里。它是目前全国唯一一本保存最为完整，而且是正规出版的红军时期号谱，堪称纪念馆的镇馆之宝。

这本号谱是用毛边纸、黑油墨印刷的，里边用五线谱详细记载着关于红军生活、训练、作战及部队番号、职务等 340 多首曲谱，是当年红军行军、作战的"密码本"，是红军用于联络通信、指挥战场作战的重要工具。另外，鲜为人知的是，它还是一位失散的红军司号员用一生守护下来的无价之宝。

这位司号员叫罗广茂。1931 年，年仅 15 岁的他参加了工农红军，并被选派到中央军事政治学校陆地作战司号大队学习。毕业后，罗广茂带着学校发的《军用号谱》回到红四军，被安排到朱德军长身边担任司号员。虽然多次转战，罗广茂始终都把《军用号谱》藏在身上。宁化县长征出发地遗址保护中心副主任邱明华说，这是学校教员叮嘱他们的。

> 邱明华：罗广茂虽然长得很矮小，但是他声音洪亮，中气很足。他非常勤奋，很快就掌握了 340 多首军用号谱的吹法，以及各种号谱所代表的含义。在毕业的时候，学校叮嘱每一个号手，要像保护生命一样去保护这本号谱。

在革命战争年代，军队的冲锋号声是令无数敌人闻之胆寒的胜利之声。那带着红穗的军号，是部队号令的象征，具有无比崇高和神圣的地位。除了激励士气，司号兵的更重要任务，是凭借小小的一把军号，协助指挥员进行通信联络。就像无线电一样，号谱相当于无线电的密码。

1934年，罗广茂在福建连城一次作战时负伤，被送到长汀四都的红军医院治疗。半年后，由于第五次反"围剿"失利，医院被冲散，罗广茂突围后回到家中，把《军用号谱》郑重地交给母亲，再三叮嘱母亲要妥善保管这本《军用号谱》，自己则为了躲避国民党的抓捕，躲藏在外，四处漂泊。

新中国成立后，罗广茂惦记着那本交给母亲保管的《军用号谱》，多次询问母亲号谱的下落，可是事隔多年，母亲年事已高，怎么都想不起来藏在了哪里。想起在朱德总司令身边当司号员的日子，想起在红军部队吹起冲锋号、激励战士奋勇前进的场景，想起那些前赴后继为革命英勇牺牲的战友们……想得多了，罗广茂就会拿出那个号嘴吹一吹。

《中国工农红军军用号谱》第6页（宁化长征出发纪念馆 供）

1974年，已年近花甲的罗广茂在拆建家中谷仓时，发现在仓底木板上，有一块油纸布被牢牢地钉在底板上。当他打开油纸布，顿时泪流满面，失声痛哭。原来，被油纸布层层包裹的就是他几十年来日思夜想、不断在心中反复哼唱的《军用号谱》！这本被他看得比生命还重要的号谱在失踪了40年后终于回到主人手里。

1975年，罗广茂听说宁化县在征集革命历史文物，便将《军用号谱》连同号嘴一并捐给了宁化县革命纪念馆。为分辨号谱的真伪，县里特意请省城专业老师前来考察，并现场测试罗广茂的识谱能力。结果，罗广茂不仅认识五线谱，而且对号谱中340多首曲谱熟记于心。

一位失散的红军战士，40年的漫长等待，兑现了当初"人在，号谱就在"的诺言。

2018年10月，解放军全军恢复播放作息号，阔别了30多年的嘹亮军号声再次响起。这小小的军号，承载着将士们闻号而动的纪律和责任，彰显着他们对革命事业的使命和担当。

初心激响

　　我是宁化长征出发纪念馆讲解员马行东，出生于1996年。这本《军用号谱》不仅仅是我们的镇馆之宝，它背后蕴含着一位老红军用40年光阴守护的一份革命信仰。作为客家儿女，作为一名讲解员，我有责任、有义务传承理想信念，传播红色故事，传递红色精神。

瑞金红井

馆藏：瑞金共和国摇篮景区

时间：1933年

吃水不忘挖井人
瑞金红井的故事

讲述人：

吴 刚 国家一级演员，代表作有《人民的名义》《建国大业》《破冰行动》等

用声音刻录百年记忆，我是革命文物讲述人、演员吴刚。

我讲述的文物是位于江西省瑞金市沙洲坝镇的一口水井，当地人又称它是"红井"。这口井直径85厘米，深约5米，井壁是用鹅卵石砌成。它是中央苏区时期，毛泽东亲自带领干部群众开挖的。水井至今还能使用，打上来的水清凉甘甜。

但是在20世纪30年代，沙洲坝人能喝上一口这样的井水，却是件难事。

那时，沙洲坝不仅无水灌田，就连群众喝水也非常困难。1933年4月，中华苏维埃共和国临时中央政府搬到沙洲坝办公后，毛主席偶然发现了这个问题。

> 小学课文：
>
> 一天，毛主席看见一个老乡挑着浑浊的水往家里走，就问："老乡，这水挑来做什么用呀？"老乡回答说："吃呀！"毛主席疑惑地问："水这么脏，能吃吗？"老乡苦笑着说："没法子，再脏的水也得吃呀！"毛主席又问："是从哪里挑的？"老乡回答："从塘里挑的。"毛主席请老乡带他去看看。走了一阵，只见一个不大的水塘，杂草丛生，池水污浊。全村人洗衣、洗菜、吃水全在这里。

眼前的一切，让毛主席下了决心：要帮村里打口井！

可没想到，听到这个消息，村里百姓却忧心忡忡。瑞金市苏区研究中心主任钟燕林说，那时村民都很迷信。

> 钟燕林：一听说要打井，几位老人就极力反对，他们说，主席啊，我们沙洲坝是条旱龙，打了井就断了龙脉，龙王会怪罪下来。

毛主席了解到这一情况后，笑着对大家说："挖井是为了大伙有干净的水喝，真要是有龙王爷来找麻烦，就让他找我毛泽东好了！"听了这话，大伙哄堂大笑。在毛主席的耐心讲解和积极鼓励下，村民们终于同意挖口水井。

打井那天，一大早，毛主席带领几个红军战士在村前几十米的地方进行了水源的勘探。当井位确定后，毛主席挽起衣袖，卷起裤腿，带头挖了起来。群众见毛主席亲自开挖水井，也纷纷带着工具加入挖井队伍。大伙挖的挖，铲的铲，干得热火朝天。

在挖井的日子里，毛主席和临时中央政府的其他领导人，一有空就到工地参加劳动。经过十几天的奋战，当挖到5米深的地方，一股清澈的泉水喷涌而出。水井挖成了！为了使井水更清澈卫生，毛主席还亲自下到井底铺沙石、垫木炭。

一桶桶清澈甘甜的井水从井中打出，沙洲坝的村民喝在口中，甜到了心里。

毛主席带头挖井的举动，为其他苏区干部树立了榜样，这之后，关心群众生活、为群众办实事，在中央苏区蔚然成风。

1934年10月红军长征后，苏区军民齐心聚力挖出的这口水井，成了国民党反动派的"眼中钉"。为了阻断人民群众对红军的思念，他们多次派人填掉这口井。对此，当地群众展开了针锋相对的斗争。

如今，饱含深情的歌曲《红井水》经常会被唱起。瑞金客家山歌表演队的刘果林说，他们要用歌声表达老区人民饮水思源的感恩之情。

甘甜的井水滋养了一代代沙洲坝人。这口朴实无华的红井，映照出的是我们党始终"为人民服务"的初心。

沙洲坝革命旧址群（瑞金市融媒体中心 供）

　　小学课文《吃水不忘挖井人》节选：

　　瑞金城外有个村子叫沙洲坝。毛主席在江西领导革命的时候，在那儿住过。

　　村子里没有水井，乡亲们吃水要到很远的地方去挑。毛主席就带领战士和乡亲们挖了一口井。

　　解放以后，乡亲们在井旁边立了一块石碑，上面刻着："吃水不忘挖井人，时刻想念毛主席。"

初心激响

　　我是瑞金共和国摇篮景区讲解员杨璐，出生于1992年。我每天都要接待十多批次游客，到红井旁边为游客讲解，一起品尝甘甜清冽的红井水。从1933年以来，红井水滋养了一代又一代人。作为红都瑞金的讲解员，向观众讲解红色历史，是我的职责和使命，不仅是因为心中那份"红色情结"，更是因为作为新时代的青年，我有责任、有义务去传承红色基因。

陕甘边区农民合作银行兑换券

馆藏：中国国家博物馆

时间：1935年

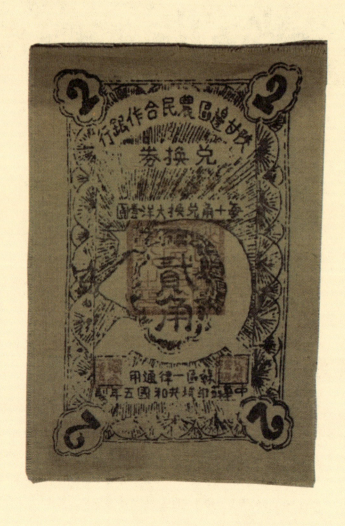

烽火陕甘的红色金融
陕甘边革命根据地的货币

讲述人：

张　东　曾任中央广播电视总台央广主持人，曾主持《中国 TOP 排行榜》《天天饮食》等节目

用声音刻录百年记忆，我是革命文物讲述人、主持人张东。

我讲述的文物是一张写着"陕甘边区农民合作银行兑换券"的货币。它的原件收藏于中国国家博物馆，甘肃省庆阳市华池县南梁镇的南梁革命纪念馆有它的复制品。

这张货币为竖版，票面中间的大写数字"贰角"印在镰刀、斧头的图案上，四角是阿拉伯数字"2"；上下还对称地印有"每十角兑换大洋壹圆"和"苏区一律通用"两行小字，票面四周为松树针叶构成的花边。

一张有着鲜明时代特征的薄薄的货币，见证了陕甘边革命根据地赢得经济反"围剿"斗争胜利的历史。

甘肃南梁，位于桥山山脉中段的大梁山南麓。

1934年2月，陕甘边区革命委员会在南梁四合台村成立。那时，南梁地区遭逢大旱，农田荒芜，经济凋敝。面对如此严峻的困难，发展经济成为巩固新成立的革命政权的重中之重。

为了恢复边区经济，革命委员会一方面鼓励农业生产，另一方面恢复了荔园堡集市，并设立了白马庙集市，吸引各地客商到此来进行交易，尤其是小手工业者、小商贩。时任革命委员会主席的习仲勋曾回忆："（南梁）没有其他的工业品，什么都没有，火柴、盐，都是从外边来的，布匹特别缺。来的都是小商人，大商人谁敢来？"

每逢集日，十里八乡的乡亲、商贩纷纷来到集市赶集，在这里买卖山货、布匹、牲畜、粮食等。当时，习仲勋经常会到集市上开展调查研究，思考活跃

市场的办法。

集市为当地百姓提供了互通有无、调剂余缺的市场。买卖声、吆喝声此起彼伏，一派热闹的景象。

谁知一段时间后，热闹的集市又冷清了下来。原来，当时国民党政府发行的货币不断贬值、信用全无，老百姓不愿使用；而银圆和实物携带找零不方便，老百姓不爱使用。没有合适的货币，成为买卖双方最头疼的事。

于是，革命委员会决定禁止国民党政府货币的流通，以"陕甘边区财政委员会"的名义发行"陕甘边区银行油布票"。这种货币用老白布代替纸张，印后再用桐油处理，故称"油布票"。这是陕甘边革命根据地发行最早的苏区货币。

南梁革命纪念馆里实景还原了集市的景象。集市中"货币兑换处"引人注目，里面身着军装的红军战士正为前来做买卖的商人提供货币兑换。由于苏币币值稳定，可随时兑换，面额实用且携带方便，既方便了群众买卖交易，也得到了外来商人的信任和拥护，没多久便在市面上站稳了脚跟。集市又活跃了起来，吆喝声再一次此起彼伏。

陕甘边区银行油布票（南梁革命纪念馆 供）

随着陕甘边区苏维埃政府成立，根据地不断发展壮大，"油布票"已经无法满足边区经济发展需求。边区政府决定在南梁成立陕甘边区农民合作银行，发行了陕甘边区第二种货币，即"陕甘边区农民合作银行兑换券"。

在战火纷飞的陕甘边革命根据地，一张小小的货币，便利着边区群众的生活，活跃了根据地的市场，有效打破了敌人的经济封锁，最终成为发展壮大革命根据地的重要"武器"。

　　南梁干部学院常务副院长　徐振伟：这块根据地为什么能够硕果仅存？其中有一点就是它不乏创新之举——总能够暗合时代发展的要求，体现生产力和生产关系这样一个内在的调节机制。它连同中央根据地一起开创了我们党领导金融工作的先河，为以后我们在更大范围内发展经济、发展金融做了前期的铺垫和准备。

初心激响

　　我是南梁革命纪念馆讲解员刘晓凤。"90后"的我，每当讲到老一辈无产阶级革命家在陕甘边区为了老百姓吃饱穿暖，想方设法发展经济的故事，我就会更加珍惜现在的生活。我会把这种感受融入讲解中，我要让更多人知道幸福生活的来之不易。

第二篇

恒心

暗夜荣光

红军长征带到陕北的唯一一门山炮

馆藏：中国人民革命军事博物馆

时间：1927年

音频内容二维码

传奇山炮的长征路
贺龙元帅念念不忘的"老战友"

讲述人：

方　亮 中央广播电视总台央广中国之声播音员

用声音刻录百年记忆，我是革命文物讲述人、播音员方亮。

我讲述的文物是一门编号为587的山炮。它曾被扛在红军战士的肩头"走"完了2万里长征路，是红军长征带到陕北的唯一一门山炮，现存放在中国人民革命军事博物馆。这是1959年中国人民革命军事博物馆筹建时，贺龙元帅亲自督促、寻找到的。

山炮，顾名思义，是主要用于山地作战的大炮。1927年，这门山炮诞生在上海兵工厂，口径75毫米，重386公斤，最大射程4300米。在当时，它的技术、性能都不算先进，但却伴随着红军走过了漫漫峥嵘岁月。下面就让我们一起重温那段用脚印一步一步丈量出的艰难历程……

1931年"九·一八"事变后，日本帝国主义逐渐侵占我东北，国民党蒋介石不顾全国人民停止内战一致抗日的要求，继续调兵遣将，围攻中国共产党领导下的苏区。

1935年2月初，国民党军集结11个师又4个旅约11万人的兵力，采取"分进合击、攻堵结合"的战法，对新创建的湘鄂川黔革命根据地进行大规模"围剿"，企图歼灭红二、红六军团。

1935年4月，国民党鄂军纵队司令兼第五十八师师长陈耀汉收到了一份情报，红二军团和红六军团决定离开湖南，开赴鄂西，创建新的革命根据地。国共双方物资、军备实力悬殊，让这场"围剿"还没开始似乎就要定下结局。

但红军队伍毫不畏惧，在离桃子溪8里路的地方，发起勇猛冲击，打了敌人陈耀汉部一个措手不及。

令人惊喜的是，缴获的武器中还有两门山炮！

> 国防大学教授 王晓辉：这种75毫米山炮在红军三大主力长征前（的）装备数量不会超过12门，因此对红军来说，十分宝贵。国民党军第五十八师是二流杂牌部队，装备这种山炮的数量同样也很少，红二、红六军团全歼了一个山炮营之后，也才仅仅缴获了两门炮。

这两门山炮对于当时火力短缺的红军而言，如获至宝，这下子，一直靠步枪、机枪、手榴弹等轻武器的红军，终于有了可以在进攻中拔点的火力。两个月后，他们在忠堡战役中歼灭了国民党军第四十一师师部，活捉敌师长张振汉。在贺龙的劝说下，炮兵出身的张振汉开始担任红军学校高级班战术教员，那时，红军战士们连什么是"射程"都不知道。张振汉亲自上阵，在后来的龙山围困战中，只用两发炮弹就炸飞了敌人的碉堡。

因为要被迫转移，红军只能带一门山炮踏上长征路。一路上，这门山炮又立下赫赫战功。红二军团和红六军团突破乌江天险时，山炮同迫击炮并肩作战，压制住了对岸国民党军的火力，红军战士趁机夺取船只渡过了乌江。

翻越雪山时，许多红军战士牺牲了；过草地时，更多的红军战士倒下了，但始终没有一个人放弃这门山炮。就这样，红军战士们硬是用鲜血和汗水把587号山炮抬到了陕北。

可以说，这门山炮不仅是红军战士们的掌中宝，更是贺龙元帅的心头肉，贺龙元帅时常想起这个曾经一起南征北战的革命"战友"。军博研究馆员马沈说，1959年中国人民革命军事博物馆开始筹建，正是贺龙元帅亲自下令让"编号587"进驻军博。

多年后，张振汉也来到军博，在这门他再熟悉不过的山炮前，久久伫立。当年，红军没让他掉过队：过雪山滚下山谷，他被战士手拉手冒死救出，用担架抬着走完长征最艰难的一段路。张振汉也是唯一跟随红军走完长征的原国民党高级将领。他的儿子张天佑在回忆录中写道，对于父亲来说，长征是脚步与心灵的双重征途："红军在长征途中那样艰苦的条件下，给了父亲很好的照顾。跟随红军长征，我父亲是从失望惶恐，经历了极其尖锐的斗争，而逐渐汇入革命的洪流之中的。"

在庆祝新中国成立70周年阅兵式上，红旗猎猎，战车隆隆，铺展开气壮山河的强军宏图。而这门从昔日的战火硝烟中一路走来的山炮，则将作为人民军队艰苦卓绝的斗争和伟大胜利的见证，为历史所铭记。

初 心 激 响

　　我是马尔康红军长征纪念馆讲解员泽根初，出生于1992年。长征是中国共产党和红军谱写的壮丽史诗，作为"90后"、生长在和平年代的我们，无法想象这一路上的艰难困苦、淬火成钢。时过境迁，红军当年走过的夹金山公路路况特别好，有着双车道柏油马路，但这里依然留下了红军长征走过的精神足印，红军长征所凝聚的伟大精神，依然是为我们指明前路的明灯，引领我辈继续前行。

红军长征途中遗留的军旗

馆藏：广西壮族自治区博物馆

时间：1934年

音频内容二维码

一面红旗 四代守护
红旗背后的军民鱼水情

讲述人：

于 谦 相声演员，曾出演过《老师·好》《大宅门1912》等影视剧

用声音刻录百年记忆，我是革命文物讲述人、相声演员于谦。

我讲述的文物是红军长征途中遗留的一面旗帜。这面收藏在广西壮族自治区博物馆内的军旗，是由两块红布拼接而成的，旗帜上的红五角星清晰可见。如今，旗帜上鲜艳的红色已经褪去，仔细看，旗面上还有缝补的痕迹。

这面红军战士握在手中、插在阵地上，经历过枪林弹雨的旗帜是如何保存下来的？这得从决定红军命运的湘江战役讲起。

1934年，中央红军主力部队撤离苏区，大部队在11月下旬，抵达了湘桂边界，准备渡过湘江。当时，蒋介石调动了30多万兵力，分三路步步紧逼，将红军逼入湘江以东的广西全州、兴安、灌阳一带，准备以湘江天险为"绞架"，以三路大军为"绞索"，将红军绞杀在湘江东岸。1934年11月28日上午，为了给大部队争取渡江时间，在新圩，一场阻击战打响了。这是一场力量对比严重失衡的血战。红军战士们急行军来到新圩，在强敌虎狼之前，用自己的血肉之躯筑起最后一道防线。

在新圩阻击战的前线有个小村寨，叫枫树脚村。1934年的秋冬之交，这里除了火红的枫叶，还有血染的战场。

11月28日晚上，枫树脚村村民黄和林听见有"咚咚咚"的敲门声。他翻身起来开门，只见一位脸色苍白，左大腿带着血迹的士兵站在门前。他说自己姓李，是红军。黄和林赶忙把这位受伤的战士请进了门。黄和林的后人李清鸾讲，她的太爷爷和爷爷，在此后两天一直细心照顾着这位伤兵。

枫树脚村外，战斗还在继续。国民党桂军在炮击的同时，出动飞机对红军阵地进行狂轰滥炸。阵地上，红军打退了敌人一次又一次猖狂的进攻。战士们为了节省子弹，等敌人只有几十米远时才开火。子弹打光了，就用石头砸。三天四夜，3个团又1个营的战士，与国民党桂军7个团僵持在新圩。

1934年11月30日下午，军委第一、第二纵队过江的消息传来。参与新圩阻击战的部队完成了任务，陆续撤离阵地。枫树脚村这边，黄和林家中这位伤还没有好利索的红军战士也要启程去追大部队了。临走时，他把一面军旗留给了黄和林一家，也留下"等革命胜利后我再来取"的嘱托。

湘江北去，红军西行。从战略意义上说，新圩阻击战取得了胜利。但是红军也付出了惨烈的代价。广西灌阳县史志办原主任文东柏说，参与新圩阻击战的部队，来时有3000多人，撤离时连同伤员只剩下1000多人了。

红军的鲜血染红了八桂大地，一心为民、勇于战斗、无惧牺牲的人民军队也让百姓看到了希望。

文物捐赠收据及黄和林后辈的照片（吴清卿 摄）

许多年过去了，那位姓李的红军战士没有如约归来。黄和林老人对红旗的守护则延续了祖孙四代。当年，黄家人打破了诸多家族的禁忌，把红旗藏在老人的棺材里，甚至在面对国民党反动派的搜查时，将红旗绑在了年仅8岁的黄家小童身上。我们能够想象，战乱的年代，偷偷藏着这样一面红旗，要经历多少个日夜的提心吊胆。新中国成立后，黄家后人辗转将这件珍贵的革命文物捐赠给了广西壮族自治区博物馆珍藏。

这家人多年的守护，守护的是血与火的历史，守护的是他们所热爱的人民军队。而正是这些千百万真心实意拥护革命的群众，筑成了什么力量也打不破的"真正的铜墙铁壁"。

初 心 激 响

我是广西壮族自治区博物馆讲解员萧潇，出生于1990年，不知不觉从事革命文物讲解工作快10年了。最初开始讲述广西灌阳新圩这一家人守护红旗的故事时，我就立刻找到了文物背后军民鱼水的情感链接。这些年我一次次讲，一批批观众在文物面前驻足听。我发现，这种情感链接不仅我能感受到，观众也能产生共鸣。这也让我们理解了战士为何把红旗留给老乡，也理解了老乡为何在此后几十年珍藏红旗。希望这种共鸣能够代代传递。

川陕苏区党组织颁发的党证

馆藏：鄂豫皖苏区首府革命博物馆

时间：1929年

珍藏一生的党证
一张血染的党证

讲述人：

王明军 中国传媒大学副教授、配音演员，曾为《水浒传》《康熙王朝》等多部电视连续剧及《变形金刚》等译制片配音，四次获得"飞天奖"优秀译制片奖

用声音刻录百年记忆，我是革命文物讲述人、大学老师王明军。

我要讲述的这件文物是一张特殊的党证，上面沾满血渍，它的主人是开国独臂将军之一的陈波。这张小小的党证，随着陈波将军一起经历了土地革命战争时期、抗日战争时期和解放战争时期，也见证了中国共产党由小到大、由弱到强的伟大历史转变。

这张用布做的党证现收藏在河南信阳新县鄂豫皖苏区首府革命博物馆中，姓名一栏里写着陈波将军的原名"陈汉清"，参军入党时间是1929年7月。鄂豫皖苏区首府革命博物馆副馆长宋晓敏说，这是在川陕革命根据地颁发给"优秀共产党员"的首批党证，当时只颁发了2000张，陈波将军的这张是目前唯一保存下来的。

当时，陈波在湖北红安七里坪参加了红军。因为当过裁缝，组织上分配他到被服厂工作。在这期间，陈波正式加入了中国共产党。两个月后，他成了红一军的战士；入伍后的第二年，由于出身贫苦，作战勇敢，当选为红四方面军参谋处党支部书记兼党小组组长。

1934年，川陕苏区党组织决定给优秀党员签发党证，这是党对自己儿女的一次全面审查和政治考核。在评议会上，时任宣传委员的徐向前说："我们的支部书记陈汉清同志出身贫苦，工作积极，作战勇敢，同意发给党证。"陈波领到党证后，十分珍惜，特地缝了一个小皮囊别在腰带上，贴身放置党证和交党费的铜钱。

"没有枪，没有炮，敌人给我们造。"一开始八路军武器装备的主要来源是从敌人手中缴获的，但随着抗日武装力量的不断发展，单靠战场缴获武器来装备部队已经远远满足不了作战需要了。1940年春，日军对我晋察冀抗日根据地进行残酷"扫荡"，八路军的武器弹药更是供应不上。就这样，在条件极为简陋的情况下，黄崖洞兵工厂创建了。

兵工厂条件好时可以生产一些手榴弹，差时只能勉强生产滚雷。这些滚雷质量不高，要形成战斗力，需要在试爆训练中积累经验。时任八路军前总部特务团副团长的陈波当时就负责这个工作。天天与火药相伴，危险总会不期而至。

1941年3月的一天，陈波向战士们介绍完滚雷的使用方法，开始做示范。他命令大家后退300米，然后抱起西瓜大的滚雷向山丘走去。团长欧致富拦住他说："这是新制的，有危险，我来吧！"陈波说："你是一团之长，还是我来！"大家进入安全地段后，陈波开始按雷、擦火，"嘣"的一声，不合格的滚雷一触即发，陈波不幸倒在了血泊中。

经过奋力抢救，陈波奇迹般地活了下来，但仅剩一条胳臂和两条无法弯曲的残腿。醒来后，他用仅有的那只右手摸到裤带上，发现少了什么，便焦急地问护士："小皮囊呢？"见护士不明其意，陈波解释说："火柴盒大小，裤带上的。"护士将他的血衣翻遍，终于找到小皮囊，里面的党证也早已被鲜血染透。宋晓敏说，在陈波的心里，党证比生命更宝贵。

抗战胜利前夕，蒋介石为抢夺胜利果实，向东北大肆增兵，我党采取针锋相对的方针，组建了"赴东北工作干部团"，简称"东干团"，紧急驰援东北。

陈波主动向组织提出要参加"东干团"，领导指着一匹烈马说："上马兜一圈，不从马上摔下来，就让你去。"陈波二话不说，接过缰绳，右手一按马背，稍一纵身跃上马背，十多分钟后回到了原地。就这样，他成了"东干团"的一名特殊成员。

赴延安、战东北，不管是艰苦的长征，还是血战甘南，多少次，行军作战，汗水把陈波的党证浸透；又多少次，刺骨寒风把党证上的汗水凝成冰凌。在穿越敌人封锁线时，为了不暴露身份，很多人都把党证销毁了，陈波说："就凭我这一只胳膊两条残腿，不是红军就是八路，有无党证一个样，落到敌人手里都是死。"

一生戎马倥偬、战功卓著，终生把自己血迹斑斑的党员证寸步不离地带在身边，陈波将军以朴素的行动践行着中国共产党人的宗旨，历经沧桑而初心不改，饱经风霜仍本色依旧。

初心激响

我是鄂豫皖苏区首府革命博物馆的讲解员，我叫阮兰婷，是一名"90后"。很幸运，我能在新县这片红色的土地上和全国各地的来宾共同追忆大别山革命历史，血染党证的故事是我常常向游客讲解的故事，每次讲解，每每感动，听众也深受感染。我愿意在这平凡的岗位上讲好党的故事、革命的故事、根据地的故事、英雄和烈士的故事。

红军"万万火急"电令

馆藏：中央档案馆

时间：1934年

万万火急的生死关头
一份特别的"万万火急"电令

讲述人：

丁建华 上海电影译制厂配音演员、导演，曾为《追捕》、"茜茜公主""古墓丽影""哈利·波特"系列电影配音，在近二百部译制片中担任主要配音及导演。先后获中国电影"华表奖"、"金鸡奖"以及"我最喜爱的女配音演员"称号

用声音刻录百年记忆，我是革命文物讲述人、配音演员丁建华。

我讲述的文物是长征初期第一份以中央革命军事委员会名义发布的万万火急电令。这份电令全文500余字，正文只有三段，左上角标有1934年12月12日和"万万火急"四个字；落款为：军委，十二号十九时半。电令原件收藏于中央档案馆，在事件发生地——湖南怀化通道转兵纪念馆藏有一份复制品。两片泛黄纸页，看似轻如鸿毛，实则重如泰山。

1934年11月27日至12月1日，战略转移仅一个多月的中央红军在湘江上游与国民党军苦战五昼夜，史称"湘江战役"。这次战役中央红军虽然突破了国民党军重兵设防的第四道封锁线，但也付出了极为惨重的代价，渡过湘江后，中央红军和中央机关人员从长征出发时的8.6万余人锐减到3万余人。通道转兵纪念馆馆长郑湘说，湘江一役后，红军士气低沉，各种情绪开始滋生蔓延。

所有人都在思考一个问题：红军向何处去？

1934年12月11日，中央红军翻越老山界，攻占了湖南省怀化市最南端的通道县城。占领通道后，下一步该怎么走呢？这是一步生死棋。12月12日，中共中央负责人在通道县溪镇的"恭城书院"召开紧急会议，史称"通道会议"。

当天下午5点多，通道会议召开，会上争论异常激烈。李德坚持要按原定计划：红军主力立即北上湘西与红二、红六军团会合。毛泽东坚决反对李德的意

见，与李德唇枪舌剑，据理力争。

毛泽东认为，红军的行军意图早就被蒋介石察觉，已经调集主力部队近20万人，在湘西一带布成一个大口袋，等着红军往里钻。毛泽东反复说，湘西是去不得的！他建议放弃原定计划，改向西进，向敌人力量薄弱的贵州进军。

通道会议旧址展现当年那场攸关生死会议的开会场景（通道转兵纪念馆 供）

最终，参加会议的张闻天、王稼祥、周恩来等多数同志支持和赞成毛泽东提出的转向的方针。晚上7点30分，周恩来、朱德当机立断，下达"万万火急"电令。

> "万万火急"电令节选：
> 万万火急！致各军团纵队：朱对我军十三号继续西进的部署指示：（一）一军团第二师及九军团……向白路口及黎平方向继续派出侦察部队。其第一师，如今日已抵洪州司，则应相机进战黎平……

长征初期，红军电令分为四个等级，分别是："急""万急""十万火急""万万火急",落款通常为"朱"就是朱德,或者"周"就是周恩来,再或者两人联合署名"朱周",但这份"万万火急"电令尤为特别。

> 郑湘:我们查阅了通道会议前后的35份军事电报,发现这是以中革军委名义发布的,而且是唯一一封标注"万万火急"的军事电报。这说明电报是非同寻常的一个重大的军事决定,容不得半点等待和停留,已经十分危急了,必须马上执行。同时也说明了西进贵州是集体决策的结果。

"万万火急"电令发出的第二天清晨,中央红军在通道境内分两路转兵西进,避开了敌人布下重兵的包围圈,打了蒋介石一个措手不及,完成了红军长征中著名的"通道转兵"。刘伯承元帅在《回顾长征》一书中写道:"部队在12月占领湖南西南边境之通道城后,立即向贵州前进,一举攻克了黎平。当时,如果不是毛主席坚决主张改变方针,所剩3万多名红军的前途只有毁灭。"

事实证明,通道转兵是中央红军在生死关头摆脱险境的唯一正确抉择,为党和红军开辟了一条胜利之路。通道转兵之后,绝处逢生的红军自此"行得通,走上道"。

初心激响

> 我是通道转兵纪念馆讲解员吴晴,1995年出生于通道县县溪镇。每当我在讲解"万万火急"电令时,脑海中就会浮现出中央领导人在通道会议上激烈讨论行军方向的场景,感受到发布"万万火急"电令后,各军团各纵队迅速从通道转兵西进贵州的紧迫情形。对于我们青年一代来说,革命胜利来之不易,我们更应该珍惜当下。在人生这条漫漫长路中,不管遇到怎样的紧急关头,我们都要多去思考,实事求是。因为方向决定道路,道路决定着自己的命运。

苏维埃政府留给游击队的红旗

馆藏：吉安县革命烈士纪念馆

时间：1935年

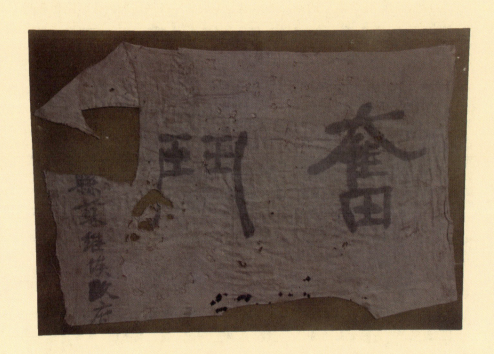

半面红旗映初心
留在深山密林里的神秘红军

讲述人：

李野墨 演播艺术家，曾播讲《平凡的世界》《白鹿原》等数十部长篇小说

用声音刻录百年记忆，我是革命文物讲述人、演播者李野墨。

我讲述的文物，是江西省吉安县革命烈士纪念馆里收藏的半面红旗。历经战火和岁月的洗礼后，旗上的红色已经完全褪尽，只剩下织布原本的灰白，旗面上也布满了大小不一的缺口和破洞。但旗子中央，用毛笔书写的"奋斗"两个黑色大字和左下角"县苏维埃政府"字样，仍清晰可辨。

这半面红旗，经历了怎样的风雨？另外的那半面旗子，又去哪儿了？拂去历史的尘埃，让我们一起回到20世纪30年代，中央苏区大地上，那段艰苦卓绝的日子。

1934年10月第五次反"围剿"失败后，中央主力红军开始战略转移，踏上了漫漫长征路。红二十四师及地方部队共16000多人，留下来掩护中央红军撤离，并继续在中央根据地坚持游击战争。曾山和胡海两个人，就是这支队伍中的代表。

时任中共江西省委代理书记的曾山率领一部分地方红军和伤病员在赣南山区打游击。经过几个月的激战，1935年初，他率部在吉安青原区年坑村，与时任中共公万兴特委书记胡海率领的游击队会合。春寒料峭的3月，在深山老林中这个只有几户人家的小村子里，召开了一次特殊的联席会议。

> 江西省吉安市委党校党史党建教研室 黄军红：在这个联席会议上，曾山慷慨陈词："为了挽救苏区党和红军，扭转这种危险局面，我们必须立即组织部队分头突围。"说完，曾山

就从衣服里面拿出了一面写有"艰苦奋斗"四个隶书大字的红旗，这面红旗是苏维埃政府给留守部队的一个纪念品。

这面旗帜，给战士们燃起了新的希望。分头突围前，曾山和胡海将红旗分成两半，曾山拿了写有"艰苦"二字的半面，并和胡海相约，等到革命胜利之后，再把它重新缝合起来，以示纪念。

怀揣着这份约定，郑重地收好各自的半面红旗，曾山和胡海率领部队，在茫茫夜色中挥别，分头突围。

红军主力撤离后，这些游击队成了蒋介石的心头之患。他增加兵力，对苏区村庄实行经济封锁、白色恐怖。红军游击队员们被围困在大山之中，昼伏夜行，风餐露宿，饥寒交迫。当时领导南方游击战的陈毅元帅，用一首《赣南游击词》，道尽了其中的艰辛。

《赣南游击词》节选：
天将午，饥肠响如鼓。
粮食封锁已三月，囊中存米清可数。
野菜和水煮。

在极端艰苦的条件下，曾山率领的部队遭受敌军连续的围追堵截。国民党叫嚣，"捉拿曾山者，赏银八万"。在交战过程中，曾山的衣服被点燃，藏在怀里写有"艰苦"二字的半面红旗不幸遗失。

胡海方面，战斗同样激烈。在山洞中坚守三天三夜后，胡海带着两个战士攀悬崖、越深涧，摸出包围圈，来到岳母家寻找口粮。绝境之中，他念念不忘的，还有那半面随身带着的红旗。胡海将包好的红旗郑重地交给妻弟钟荣榜，请他妥善保管，日后交还党组织。

黄军红：他对钟荣榜郑重地说："头可断，血可流，这半面红旗断断不能落到敌人手中。这是我们的希望啊。"在一次

激战当中，由于叛徒杨书龙的出卖，胡海不幸被捕，后来被
关押在南昌国民党驻赣绥靖公署军法处看守所。

在狱中，敌人对胡海严刑拷打，追问游击队和党组织的情况，胡海坚贞不屈，视死如归。他对同被关押在这里的方志敏说："我抱定了必死的决心，同反动派斗争到底，为了阶级的解放事业，死而无怨！"1935年6月9日，年仅34岁的胡海从容就义。

为革命事业付出生命的胡海，没能等来兑现约定的那一天。但他以性命相托的半面红旗，被完整地保存了下来。他的妻弟钟荣榜把旗子藏在自家的墙缝里，仔细用泥巴糊好。新中国成立后，这半面曾见证了纷飞战火的红旗，才得以重见天日。当时参与文物征集工作的江西吉安东固革命根据地博物馆原馆长夏淑英回忆道："我就跟他说，你能不能把这半面红旗捐到我们陈列馆来做陈列展？钟荣榜说，'可以啊！我姐夫就是这样说的呀！他说你把这半面红旗保管好，以后要交到共产党手上'。这半面红旗，可以说是镇馆之宝！"

"艰苦奋斗"，这是留守根据地坚持游击战争的战士们最生动的精神写照。靠着这份信念和坚守，曾山后来脱险后，孤身一人在上海找到了党组织，继续投身于革命的洪流中。

割下半面旗，践行一生志。曾山和胡海用自己的行动对理想信念做出了最好的诠释。如今，这半面旗帜依然映照着中国共产党人的初心和使命，成为红色血脉传承的象征。

初 心 激 响

　　我是吉安县革命烈士纪念馆的讲解员彭芳菲，出生于1994年。革命先烈以旗为誓，不忘初心。作为一名生长在这块红色沃土上的讲解员，我更应该传承红色基因，用半面红旗的精神激励自己，努力成为一名优秀的共产党员，为社会作出自己的贡献。

音频内容二维码

第一份支持学生呼声和民族解放运动的英文出版物《中国呼声》

馆藏：山丹艾黎纪念馆

时间：1936年

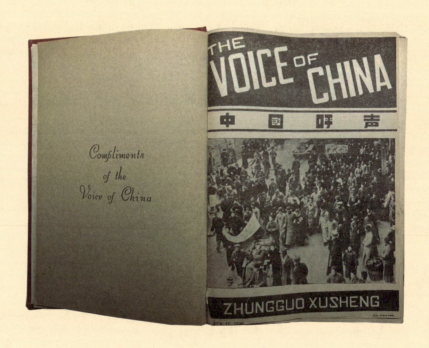

凝聚力量的《中国呼声》

字里行间的民族呼声

讲述人:

季冠霖 配音演员,曾为《甄嬛传》《芈月传》《大鱼海棠》等影视作品配音

用声音刻录百年记忆,我是革命文物讲述人、配音演员季冠霖。

我讲述的这件文物是1936年在上海创刊的英文出版物《中国呼声》(*THE VOICE OF CHINA*)。它是由支持中国民族解放运动的国际友人们创办发行的。其中,刊物的合订本收藏在甘肃省张掖市的山丹艾黎纪念馆。

展出的合订本外观为红色,集合了从1937年1月到9月出版刊物,每月2期,共18期。翻开刊物,内页里图文并茂,有社论、采访报道,也有书评和诗歌。

《中国呼声》揭露了日本帝国主义对中国的侵略,也让世界听到中国人民的抗日声音。这本不畏强权,敢于伸张正义的刊物是如何创办的?又经历了怎样的风雨?我们先从它的创办人之一——新西兰国际友人路易·艾黎说起。

20世纪30年代的上海笼罩在白色恐怖之中,街上充斥着抓人的警笛声,树上悬挂着罢工工人的头颅。面对这惨无人道的景象,受到马克思主义影响的艾黎在回忆录中这样写道:"要想拯救中国人民,唤醒人们的抗战意识,就得创办一份杂志,将日本帝国主义的侵略行径和国民党的残暴统治公之于众。"

当时在上海公共租界由外国人出版刊物可以免受检查,艾黎提议由外国人创办这样一份杂志。

1935年初春,由美国共产党派遣的两位老党员格兰尼奇夫妇来到中国上海。

经过一年的准备,1936年3月15日,《中国呼声》首期出版,为英文半月刊。格兰尼奇担任出版人和主编,主要编辑人员有艾黎、史沫特莱、斯诺等。

他们在刊物上倾注了大量心血。格兰尼奇文思敏捷，提笔成文，每期社论都出自他之手。艾黎善于观察，组织能力强，除自己以各种笔名在每期杂志发表重要文章外，还组织鲁迅、茅盾、史沫特莱、马海德等中外名人为刊物撰稿。艾黎说，这是中国"第一份支持学生呼声和民族解放运动的英文出版物"。

《中国呼声》创刊后，还得到了宋庆龄的指导和支持。她不仅为杂志搜集材料、提供稿件，也跟艾黎一起组织稿件，协助做好编辑工作。中国共产党也通过宋庆龄在《中国呼声》上发表文章，宣传建立抗日民族统一战线的主张。

1936年6月1日，《中国呼声》发表了鲁迅的文章《写于深夜里（第一节）》，配图用的是珂勒惠支铜版组画《农民战争》中的第五幅《反抗》。

《写于深夜里》节选：

野地上有一堆烧过的纸灰，旧墙上有几个划出的图画，经过的人是大抵未必注意的，然而这些里面，各各藏着一些意义，是爱，是悲哀，是愤怒……而且往往比叫了出来的更猛烈。

鲁迅在这篇文章中介绍了珂勒惠支版画传入中国的经过，也提及左翼作家柔石的被害，表达了对国民党屠杀爱国人士的愤慨。《写于深夜里》由史沫特莱和茅盾合译成英文。史沫特莱回忆说："我在中国读到的所有文章中，这篇文章给我的印象极其深刻。这是在中国历史上最最黑暗的一个夜里用血泪写成的一篇豪情怒放的呐喊。"

因旗帜鲜明的观点、真实犀利的文风，《中国呼声》自创办起就受到进步爱国人士的喜爱。艾黎说："每期杂志一到报摊，立刻被等在那里的学生成捆地买了带回学校去。"为满足读者需要，1937年3月起，《中国呼声》在英文稿后增加了三分之一的中文稿，并及时报道了西安事变、七七事变等重要消息，刊登促进建立抗日民族统一战线的文章。比如，艾黎就曾在《我们爱好和平者必须战斗》的文章中号召："目前的斗争中，我们唯一的希望是，继续斗争下去，直到在中国的日本军国主义的力量被彻底粉碎为止。"

这些文字犹如匕首和投枪直接刺向敌人的心脏，也引起敌人的恐慌。国民党多次没收刊物，逮捕报童，并迫使美国领事馆取消了该刊注册号。

1937年11月15日，日本宪兵冲入印刷车间，砸坏了印版，捣毁了车间，《中国呼声》被迫停刊。

幸运的是，最后一期的版样被艾黎抢救保存了下来。在这期印有"纸型"字样、未曾印刷出版的刊物里，包括三篇社论，题目是《上海往何处去》《上海的陷落》《华北的新阶段》；还有两篇对红军将领朱德和彭德怀的采访，并附有他们的照片及编者按。

> 山丹艾黎纪念馆办公室主任 赵谦玺：我馆从中国人民对外友协移藏的两册《中国呼声》合订本，是艾黎先生珍藏的85年前的原版刊物。尘封的封面下面依然涌动着滚烫的热情。正如艾黎先生所说，"即使今天，重读它的篇页，其犀利的文笔、火热的爱国情绪和大胆的报导，仍使人惊叹不已"。

初心激响

　　我是甘肃省张掖市山丹艾黎纪念馆"90后"讲解员马丽。每次讲解到这本《中国呼声》，我似乎能感受到，面对帝国主义侵略时，人们高涨的爱国热情，还有进步思想刊物给人们带来的革命信心。讲好红色故事，传承好红色基因，是每一个革命文物讲解员的初心和使命，我也会以革命先烈们为榜样，为了心中的理想信念而努力奋斗！

长征时期党员登记表

馆藏：红军长征胜利纪念馆

时间：1936年

缝在枕套里的秘密
一张珍贵的党员登记表

讲述人：

鲁 健 中央广播电视总台央视主持人，主持《今日关注》《中国舆论场》等节目

用声音刻录百年记忆，我是革命文物讲述人、主持人鲁健。

我讲述的文物是长征途中保存最为完好的一张党员登记表。这张油印、毛笔填写的粉红色登记表，作为镇馆之宝，陈列在甘肃会宁红军长征胜利纪念馆内。

登记表被精心剪成了两片枕头的样式，你可能会好奇这是为什么，我们要从红军三大主力军会师会宁说起。

1936年深秋，数万名红军将士跨越滔滔急流，征服皑皑雪山，穿越茫茫草地，突破层层封锁，终于来到了会宁县。

会宁素有"陇秦锁钥"之称，是陇东军事重镇和交通枢纽，也是红二、红四方面军北上的必经之路。

1936年10月2日凌晨，红一方面军第十五军团独立支队攻克会宁城，拉开了红军三大主力会宁大会师的序幕。徐向前元帅在《历史的回顾》一书中曾写道："三个方面军会宁大会师，胜利结束了长征，在中国革命史上揭开了新的一页。"

> 甘肃省延安精神研究会副会长 李荣珍：在国家民族面临外敌侵略，生死存亡的紧要关头，红军长征部队为了救国救民，聚集在靠近抗日前线的西北，扛起了抗日的大旗。

历经两年艰苦转战，1936年10月10日，红军战士们在会宁相聚时，许多

人早已看不出原本的面貌，只有八角帽上那颗红五角星清晰可见。尽管此时红二方面军仍在长征的路上，但三大主力会合大势已成。

红军长征胜利纪念馆馆长李俊丰介绍，当时朱德总司令还告诉百姓们，等革命胜利，他们就能吃饱肚子了。

那一天，会宁城内一派繁忙景象，苏维埃政府组织民众做着各种供应工作，会宁家家户户都陆续住进了红军。红四方面军将总指挥部设在县城内的周家大院内。

有位名叫李道存的年轻红军战士住在周家大院。一路上的枪林弹雨和风餐露宿，他很久都没有睡过一个安稳觉了，衣服口袋破了也没来得及缝补。一张跟随他翻雪山过草地、历尽千难万险的党员登记表遗落在了周大娘的家里。

周大娘不识字，她只是觉得红军留下来的东西很珍贵。冒着生命危险，周大娘将党员登记表缝在了绣花枕头的两边作为堵头，隐秘地保存下来。

仔细端详李道存填写的党员登记表，上面清晰地记录着他的个人信息。

队别：通讯连

姓名：李道存

年龄：十九岁

籍贯：住黄安县

家庭经济状况：五人吃饭，自田没有，自地四升，佃田四斗，自屋一间半，欠债一百廿串

文化程度：能看文件写信

何时何地怎样来红军？一九三〇年在新集，自动来红军

……

看着这份党员登记表，不禁让人遥想，在那个炮火纷飞的战争年代，这位年仅19岁的红军战士后来去了哪里？他是否平安避过敌人的枪炮，看到了一个崭新中国的诞生？共产党人毫无保留地把自己的一切记载在党员登记表里，字里行间我们深深感受到了两个字：忠诚。

近7万名红军将士当时在会宁境内战斗生活了20多天。只有6万人口的会

宁人民倾其所有，支援红军。为了支持红军渡河执行宁夏战役计划，有的老人甚至献出了自己的棺材板。

1936年10月20日，朱德总司令率领红军总司令部、红军大学部分学生从会宁县城出发，浩浩荡荡向北而去。有400多名会宁子弟义无反顾参加红军，走上了革命道路。

前来送行的群众，挤满了街道两旁。朱德握着县苏维埃政府同志和群众代表的手，语重心长地说："红军已把火种播在了这里，你们要让革命的烈火燃起来，烧毁旧世界，建设我们自己的新天地。"

我叫孙琳，是一名"90后"。6年前大学毕业后，我选择回到家乡，成为会宁红军会师旧址的一名红色讲解员。人无精神则不立，国无精神则不强。精神是一个民族赖以长久生存的灵魂。今年是中国共产党成立100周年，也是长征胜利85周年。百年初心，历久弥坚。希望在这特殊的一年里，我能更好地服务游客，为家乡做好宣传，让长征精神、会师精神成为我人生的宝贵精神财富。

六面密印

馆藏：中国人民革命军事博物馆

时间：1935年

六面密印藏情报
木质印章里的秘密

讲述人:

黄 渤 演员,代表作有《斗牛》《亲爱的》《我和我的祖国》等影视剧

用声音刻录百年记忆,我是革命文物讲述人、演员黄渤。

我要讲述的文物是一枚木质印章,从外观看,有点像个骰子。不过它可不是一枚普通的印章,而是人民军队早期的秘密联络工具——六面密印。对于长征时期在南方坚持游击战的红军来说,它可是荒山野岭中彼此验证的重要印信,如今收藏在中国人民革命军事博物馆里。

所谓"六面"密印,其实是五面刻花,花纹类似于星星,大大小小一共有八颗,有一面虽然四周有花纹,但中间是空白的。一张扣了密印的信函,上面有这样一行字:

> 闽东霞鼎泰中心县第三连第六队调到泰南区,希马上到达。紧急。公元一千九百三十五年九月二十一日。

这封信函没有落款,但用了密印的两面章:一面空,一面花。花面和空面的暗语是什么?它们又在保守着一个什么样的秘密呢?

1935年,红军主力已经相继转移,由粟裕任师长、刘英任政委的红军挺进师和游击队在浙江境内开展游击战争。他们的主要任务就是牵制国民党力量,掩护红军主力长征,保存革命的种子。

国防大学教授陈相灵告诉我们,1935年2月以后的很长一段时间,不要说底下的部队,就是南方的中央分局,实际上与长征中的党中央也失联了。

陈相灵：在1935年2月，中央分局准备突围的时候，决定和党中央进行最后一次无线电联系，从下午1点一直到5点才联系上，向中央报告了准备突围的消息。最后中央回电了，但无法完全破译，快到6点，项英同志就下令把电报机销毁。

失联，恐怕是这世上最令人不安的处境。失去了电台的游击队，简直是蒙着眼睛在打仗。中央红军走到哪儿了，他们不清楚；十倍于我们力量的敌人是否会突然出现在眼前，他们无从知晓；甚至，同一战区的兄弟是生是死，他们都不知道。1934年秋到1937年冬，这就是几乎与外界失联的南方三年游击战争时期。

时任挺进师师长的粟裕曾回忆："完全靠自己摸索，在自己摸索的过程中，根本没得到中央的联系，也找不到中央的线索。不管有什么样的困难，我们有共同的信心，就是革命一定会胜利的。"

这群20岁出头的年轻战士，就这样靠革命必胜的信念支撑着，面对数倍于自己的敌人孤军奋战。中国人民革命军事博物馆副馆长刘中刚说，当时好不容易拿到的珍贵情报，却很可能是假消息。

这枚毫不起眼的印章，就是当年转战浙西南的红军挺进师保证情报安全的"护身符"。它的五个花面，其实没有含义上的区分，都是加密信息，代表"自己人"；中空的一面则暗示"军情十万火急!!"。

泰南区党委、政府，二位同志：本日我交本队伍送来六面内章一颗，内有空面填名字一个，不是太急不要用空面，用别面，即有苏干队到区；有空面印到，即有大队伍来。

六面密印的发明和使用，加强了浙南游击区的通信联系。刘英率领临时省委长期驻留在泰顺、平阳和福鼎一带，发动群众；而粟裕则率领挺进师主力，运用灵活巧妙的游击战术牵制敌人。老百姓都说，共产党是会飞的，但不是靠翅膀，是靠双腿。要知道，当年粟裕曾在党员登记表特长一栏写下简单的三个字："跑长路"。

面对敌人一次又一次的"围剿"，挺进师不畏强敌、绝不退缩。1935年10月31日，为抓捕中共玉岩区委书记陈凤生，国民党军将安岱后村团团包围，声称抓不到人就屠村！为了不株连乡亲们，陈凤生昂首阔步挺身而出，喊道："陈凤生在此！把村民都放了，我随你们去！"此时的他脸色平静，没有一丝懊悔。游击队员送走了，有关机密文件转移、处理了，敌人面对的是一位共产党员的铮铮铁骨。敌人对他百般拷问，甚至残酷地把他钉在墙上，但他还是不屈服，最终壮烈牺牲。

那三年里，挺进师穿梭于星罗棋布的田野村庄，转战在莽莽苍苍的群山峻岭，以最初几百人的力量牵制住国民党10万大军，承受了和长征红军同样的苦难和牺牲。全民族抗战爆发后，这些游击战中的骨干力量，被改编成国民革命军新编第四军，简称"新四军"。

★ 初 心 激 响

我是温州博物馆讲解员林小勇，出生于1994年。在一次又一次讲解六面密印的过程中，从观众惊叹的眼神里，我更加感受到，在那个峥嵘岁月，红军高超的斗争策略、指挥艺术和艰苦奋斗精神，无论到了什么年代都是无法磨灭的。我也是一名退伍军人，我要努力讲好革命文物背后的故事，真正让文物"活起来"。

音频内容二维码

赵一曼家书

馆藏：赵一曼纪念馆

时间：1936年

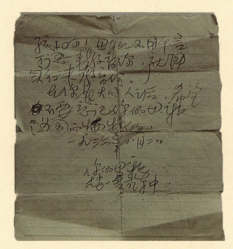

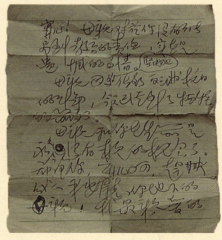

迟到的绝笔信
赵一曼的爱与信仰

讲述人：

刘 筱 新媒体节目《夜听》主播

用声音刻录百年记忆，我是革命文物讲述人、主播刘筱。

我讲述的文物是抗日民族英雄赵一曼牺牲前写给儿子的绝笔信，位于四川省宜宾市的赵一曼纪念馆内存有一份其儿子抄写的复刻品。

1936年8月2日，担任过东北人民革命军第三军第一师第二团政委的赵一曼，被押上开往刑场的火车。在生命的最后时刻，她最为牵挂的是唯一的儿子宁儿。忍受着严刑拷打的剧痛，赵一曼向押解她的日本宪兵要来纸和笔，写下了一位母亲对儿子的深深眷恋和一位共产党人对革命的坚定信仰。

> 宁儿：
>
> 　母亲对于你没有能尽到教育的责任，实在是遗憾的事情。
>
> 　母亲因为坚决地做了反满抗日的斗争，今天已经到了牺牲的前夕了。
>
> 　母亲和你在生前是永久没有再见的机会了。希望你，宁儿啊！赶快成人，来安慰你地下的母亲！我最亲爱的孩子啊！母亲不用千言万语来教育你，就用实行来教育你。
>
> 　在你长大成人之后，希望不要忘记你的母亲是为国而牺牲的！
>
> 　　　　　　　　　　　　　　　　　一九三六年八月二日
> 　　　　　　　　　　　　　　　　　你的母亲赵一曼于车中

眼前这两页已经泛黄的横格信纸，上面字迹有些潦草，还有涂改的痕迹。寥寥数语，一字一泪。

然而，这并非赵一曼当年亲手书写的原件，真迹已无从寻觅，它的内容被日军隐藏在审讯档案里，很长一段时间无人知晓。这是一封迟到的家书，在赵一曼牺牲21年后，她的儿子才从东北烈士纪念馆的档案中抄了下来。

赵一曼纪念馆馆长 陈怀忠：这封遗书发现的时候都是日文，最后从日文翻译成中文，才是现在我们展出的内容。

在短暂的一生里，革命与爱情，英雄与母亲，赵一曼如何抉择？从地下党员到游击队政委，这位宁死不屈的战士又是怎样战斗在抗日前线？

赵一曼原名李坤泰，又名李一超。1926年，赵一曼加入中国共产党，不久后考入黄埔军校武汉分校女生队，成为近代中国第一批军校女学员。1927年9月，党组织派赵一曼等同志去莫斯科中山大学学习。

仅仅过了一年，1928年冬天，因国内急需女干部，组织安排赵一曼提前回国。那时的赵一曼已经身怀六甲，且患有肺病，丈夫陈达邦万般不舍，给她提了两个建议：第一个建议是等到赵一曼把小孩生了以后再回国；第二个建议就是为照顾她，陈达邦和赵一曼一起回国。当时陈达邦提的这两个建议，赵一曼都坚决反对。她说，党的决定，不能讨价还价。

"誓志为人不为家"，赵一曼费尽周折只身回国，随后在宜昌、南昌和上海等地秘密开展党的工作。

1929年1月，赵一曼和陈达邦的孩子在动乱中降生，取名"宁儿"。可那时的中国，革命形势胶着、斗争残酷，丝毫没有给这对母子安宁的时光。

1931年，"九·一八"事变爆发，东北沦陷。为了更好地开展抗日救亡运动，中国共产党派出一批优秀干部前往东北，赵一曼就在名单之中。那时，宁儿只有两岁多。

这一别，何时团圆？还能否团圆？揪心的痛让赵一曼不敢再多想，她来到照相馆，抱着宁儿坐在高背藤椅上拍下一张照片，这也是她和儿子唯一的合影。

临行前，她用铅笔写了一封短信，并将照片一同寄给陈达邦。

　　　　达邦！别离很久，想念很深，你的儿子诞生了，我一切
　　都好，不必挂念，望你珍重。

赵一曼与儿子陈掖贤（宁儿）合影（赵一曼纪念馆 供）

　　斗争的路，漫长艰难。1932年，赵一曼领导了哈尔滨电车工人大罢工，并取得罢工胜利。1934年，因哈尔滨地下党组织遭到破坏，赵一曼身份暴露，处境危险，被组织转移到哈尔滨以东从事游击战争。

　　一身红衣，一把手枪，骑着白马驰骋在林海雪原间，这是她战斗时的模样。敌人惊恐地称她是"手持双枪、红装白马的密林女王"。

　　1935年11月，在春秋岭战役中，赵一曼身负重伤。养伤期间，赵一曼被日军发现，战斗中再度负伤、昏迷被俘。日伪军将赵一曼押送到珠河县公署，关在一间阴冷、潮湿的牢房里。伪满滨江省公署警务厅特务科外事股长大野泰

治在1956年接受审判时曾供述："赵一曼烈士的胳膊和腿都负了重伤，我用鞭子抽打她的伤口，拷问她说，如果不讲出共产党的组织及活动情况，还要打你的伤口，使你痛苦。"

为得到有价值的情报，敌人又把赵一曼转送到哈尔滨关押，进行了更加惨无人道的严刑逼供。日军档案中这样记载："在长时间经受高强度电刑的状态下，赵一曼女士仍没招供，确属罕见，已不能从医学生理上解释。"

用电刑，灌辣椒水，整整9个月，各种酷刑轮番施行，赵一曼将刑讯室当作她最后的战场，面对轮番审问，她怒斥敌人："你们这些强盗，可以让整座村庄变成瓦砾，可以把人剁成烂泥。可是，你们消灭不了共产党人的信仰！"

日伪审问赵一曼的档案（赵一曼纪念馆 供）

虽被折磨得奄奄一息，赵一曼却自始至终坚贞不屈，没有供出任何情报，失去耐心的日军决定将其处决。

1936年8月2日，赵一曼被押往黑龙江珠河县。为杀一儆百，日军将赵一曼绑在一辆马车上，在她曾经战斗过的地方游街示众。看着乡亲们挂满泪珠的面孔，赵一曼大声喊道："乡亲们！不要难过，为抗日而死是光荣的！"她一路昂着头，高唱《红旗歌》。

这一天，赵一曼在珠河小北门外英勇就义，年仅31岁。

赵一曼曾说，取名为"一曼""一超"是因为喜欢"一"字，一生革命，一心一意，一贯到底，绝不改变。

人们不会忘记，在硝烟弥漫的抗日战场上有过这样一位巾帼英雄，她离家别子，舍身殉国，用生命践行了"甘将热血沃中华"的信仰。

初心激响

　　我是宜宾市赵一曼纪念馆讲解员何涛，今年28岁。赵一曼的一生是短暂的，但她谱写出的却是绚丽的人生长歌。崇尚英雄、学习英雄，我将讲好一曼故事，传承红色基因，让巾帼英雄的形象永远铭刻在中国人民心中，激励永远！

文 物 展 示 ————————

曾嵌在王定烈将军腰间的子弹头

馆藏：川陕苏区将帅碑林纪念馆

时间：1937年

留在腰间的荣耀
一枚 16 年的子弹头

讲述人：

石宁海 中央广播电视总台国广主持人，主持《档案揭秘》等栏目

用声音刻录百年记忆，我是革命文物讲述人、主持人石宁海。

我讲述的文物是一枚七九步枪子弹头。这枚子弹头，现收藏在川陕苏区将帅碑林纪念馆，仅有 8 克，已经锈迹斑斑。

展出的子弹旁边附有一张泛黄的纸条，是捐赠人——空军原副司令员王定烈将军亲笔写下的文物介绍："《难忘的子弹》，1937 年 3 月 14 日，在祁连山上中弹于腰间，直到 1953 年，抗美援朝战争结束之后，才在广州军区总医院取出。在我腰间呆了 16 年才取出。"

这枚留在英雄的身体里 16 年之久的子弹，见证了血与火、生与死；透过它，我们仿佛看见，长河落日、硝烟弥漫中，西路军在祁连山艰难突围的岁月。

1936 年 10 月下旬，根据中革军委命令，红四方面军第三十军渡过黄河。随后，红四方面军第九军和方面军总部及第五军也渡过黄河，准备执行宁夏战役计划。11 月 11 日，中央和军委决定，河西部队称为西路军。

河西走廊是西北军阀马步芳、马鸿逵的地盘。西路军的到来，让马家军万分紧张，迅速对西路军展开了疯狂围攻，西路军将士浴血奋战，其中，以高台之战最为惨烈。

甘肃祁连山的冬季，天寒地冻，西路军一路跋涉，补给不足，缺枪少弹，凭着一腔英勇与马家军殊死搏斗，损失惨重。

1937 年 3 月，西路军两万大军只剩下不足 3000 人，部队突破马家军重围，退守到祁连山脉一个名叫石窝山的雪岭上，王定烈就在其中。

此时，部队已近于弹尽粮绝，每支步枪只有四五发子弹，手榴弹不到人手一枚，大家用冰块充饥解渴。3月14日，敌人再次发动进攻，王定烈和战友们，用血肉之躯做着抵抗，子弹打光了，他们就用大刀，大刀砍卷了就用石头，石头用没了就用牙咬。身边的战友纷纷倒下，一颗子弹击中了王定烈。王定烈将军生前接受采访时说，他当时突然感到腰间一震，随后是一阵难耐的疼痛。

被子弹击中的伤口，鲜血流淌出来。王定烈眼看着七八个敌军骑兵挥着马刀向他劈来。危在旦夕之际，战友调过枪口，向冲过来的敌人射击，解救了他。

苍山如海，残阳如血。战斗失败了，鲜血染红了黄土。

入夜，王定烈被冻醒，山坡上硝烟散尽，满目疮痍，大部队已经撤走。王定烈与负伤的战友互相搀扶，沿小路找到山沟里的一间小屋，这里还有二三十位负伤的同志，饥寒交迫、疼痛难忍，受伤的战士们相互鼓励着。

然而，危险再次来临，敌军找到这间小屋，他们先是扫射，后又闯进屋内乱砍。王定烈也被砍中了，但万幸的是，他躺在屋内的一个大木箱子中，马刀砍过来，木箱挡了一下，没有致命，王定烈再一次活了下来。

> 王定烈回忆录《地狱归来》节选：
> 醒过来后感到浑身剧痛，眼睛被重重地糊死，什么也看不见。一股浓烈的血腥味扑鼻而来。想用手摸一摸被糊死的眼，可是两臂像压上石头，一点儿也抬不动……

身边的战友已经全部牺牲。王定烈忍着剧痛，拄着棍子，挣扎着往前走，希望追上大部队，但途中还是被敌军抓获。他和其他被俘的红军战士，被关押在甘肃省甘州（今张掖市）。天气转暖，王定烈身上的伤口，开始化脓。

> 王定烈：我那时候18岁，一个女护士比我大两三岁，女护士给我治疗，过两天她又来跟我换药，以后她就说，你到我家把你的伤治好了，愿意回老家就回老家，不回老家就在我家里就行了。

　　这位护士是地下党专门派来给红军伤员看病的。她的一番话给了王定烈活下去的希望。治疗之后，王定烈的伤口逐渐好转。当年5月份，敌人将王定烈等300多名红军押解到武威，劝他们投降。面对无耻的叛徒，王定烈咬紧牙关，挺直身板，剧痛之下，那颗卡得他直不起腰来的子弹竟然顺了过来，和脊骨平行，不再妨碍行动。而这一过程如同做了次手术。

　　之后，党中央几经交涉，王定烈和其他被俘的红军终被释放。他们靠着两条腿，三天走了两百多公里路，从西安走回了延安。

　　　　川陕革命根据地博物馆文博副研究员　王璟：（王定烈）
　　回到延安的第二天，召开了军人大会，毛主席、朱德总司令
　　去看望大家，并讲了许多勉励的话。王定烈说，当时他回到
　　延安的时候望着巍巍宝塔山，想起了自己几度死生，终于回
　　到了母亲怀抱。

　　1937年10月，腰上还留着一颗子弹的王定烈奔赴抗日战场。随后他南征北战，直到1953年才取出这颗子弹。这颗不同寻常的子弹经历了无数次战争，见证了一位共产党员坚韧、勇敢、大无畏的革命精神。王定烈将军生前接受采访时曾说："我从不怀疑自己当初的选择，坚定地跟着红军走、跟着党走，即使牺牲也值得！"

初 心 激 响

　　我是川陕苏区将帅碑林纪念馆讲解员喻婷，出生于1989年。2009年我从大学毕业后的第一份工作，就是在川陕苏区将帅碑林纪念馆担任讲解员。战火纷飞的时代远去，革命先辈浴血奋战的身影却并未远去，他们的精神穿过岁月，在新时代散发着光芒和力量，激励着我们年轻一代。

《中共中央为公布国共合作宣言》

馆藏：中央档案馆

时间：1936年

一波三折的团结宣言
"西安事变"背后的风云变幻

讲述人：

杨 晨 主持人，曾解说《如果国宝会说话》等纪录片

用声音刻录百年记忆，我是革命文物讲述人、主持人杨晨。

我讲述的文物是《中共中央为公布国共合作宣言》（简称《宣言》），这份周恩来起草的《宣言》由三张装订纸组成，尺寸相当于大开本图书。早已泛黄的纸页上，反复修改的斑驳痕迹默默述说着曾经的风云变幻。这份宣言的发表标志着国共两党第二次合作，同时也代表着抗日民族统一战线的形成。原件收藏于中央档案馆，印刷件在中国国家博物馆展出。

中国国家博物馆藏 《中共中央为公布国共合作宣言》

1936年，日本侵略者的铁蹄已经踏入东北，虎视眈眈，准备南下全面侵华。危难时刻，中国共产党多次提出建立抗日民族统一战线的政治主张。中央党校中共党史教研部教授李东朗介绍，从反蒋抗日到联蒋抗日，这是我党审时度势的策略调整。

> 李东朗：在实施抗日民族统一战线过程中，中共中央分析了形势，认为蒋介石和他代表的国民党跟日本是有矛盾的，是可以争取的，所以，将反蒋抗日的方针策略转变为联蒋抗日，逐步谋求与国民党实现第二次合作。

1936年12月12日，一阵急促的枪声划破了黎明前的寂静，西安事变爆发。张学良、杨虎城马上电告全国，陈述捉蒋原因，并提出停止内战，一致抗日等8项政治主张，可任凭张学良说破了嘴皮，蒋介石就是不肯妥协。谈判陷入僵局，一筹莫展的张学良联系上了延安，中共中央火速派周恩来等人前往西安，共同努力下迫使蒋介石作出"停止剿共，联红抗日"的承诺。

事后张学良亲自护送蒋介石一行返抵南京。然而正是这次护送，让他从此遭到长达几十年的软禁，失去了自由。

> 张学良：我这个人是这样，我是个军人，我自个儿做的事情我自个儿负责任，杀我的头我也负责，我不在乎。

之后，蒋介石多次邀请周恩来到南京谈判，然而张学良的遭遇使得毛泽东非常担心周恩来的安危，不同意他贸然前往。1937年初，局势进一步恶化。中国国家博物馆藏品保管部李琮说："日本加紧了对中国的侵略步伐，中华民族到了最危急的关头，全国各地要求团结一致，抗日的呼声更加高涨。"

这一回，蒋介石终于指派张冲为代表来到西安。2月11日，国共两党谈判在西安正式开始，一直持续到3月。巍峨的终南山上，通过与周恩来等人的朝夕相处，国民党主谈者张冲的思想发生了巨大的改变："时至今日，我深切认识到，国共和则兴，不和则亡，年年'围剿'，节节失利，强邻虎视，外债高筑，民不聊生，国将不国。"

大敌当前，作为中国人，彼时彼刻最需要的是"拧成一股绳"。周恩来曾对张冲说："先生与我，并非无党见者，惟站在民族利益之上的党见，非私见私利可比，故无事不可谈通，无问题不可解决。"

为共赴国难，国共两党摒弃前嫌、存异求同，3月初，两党就双方提出的要求基本达成一致。1937年3月，周恩来和蒋介石在杭州秘密举行了国共两党的高级会晤。

> 李琼：6月4日，周恩来携带中国共产党草拟的关于御侮救亡、复兴中国的民族统一纲领草案和13个具体问题来到庐山，与蒋介石进行谈判，并争取到了宋美龄、宋子文、张冲等国民党人士的合作态度。

谁承想，庐山谈判中，蒋介石却出尔反尔，完全抛开中共提出的纲领草案，要求取消共产党的独立性，甚至公然提出让毛泽东、朱德出洋等条件。对此，周恩来明确表示无法认同，谈判未果。

七七事变爆发后，周恩来等人再上庐山，开展第二次会谈，并正式向蒋介石提交了7月4日起草的这份《中共中央为公布国共合作宣言》。李东朗说，紧要关头，新的波折再次出现。

> 李东朗：蒋介石态度冷淡，就把它搁置起来了，不理这个事了。到平津失守、淞沪战事紧急，南北大打起来后，蒋介石迫切需要红军开赴抗日前线，于是同意红军主力改编为八路军。之后，国共在进一步的谈判中，国民党的谈判代表对这个文件，按照国民党的观点思想做了许多修改，压制共产党、否定共产党。

中国共产党一方面要考虑抗日的紧迫性，另一方面在国民党的步步紧逼下，要继续为民族独立、实现民权政治而斗争，针对《宣言》，与国民党反复讨论磋商。一直拖到9月份，国民党方面终于接受了这份文件，9月22日，国民党中央通讯社向全国播发。

> 亲爱的同胞们：中国共产党中央委员会谨以极大的热忱向我全国父老兄弟诸姑姊妹宣言，当此国难极端严重民族生命存亡绝续之时，我们为着挽救祖国的危亡，在和平统一团结御侮的基础上，已经与中国国民党获得了谅解，而共赴国难了……在民族生命危急万状的现在，只有我们民族内部的团结，才能战胜日本帝国主义的侵略。

《宣言》发表后，国共两党并肩御敌。中国国民党和中国共产党所领导的抗日军队，后来分别担负正面战场和敌后战场的作战任务，形成了共同抗击日本侵略者的战略态势。中国共产党人以自己的坚定意志和模范行动，支撑起全民族救亡图存的希望。

初 心 激 响

　　我是中国国家博物馆讲解员陈珅，出生于1998年。在为大家讲解《宣言》的过程中，我经历着大时代历史洪流的思想洗礼，在那个动荡飘摇的年代，共产党人的坚贞不屈，中国人的坚韧不拔、誓死保家卫国的情怀不断打动着我，只有万众一心才能打败侵略者。"团结"是多么重要的一件事，我将把这样的精神通过我的心、我的口，让更多人了解，把这种红色精神传承下去。

抗日英烈蔡良家书

馆藏：四川省建川博物馆

时间：1937—1940年

音频内容二维码

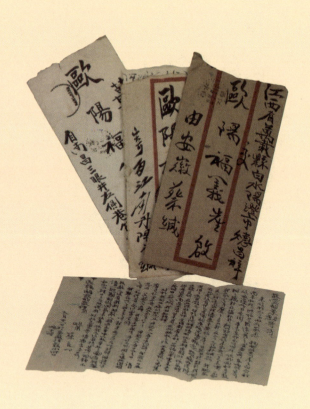

家书里的抗战实录
抗日英烈蔡良家书

讲述人：

雅 坤 播音艺术家，曾多年主持广播经典节目《今晚八点半》

用声音刻录百年记忆，我是革命文物讲述人、播音员雅坤。

我讲述的文物，是抗日英烈蔡良在1937年至1940年，写给家中父母及兄长的家书，其中有6封收藏在四川省建川博物馆，还有一部分由个人收藏。

1929年，19岁的蔡良在家乡——江西万载县参加了中国工农红军，一年后，加入中国共产党。

这些家书，有的用毛笔写在"陆军新编第四军司令部信笺"上，有的用钢笔写在巴掌大的便笺纸上。建川博物馆馆长樊建川分析说，这些信都是在比较艰苦的条件下寄出来的。

> 樊建川：说明蔡良在战火纷飞的辗转之中，抓到什么纸就写，反映了战争的残酷和艰苦、物质的短缺。

从信封的邮戳上，可以看到蔡良跟随部队在山西、陕西、安徽、江苏等地的战斗足迹，家书中字里行间，誓将侵略者赶出国土的决心、期盼家国安宁的强烈愿景力透纸背。跟随蔡良家书，我们仿佛回到了那个山河破碎、民族生死存亡的危难时刻。

1937年7月7日，日军挑起卢沟桥事变，发动全面侵华战争。平津失陷，华北危急！1937年11月8日山西沦陷。当时，蔡良所在的部队就驻扎在山西临汾，他在11月5日的家书中写道：

　　我们只有坚决抗战到底才能使中国不至于亡国，才能收复失地，望哥哥及父母大人不但于暂时不想我回来，就是你们在家里，在地方上也要努力为国家工作。

　　蔡良的家书，要么写给父亲，要么写给两位哥哥。他始终鼓舞家人一同抗日。1938年4月28日，蔡良在家书中再次叮嘱家人"参加各种抗敌工作"。

　　特别是在此国难非常时期，除耕种以外，尽量进行抗敌救国的一切工作。古语云：国家兴亡，匹夫有责。你们也是国家一份子，应该参加各种抗敌工作。

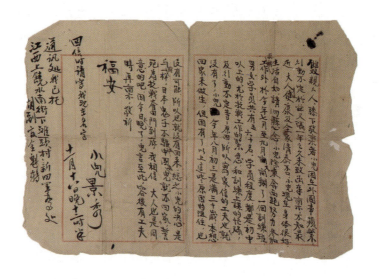

蔡良在这封家书中写道："日本鬼子不驱出中国去，儿就不回家，誓死为抗战奋斗到底！"（四川省建川博物馆 供）

　　"烽火连三月，家书抵万金。"1938年6月至10月，武汉会战，中国军队在长江南北两岸与日军展开殊死搏斗，战场遍及安徽、河南、江西、湖北4省广大地区。在8月17日的家书中，蔡良提到自己患病不能久坐，但仅此一句，大部分文字都是急切地将抗战前线的紧迫形势告知家人：

现在日本强盗已打到我们江西来了，于阳历7月25日占领九江，敌人企图有向湖南进攻，夺取武汉之目的……我县是否准备好了，组织好了？不要敌人来时惊惶失措，应该处处防御，处处抵抗，才能战胜敌人。

正像蔡良在信中所说，面对日本帝国主义的侵略，武汉会战期间，中国军民联合起来，浴血奋战，打死打伤日军257000多人，极大地消耗了日军的有生力量。

四川师范大学历史文化与旅游学院教授 田利军：武汉会战期间，八路军和新四军在敌后大量歼灭日军，建立根据地，把人民动员起来。这样就为中国抗战的最终胜利打下了一个很好的基础。

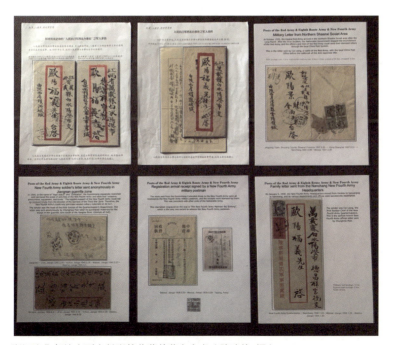

浙江省集邮协会副会长张雄收藏的蔡良家书（陈瑜艳 摄）

　　蔡良的部分家书、信封、回执等还被浙江省集邮协会副会长张雄收藏。在1937年1月23日的家书中，蔡良告诉家人，他于1935年到达了陕西，已在延安府师范学校肄业，与人合伙在肤施县南门内开店：顺兴栈号。他还告诉父母，"小儿景秀现改学名蔡良"。

　　　　张雄：他其实是进了红军大学，出来以后"做生意"，实际是在红军的一个地下工作站工作。1936年下半年，西安事变爆发以后，蒋介石同意国共合作，一致抗日，这个时候慢慢不再对红军、对共产党围追堵截，他们才开始写信回去。

　　1937年1月开始，蔡良短时间内连续写了多封家书，可见这位年轻的红军战士在有了通信条件后，是多么迫切地想与家人取得联系，用一封封书信传递着对亲人们的思念。

　　在1937年2月28日的信中，蔡良感激父母、兄长在家里非常困难的情况下送他读书，而在父母膝下尽孝和保家卫国之间，他不得不选择后者，他说："若国不能保，家也亦不能存！"

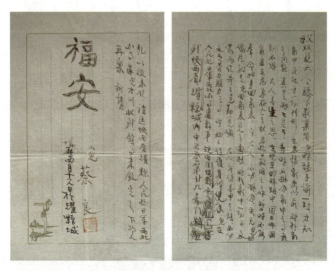

蔡良在家书中写道：国家处在危急存亡之秋，为抗日救国之工作，暂时不能奉命抽身回家来，望大人不必挂念（陈瑜艳 摄）

"先有国，后有家"，蔡良是无数舍身为国的共产党人的缩影。一封封质朴的家书里，让人看到的是信仰的力量。

破损的纸张，不再清晰的字迹，岁月流转，这些年代久远的家书虽褪去了色彩，但家书传递出的家国情怀依然深深影响着后辈们。

蔡良的侄孙欧阳晖龙说，蔡良的家人一直住在江西省万载县白水乡，尽自己所能为家乡作贡献被作为家风传承。他说："我现在承办了一家合作社，带领农民种植百合，这是我们白水的传统产业，我要为家乡建设献出一份力量。"

在每封家书中，蔡良都会写上期盼家里"清泰平安"，祝福家人"福安"。如今，故乡土地上的百合花争相绽放，乡亲们的日子也幸福得像花儿一样。

初 心 激 响

　　我是四川省建川博物馆讲解员伍稀，出生于1996年。我每讲解一次蔡良的红色家书，就感觉离这位为了家国天下奔赴前线的热血男儿更近了一步。他把对家人的思念化作誓死抗战的热血壮志，而我要把他家书里的家国大义讲给更多的人听，记住蔡良家书中的嘱托，努力为国家工作！

《新华日报》印刷机

馆藏：重庆红岩革命历史博物馆

时间：20世纪30年代

音频内容二维码

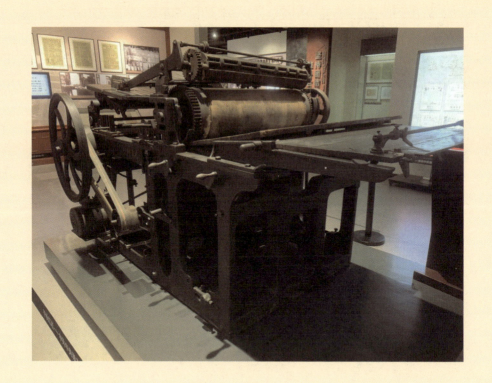

《新华日报》
记录烽火斗争的抗战号角

讲述人：

古　越　重庆红岩革命历史博物馆讲解员

用声音刻录百年记忆，我是重庆红岩革命历史博物馆的讲解员古越。

我讲述的文物，是曾经既"负过伤"又"坐过牢"的《新华日报》印刷机。

这台收藏在重庆红岩革命历史博物馆的平板四开印刷机，重约1吨，是20世纪30年代由德国进口的。机架上有个补钉，这是在武汉时期因国民党突然停电而造成的损伤。虽然机器部分零件磨损严重，通身也有些氧化锈蚀，但至今仍可以启动使用。

1937年，第二次国共合作开始。经过长期交涉，中国共产党获得在汉口公开出版发行《新华日报》和《群众》周刊的权利。在不少进步人士的帮助下，负责筹备工作的潘梓年终于在一家小报印刷厂购得了这台印刷机。

1938年1月，《新华日报》创刊，原《新华日报》记者周而复回忆，创刊词中曾明确写着办刊宗旨："本报愿在争取民族生存独立的伟大的战斗中作一个鼓励前进的号角。"

> 周而复：《新华日报》有两个任务，第一个，出党报；第二个，出党刊，中共中央的党刊。每半个月一次。

时值日军大举进攻之际，同年7月，中共中央南方局主要领导人之一的董必武派时任《新华日报》总经理熊瑾玎等人到重庆，寻找适合筹办分馆的地点。但他也明确强调，武汉一天不失守，《新华日报》便会在武汉印刷出版。

每天，这台印刷机上印刷四版报纸，图文并茂，不仅关注全国抗战，更传播国际反法西斯动态，成为百姓了解局势的重要窗口。

1938年10月24日，武汉沦陷前夜，汉口秋雨淅沥。周恩来在报馆口述题为《告别武汉父老兄弟》的社论，郑重宣告：我们只是暂时离开武汉，武汉终究会回到中国人民的手中。当晚，这台印刷机随报馆工作人员一起沿江而上，从武汉迁至重庆。

报童们穿梭于重庆的大街小巷，向市民叫卖着在重庆最新出版的《新华日报》。

随后的日子里，《新华日报》和《群众》周刊在重庆继续出版发行，并肩战斗，靠的就是这台进口的"大个子"印刷机。

1939年5月，日军飞机连续轰炸重庆市中心区，并且大量使用燃烧弹。重庆市中心大火连烧两日，《新华日报》的印刷部也被炸成废墟，印刷工作只能暂停。7月，董必武带领工人把印刷机从废墟中搬出，重新组装，当月就恢复印刷。随后在化龙桥虎头岩下，报馆的同志们挖了一个防空洞，虽然空袭不断，但在摇曳的煤油灯下，共产党人笔耕不辍，印刷机也一刻不停。

重庆红岩联线文化发展管理中心党委书记朱军说，《新华日报》经常刊发我党领袖的重要文章，通过宣传全民族抗战、持久抗战的主张，鼓舞国民党统治区广大军民反抗日本侵略者的决心。

《新华日报》还腾出大量版面生动具体地反映以工人阶级为主的、身处社会底层的广大人民群众的生活实况，反映群众疾苦，但这也让心怀鬼胎的国民党当局坐立不安。1940年后，为了不让共产党人"发声"，他们经常任意删改、扣留稿件。

《新华日报》和《群众》周刊为争取言论出版自由与国民党当局展开了艰苦的斗争。朱军说，即便如此，报纸的宣传效果依然比预期的好。毛泽东在重庆谈判期间曾称赞："我们的《新华日报》抵得上一个方面军。"

朱军：当时南方局，特别是周恩来同志，对《新华日报》制定了一个原则，要"编得好，印得清，出得早，销得多"。

《新华日报》是国民党统治区发行量最大的一份报纸，对宣传
中国共产党的主张，以及宣传世界反法西斯战争，报道欧洲
战场、苏德战场战况，都起到了很好的作用。

直到1947年2月，国民党反动当局强行封闭重庆《新华日报》，在发行的
9年1个月又18天、共计3231期的岁月里，这台印刷机一直担负着繁重的印
刷任务。随后，它被国民党反动当局拖到重庆南岸的一个监狱中，直到两年后
重庆解放，军管会清查监狱时才被重新发现。

时光荏苒，传奇不朽。这台印刷机不但记录下了这段烽火斗争的岁月，更
展示了我党新闻宣传队伍作为"抗战号角，人民喉舌"的历史功绩，成为中国
共产党组织和领导全民抗战的最佳见证。

初 心 激 响

　　我是重庆红岩革命历史博物馆的讲解员陈泓宇，出生于1996年。我听
父辈讲起"江姐""小萝卜头"的故事，对革命先辈十分崇敬。在这两年
工作期间，我一次次向人们讲起"红岩"，讲起《新华日报》印刷机背后
的故事。这其中所蕴含的抗战精神，激励着我在今后的工作中不断努力讲
好抗战的故事，讲好中国共产党的故事。

隐藏在墙壁里的"秘密电台"
馆藏：八路军桂林办事处纪念馆
时间：1938年

音频内容二维码

不曾消逝的电波
墙壁里发出的"红色电波"

讲述人：

张筠英 朗诵艺术家、演员，曾主演《青松岭》《霓虹灯下的哨兵》等话剧

用声音刻录百年记忆，我是革命文物讲述人、演员张筠英。

我讲述的文物是83年前隐藏在墙壁里的"秘密电台"，现在它收藏于八路军桂林办事处纪念馆中。

在八路军桂林办事处旧址二楼的电台室里，一款长方形的老式木质电台静静地摆放在竹木桌上，长50厘米，宽40厘米。锈迹已经悄然爬满了一旁的电键，另一旁的电线皮也开始剥落。这套完整的电台设备，包括电台、电键、电线和手摇发电机，现在被公开展览。可在当年，这些都看不见，因为这是一套秘密电台。

收藏于八路军桂林办事处旧址二楼电台室的"秘密电台"

八路军桂林办事处纪念馆副馆长文丰义说，这部电台承载着特殊重任，一般情况下并不启用。

八路军桂林办事处，也就是这个秘密电台的藏身地，位于今天桂林市中山北路14号，一栋具有桂北民居建筑风格的两层砖木楼房。左侧门额上题有"万祥醋坊"四个字，这里曾是老房东黄旷达卖酒的店铺。黄旷达的孙子黄荣强说，祖父当年并不知道这里有八路军的秘密电台。

1938年10月，抗日战争进入战略相持阶段。为适应形势发展，在周恩来、叶剑英、董必武的组织领导下，1938年11月，八路军桂林办事处正式成立，李克农任处长。办事处这群穿着灰布军装、打绑腿、戴袖章的军人，给乱象丛生的桂林城带来全新气息，这里也逐渐成为南方地区的抗日指挥中心。

办事处的电台部分工作人员在路莫村电台室（八路军桂林办事处纪念馆 供）

公开设立的办事处为什么会有秘密电台呢？当时，蒋介石当局依旧抱着"攘外必先安内"的想法，时常制造摩擦。鉴于此，擅长情报工作的李克农决定设立两处电台。当公开电台遇到突发事件或国民党特务搜查时，他可以立即启用秘密电台，随时与党中央保持联络畅通。

秘密电台是办事处重要的情报部门，李克农在办事处的布局上下了一番功夫。在他的卧室兼办公室的后侧是处理情报的机要科，前方则是隐蔽的秘密电台，所有重要部门都在他的视线范围内。黄荣强说，李克农还会利用办事处进行情报的收集和传递。

办事处作为中共中央南方局的秘密派出机关，电台人员利用外出执行任务的机会，还帮助江西、广东韶关和梅县、海南琼崖纵队等党组织秘密装配电台，培训技术人员，提供电台设备，设置电报接收密码。

文丰义说，在交通不便、信息联络不畅的战争年代，利用能发报的电台，我们党在南方地区构建了一个覆盖面较广的秘密通讯网络。

熟悉的嘀嗒声穿透岁月，直达耳畔，它传递的不仅是宝贵的信息，更是希望和信念。那些从墙壁中发出的"红色电波"，犹如划过黑暗夜空的一道光，点亮革命者继续前行的道路。

初心激响

　　我是八路军桂林办事处纪念馆讲解员宁子秋，出生于 1994 年。小学时，我看过一部电影叫《永不消逝的电波》，曾被电影里的电台发报员李侠深深震撼。革命年代，共产党人用生命书写理想和信念。今天，作为一名讲解员，我有责任、有义务把更多的"李侠"和电台的红色故事讲好，用自己的行动践行共产党人的初心和使命。

《黄河大合唱》延安手稿

馆藏：中国艺术研究院艺术与文献馆

时间：1939年

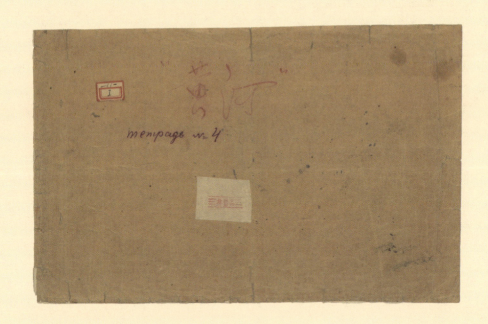

永远的《黄河大合唱》
《黄河大合唱》延安手稿真迹

讲述人：

张安东 《黄河大合唱》词作者光未然次子

用声音刻录百年记忆，我是革命文物讲述人张安东。

我要讲述的文物是冼星海为《黄河大合唱》谱曲的延安手稿，它现存放在中国艺术研究院艺术与文献馆内。这部作品的词作者光未然（原名张光年）是我的父亲。由父亲和音乐家冼星海联袂创作的这部音乐史诗，80多年来像民族精神的号角始终振奋人心，在一代又一代的传承中经久不衰。

音乐作品的原始手稿大多只有一部，而《黄河大合唱》却有两部。和后来五线谱版的"莫斯科版本"不同，1939年延安手稿是简谱，一共68页，虽然年代久远，字迹也有些褪色，但依然能看出冼星海秀丽隽永的字迹，行间工整抄录着光未然的歌词。手稿封面为黄色牛皮纸，冼星海在上面用红色铅笔写下大大的"黄河"二字。

那是抗日战争最艰苦、最惨烈的日子。1938年底，光未然25岁，率领抗敌演剧三队在前往第二战区抗日前线途中渡过黄河，目睹了黄河壮丽的景色和黄河船夫与狂风恶浪搏斗的情景，被苍劲有力的船夫号子深深震动。后来他在行军途中不幸坠马负伤，左臂粉碎性骨折，被紧急护送到延安医治。那时从法国留学归来，在上海、武汉投身抗日救亡运动的冼星海，已经在延安鲁迅艺术学院任教。光未然和冼星海这对好战友在延安重逢了，两人相约再次合作。光未然抑制不住创作的冲动，忍着剧痛躺在病床上口述，由队友胡志涛笔录，完成了《黄河大合唱》8个乐章的歌词创作。

1939年3月，在西北旅社一间宽敞的窑洞里，一场小小的朗诵会开始了。父亲光未然第一次将《黄河大合唱》400行歌词朗诵给演剧三队队员和作曲家听。冼星海就静静地坐在门边的椅子上。后来父亲每每说起当时的情景，都兴奋不已。

如今翻开这本68页的延安手稿，每一个乐章，冼星海都用蓝色蘸水笔写好标题、表演形式、说白、给演唱者的情绪提示，并用红色笔圈出调号。冼夫人钱韵玲在空白纸上画好笔直的小节线，冼星海再在里面填上分声部的简谱。有时突来灵感，他们还会在写好的谱子上方贴上一张小条，补上几小节，使乐曲更加饱满。在创作最后一个乐章"怒吼吧，黄河"时，不知是不是已经压抑不住内心对民族危亡的激愤，他在后面留下了一个大大的惊叹号！6天后，这部史诗性的民族音乐巨作诞生了……

1939年4月13日，在延安陕北公学大礼堂，《黄河大合唱》首演。这场没有几件像样乐器，甚至加入了搪瓷缸和金属勺子的演出，却令"台下发出狂热而持久的掌声"。那天父亲身披黑色大氅遮挡住受伤的手臂和拐杖，亲自上台吟诵。

一个月后，在庆祝鲁艺成立一周年的晚会上，冼星海亲自上台指挥《黄河大合唱》，台上百余人一齐高唱，现场群情沸腾。"黄河在咆哮，黄河在咆哮"，那是中华儿女将对民族危亡的痛化作的一声声怒吼，一股万众一心不可战胜的力量从这里喷薄而出！从此，"保卫黄河、保卫华北、保卫全中国"的歌声在中华大地上处处传唱。

> 中国艺术研究院院长 韩子勇：《黄河大合唱》是一部划时代的作品，是革命文艺的高峰之作，是百年来最有影响力的音乐作品（之一）。抗日战争时期中华民族面临生死存亡，陕北是中国革命的主场，黄河、黄土高原又是中华文化的发祥地、民族精神的根与魂。这些要素结合在一起，给冼星海以巨大的创作冲动。在那一刻，他和民族精神融在了一起，他是和时代一起完成的。

公演成功后，冼星海加入中国共产党。1940年5月，因为工作需要，他化名前往苏联。1941年春天，他将《黄河大合唱》进一步修改整理，增加了《序曲》部分，编配成大型管弦乐队总谱，于是便有了后来的第二份手稿。我的父亲光未然以本名张光年继续投身于文化抗战的工作。他的诗歌依旧激情澎湃，气势雄伟。而两人从延安一别就再也不曾相见。1945年冼星海因病在莫斯科逝世。

> 中国艺术研究院音乐研究所研究员 向延生：冼星海在苏联莫斯科去世以后，苏联方面把他的一些作品送到了当时苏联驻中国大使馆，由使馆移交给在南京的中共代表团，是周恩来同志亲自接收了这批珍贵的东西。当时中央管弦乐团的领导人奉命到延安的中共中央办公厅把一皮箱的东西取回来。箱子打开以后，里面就有冼星海在莫斯科整理的第二份手稿。

父亲曾经告诉我，他当年甚至没敢想能活着看到抗战胜利。因为敌人太过强大，一年两年、五年六年……什么时候能够抗战胜利，没有人能知道。但是大家想的是，我要跟你拼到底，我绝对不退却，我死了还有别的人。我们现在听到的《保卫黄河》的朗诵词里有一句："我们要抱定必胜的决心，保卫黄河、保卫华北、保卫全中国"，其实父亲的原词里，这里不是"必胜的决心"，而是"必死的决心"。

《黄河大合唱》传唱了80多年。时代在不断变化，但《黄河大合唱》所蕴含的那种不屈的民族精神却历久弥新，散发着顽强不息的生命之光，鼓舞着一代又一代中华儿女。

★ 初 心 激 响

我是中国艺术研究院艺术与文献馆馆员王礼，生于1988年。我上学的时候演唱过《黄河大合唱》的部分段落，每次音乐响起，心中都是波澜壮阔，热血沸腾。毕业来到这里工作后，我见到了《黄河大合唱》的手稿，手稿中那种不屈的气节，有如一种无形的力量冲击着我。《黄河大合唱》是英雄的歌，是鼓舞人心的歌，是胜利的歌。我们会把《黄河大合唱》文化遗产和它所承载的革命精神传承下去。

西南联大校歌简谱

馆藏：云南省档案馆

时间：1937年

校歌里的刚毅坚卓
西南联大之"大学之大"

讲述人:

宝木中阳 配音演员,曾为《琅琊榜》《无心法师》等影视作品配音

用声音刻录百年记忆,我是革命文物讲述人、配音演员宝木中阳。

我讲述的文物是国立西南联合大学校歌曲谱。这份收藏在云南省档案馆的曲谱,于1937年12月制成。如今在西南联大博物馆中陈列着它的复制品。原曲谱接近一页A4纸大小,以简谱标记,纸面虽略有发黄,但歌词清晰、字迹俊秀。

西南联大在抗日战争炮火洗礼中成长,8年中,师生艰苦办学,共赴国难,创造了"战时高等教育体制的杰作"。"千秋耻,终当雪;中兴业,须人杰……",这首鼓舞中华民族士气和斗志的校歌,激励着莘莘学子在艰苦卓绝的环境中不懈奋斗、献身报国。

1937年7月全民族抗战爆发后,北京大学、清华大学和南开大学纷纷南迁,三校在岳麓山下组成了长沙临时大学,随着战事的临近,临时大学又于1938年2月搬迁到了云南,改名"国立西南联合大学"。开课两个月后,当时的教育部要求全国各校编制校歌、校训,西南联大也成立了"编制本大学校歌校训委员会"。

云南中国近代史研究会会长 吴宝璋:这个编制委员会由文学院院长冯友兰担任委员会的主席,成员有朱自清、闻一多、罗庸等,这些都是西南联大非常著名的教授,他们开始广泛征集稿子,整个西南联大的教授包括学生都可以投稿。

战争突如其来，跨越湘、黔、滇三个省份，行程3000多里的行走成了联大师生的共同精神财富，"刚毅坚卓"得以成为联大校训。这四个字，正是联大师生在昆明办学8年的写照，经历轰炸、贫穷、病痛，却从未间断过教学与研究。

经过征集，仅用一个月时间，学校就公布了校训，但校歌的创作却几经周折。在众多投稿中，由中文系教授罗庸撰写的、根据《满江红》词牌填写的歌词脱颖而出。

> 国立西南联合大学校歌《满江红》全词：
>
> 万里长征，辞却了五朝官阙。暂驻足，衡山湘水，又成离别。绝徼移栽桢干质，九州遍洒黎元血。尽笳吹，弦诵在山城，情弥切！
>
> 千秋耻，终当雪；中兴业，须人杰。便一成三户，壮怀难折。多难殷忧新国运，动心忍性希前哲。待驱除仇寇，复神京，还燕碣。

其间，作为委员会主席的冯友兰先生也写下了一首现代诗体歌词《西山苍苍》。

> 西山苍苍，滇水茫茫，这已不是渤海太行，这已不是衡岳潇湘。同学们，莫忘记失掉的家乡，莫辜负伟大的时代，莫耽误宝贵的辰光。赶紧学习，赶紧准备，抗战、建国都要我们担当！同学们，要利用宝贵的辰光，要创造伟大的时代，要恢复失掉的家乡。

于是，校歌校训委员会开始为这两首歌词"征谱"。当时朱自清先生想起在国立浙江大学任教的张清常教授，就把罗庸写的《满江红》和冯友兰写的《西山苍苍》两首歌词都寄了过去。张清常考虑到西南联大的实际情况，选择了前者。

彼时的西南联大，教室是1939年梁思成、林徽因夫妇规划设计的，由于经费紧张，条件简陋，冬天无法保暖，夏天不能纳凉。学生们不惧冷热，最怕的却是下雨天。

正如电影《无问西东》中的一个片段：一间间茅草屋里，专心致志的学子们边听讲边做笔记。窗外雨越下越大，雨点打在铁皮顶上，听不清楚讲课，教授就在黑板上写下了"静坐听雨"四字。

在如此艰苦的环境中，作为当时中国规模最大的综合性大学，西南联大以让学生接触尽可能广阔的知识世界为目标，拥有文学、法商、理学等5个学院、26个系，8年中，培养了8000多名学生。

风雨如晦，在抗日战争的硝烟中，西南联大师生坚守校园，承担着保护国家文脉的责任，实现着科技报国的理想。他们当中走出了2位诺贝尔奖获得者、5位国家最高科学技术奖获得者、170多位院士及100多位人文大师。陈寅恪、冯友兰、闻一多、华罗庚……这些大师级人物，都曾在西南联大工作或学习过。直至今日，"群星璀璨""大师云集"仍是最常用来形容西南联大的词语。

2021年4月18日，曾是西南联大第一届学生的翻译界泰斗许渊冲迎来了百岁生日，平日里他仍在书桌前笔耕不辍，借文字融汇中西。当谈及西南联大的求学时光，他也常会哼唱几句校歌。

"政治情怀、社会承担、学术抱负、远大志向"，联大精神既体现在"刚毅坚卓"的校训中，也在"千秋耻，终当雪；中兴业，须人杰"的校歌旋律中吟唱。西南联大博物馆馆长李红英认为，这种精神与情怀穿越时空，将一直激励着后人。

初 心 激 响

　　我是西南联大博物馆的讲解员孙雯屿，出生于1996年。每当我讲述这首校歌故事的时候，联大8年的艰苦岁月仿佛历历在目。这首歌也传承下来作为我们云南师范大学的校歌，激励着一代又一代的学子。我将以饱满的热情和严谨的态度，投入到以后的每一场讲解和每一项工作当中，为弘扬和传承联大精神，贡献自己的力量。

音频内容二维码

(共页)

1939.11.24. 特晋区.

中央委员会吊唁白求恩电

聂荣臻同志，转白求恩大夫追掉大会：

　　加拿大共产党员白求恩同志，不避万里来萃参战，在晋察冀边区八路军服务两年。其牺牲精神其工作热忱，其责任心均称模范。因医治伤员中毒不幸于中华民国二十八年十一月十三日在晋察冀边区逝世，我全党同志，全国同胞须知白求恩大夫是伟大的英国民族之光荣的代表英国民族的统治者是帝国主义的资产阶级，但这是数人。英国民族之光荣的代表者蒼是英国无产阶级与加拿大无产阶级及其领袖，英国共产党与加拿大共产党而白求恩，同志正是加拿大共产党派遣来萃参加抗战的第一人。白求恩同志这种国际主义的精神值得中国共产党全体党员的学习值得中华民国全国人民的尊敬，今闻逝世，谨致哀诚。

中国共产党，中央委员会。

中华民国廿八年十月二十一日。

纪念白求恩
永远不灭的光辉

讲述人:

程晓桦 配音演员,曾为《佐罗》《悲惨世界》《虎口脱险》等多部译制片配音

用声音刻录百年记忆,我是革命文物讲述人、配音演员程晓桦。

我讲述的文物是《中国共产党中央委员会吊唁白求恩电》。这份唁电于1939年11月21日从延安发出,现收藏在中央档案馆内。如今已经泛黄的纸上,写着"加拿大共产党员白求恩同志,不远万里来华参战,在晋察冀边区八路军服务两年。其牺牲精神,其工作热忱,其责任心均称模范"等字样。

白求恩来中国之前,在北美医学界早已功成名就,1937年7月,与著名教育家陶行知先生的一次会面,改变了他本可以平稳度过的一生。

> 河北唐县白求恩柯棣华纪念馆原馆长 陈玉恩:白求恩被陶行知的爱国热情所感动。如果需要,他说,我报名到中国去。

在那战火纷飞的年代,几经辗转,历经8个月,白求恩终于来到了延安,他兴奋地在日记中写道:"在延安我见到了一个崭新的中国,街上一片蓬勃的气象,来来往往的人们好像都知道自己是为什么目的而奔忙。"

白求恩到达延安的第二天晚上,来到了凤凰山窑洞。毛泽东——这位他从《红星照耀中国》一书中认识的传奇人物,如今就站在他的眼前。两人彻夜长谈直至凌晨。白求恩当面向毛泽东承诺,要救活战场上75%的重伤员。

1938年6月,白求恩到达晋察冀军区后,便马不停蹄赶赴医院,对520多名伤病员逐一检查。

白求恩也是血肉之躯，也有困倦得难以支撑的时候，这时他就叫勤务兵："小鬼，拎冰水来！"然后把脑袋猛地扎进冰水，待上一会儿，再继续手术。就这样，白求恩曾连续工作69个小时，为115名伤员做手术，创造了战地救护治愈率的奇迹。

1939年10月，日军发动了冬季大扫荡。原本打算回加拿大筹集医疗物资的白求恩，立即主动请缨，来到了河北涞源摩天岭前线，手术站就设在孙家庄一座小庙里。

敌人马上就要来了！医疗队接到命令需立即转移。可是，还有10名重伤员怎么办？危急时刻，白求恩就地手术。哨兵跑来报告，对面山上发现了敌人，白求恩就像没听见一样。不一会儿，哨兵又跑过来，说敌人正在逼近。白求恩走到庙外，凭借丰富的战地经验，目测敌人还有10里距离。于是，他让医疗队再加两张手术台，三位伤员同时手术。

轮到最后一名伤员的时候，前方已经开始交火，枪声、炮声响成一片。就连躺在手术台上的伤员都说："白大夫你赶快走，给我留下个手榴弹，等鬼子来了，我就和他们拼了！"白求恩却说："孩子，我现在要是不给你做手术，你这条腿就保不住了，谁都没有权力把你留下来。"

> 陈玉恩：就在白求恩为了加快手术动作，用左手掏去碎骨时，左手中指被碎骨刺破，他直接在碘酒瓶蘸了一下消毒，又继续手术。等手术做完以后，过了十几分钟，日本鬼子的先头部队就到了这儿。

手部受伤的白求恩，本可以在后方医院休息。但他坚持工作，不幸伤口受到了致命感染。高烧中的白求恩依然硬撑着给伤员看病，甚至在黄土岭战斗打响后，他又率领医疗队奔赴前线。最终，体力不支的他被强行抬离了战场。此时的白求恩已经预感到自己时日无多。11月11日，他颤抖着写下了给军区司令员聂荣臻的最后一封信——

"亲爱的聂司令员，今天我感觉非常不好，也许我会和你永别了，请转告加拿大和美国共产党，我在这里十分快乐，我唯一的希望是能够多有贡献。"

聂荣臻这位身经百战、有泪不轻弹的将军读罢也潸然泪下。12日清晨，白求恩在河北唐县黄石口村结束了他战斗的一生。

歌曲《诺尔曼·白求恩》中提到的一家以白求恩名字命名的医院，就是现在位于河北石家庄的白求恩国际和平医院。政治工作部主任李英超说，每年医院都会派医生去农村义诊，这是对白求恩精神最好的延续。

虽然在华工作只有短短两年，白求恩这个名字却镌刻在了中国人民永恒的历史记忆中。其实，在那段艰难的岁月里，全世界还有许多像白求恩一样不同国家的志愿者，不远万里来到中国，与中国人民并肩作战，将青春、热血乃至生命奉献给了这片热土。

> 白求恩：你们和我们都是国际主义者，没有任何种族、肤色、语言、国界能把我们分开。反抗法西斯是我们共同的任务，我们来中国，不仅是为了你们，也是为了我们。

初 心 激 响

　　我是中央档案馆讲解员倪雯，出生于1995年。白求恩是我从小学时代起就熟悉的名字。不过，在中央档案馆工作之后，在一遍遍讲述《中国共产党中央委员会吊唁白求恩电》和它背后的故事后，我才真正了解白求恩这位国际共产主义战士到底伟大在哪里。用鲜活生动的语言为大家讲述一个真实感人的白求恩，为白求恩精神在新时代的继承和弘扬尽一份力，这是我的心愿。

《百团大战战役部署略图》

馆藏：中国国家博物馆

时间：1939年

集结百团的作战图
"天降奇兵"的百团大战

讲述人：

吴　樾　演员，曾出演《寒战2》《地雷战》等影视剧作品

用声音刻录百年记忆，我是革命文物讲述人、演员吴樾。

我讲述的文物是八路军总部参谋处绘制的《百团大战战役部署略图》。它的原件收藏于中国国家博物馆，另有一版复制品收藏于山西省长治市武乡县的八路军太行纪念馆。

这张珍贵的军用地图为纸质手绘，呈竖版，约三尺见方。图中正上方题写"百团大战战役部署略图"。

纵观全图，各处地名和各类交通线路等标注清晰，代表敌我兵力部署的符号绘制详细，如何部署作战可谓一目了然。透过这张战役部署略图，我们仿佛身处太行山深处的八路军总指挥部，目睹抗日将领们如何运筹帷幄、决胜沙场。

1939年12月，山西武乡县八路军总部收到晋中军区发来的一份绝密电报。

> 敌最近修路的目的同过去不同，一是以深沟高垒连接碉堡；二是汽车路的联络向外连筑，敌汽车在路上不断运动，阻挡我军出入其圈内。

这正是侵华日军华北方面军司令官多田骏亲自策划的"囚笼政策"，即以铁路为柱、公路为链、碉堡为锁，然后以封锁沟、封锁墙为辅助，构成网状的"囚笼"，妄图把抗日根据地与其他地区隔离开来。

经过八路军总部的缜密研究和精心筹划，一个出奇制胜的作战计划产生了。

1940年7月22日清晨，一封标注"十万火急"字样的绝密电报，由八路

军总部发往敌后的各师指挥部，同时发往延安中央军委。这是由朱德、彭德怀、左权三人共同签发的《关于破击正太路战役的预备命令》。命令指出，此次战役以不少于22个团的兵力，彻底破坏正太线若干要隘、消灭部分敌人，同时破袭其他铁道线，以配合正太路战役之成功。

> 八路军太行纪念馆宣教部主任 田悦慧：这条铁路是沟通山西、河北两省的交通大动脉。日军利用正太铁路，一方面把煤源源不断地往外运，另一方面，它也是实施"囚笼政策"的一个支点。"铁路为柱、公路为链、碉堡为锁"，铁路这个"柱"垮掉了，"囚笼"可能就垮下来了。

《百团大战战役部署略图》清晰描绘了战役第一阶段正太铁路沿线的八路军作战部署态势，并以颜色作区分，即红色表示日军，蓝色表示八路军，再辅之一套代表军队信息的英文符号作为标注，明确展示出敌我两军的兵力部署情况。一份完整的作战计划围绕着正太铁路铺展开来。

八路军负责战斗和掩护，游击队和民兵炸铁路、破桥梁、挖路障、剪电线……一时间，爆破声、枪炮声此起彼伏。

面对中国军民的破袭战，日军猝不及防，仓皇应战，顾此失彼，损失惨重。经过20多天的战争，八路军攻占了诸多据点和车站，攻克了天险娘子关，破坏了日军占据的华北重要燃料基地井陉煤矿，并截断正太铁路一个多月。

百团大战第一阶段战役结束。原计划动用22个团，结果报上来的参战部队番号有105个团。彭德怀接到战果汇报，除了大喜，更有大惊——原来，"天降奇兵"不无可能！

> 田悦慧：《新华日报（华北版）》发布的第一份捷报《华北交通线攻击战序幕揭开，八路军百团精锐同时参战》，第一次提到"百团"二字。从此之后，"百团大战"这个响亮的名字就这么叫开了。

随后，八路军与日军展开了更加激烈的战斗，先后进行了攻占日军据点的第二阶段战役、反击日军大规模报复"扫荡"的第三阶段战役。

1940年8月20日至12月初，敌后军民紧密配合，共作战1824次，毙伤日、伪军2.5万余人；拔除据点2900多个，破坏铁路470余公里、公路1500余公里。不过，八路军也付出了伤亡1.7万余人的代价。

1941年1月24日，历时5个月的百团大战以粉碎了日军对华北地区的"扫荡"而宣告胜利结束。

百团大战的捷报传开之后，中国的军心民气为之一振。这次战役中，中国共产党领导的华北敌后抗日军民齐心协力、前仆后继，同日本侵略者浴血奋战，表现了中华民族不屈不挠的战斗精神，在中国抗日战争史上写下了光辉的一页。

彭德怀副总司令亲临前线指挥作战
（侯波 涂肖冰 摄）

初心激响

　　我是八路军太行纪念馆讲解员李蓓蕾，出生于1995年。我时常觉得，博物馆是用来收藏记忆的，而记忆需要被一件件珍贵的文物激活。动荡的战争年代，一张军用地图在战场上谋划六路、部署八方，见证了八路军战士在百团大战中浴血奋战的艰难历程，也让我们重拾那段"不畏强暴、血战到底"的烽火记忆。作为一名讲解员，我愿带领更多人把这段记忆再度拾起，让它成为激励我们迈向新征程的精神财富。

聂荣臻与美穗子的合影
馆藏：中国人民革命军事博物馆
时间：1940年

聂荣臻和他的日本"女儿"
"战场救孤"的故事

讲述人：

郭晓东 演员，曾出演《大校的女儿》《新结婚时代》等影视剧作品

用声音刻录百年记忆，我是革命文物讲述人、演员郭晓东。

我要讲述的这件文物是一张定格于1940年抗日战争时期百团大战期间的老照片。这张泛黄的照片现收藏在中国人民革命军事博物馆。

照片的远景，山峦起伏；近景里，年轻军人端着盘子，在给小女孩喂饭；年长一些的军人俯下身，慈爱地看着。很难想象，残酷的战争中，会闪现这样温情的瞬间。估计你也会好奇，怎样的机缘巧合让军人和孩子在炮火中相遇？他们之间的这段故事，结局又如何？

故事要从照片里人物的身份说起。你看，那个头发乱蓬蓬却掩不住可爱的小女孩，叫美穗子。一听名字，你应该就能猜到，她是日本人。更令人惊讶的是，照片右侧那位慈爱地看着她的军人，是当时八路军晋察冀军区司令员、后来的共和国元帅聂荣臻。

1940年8月，百团大战刚刚打响，八路军攻占了日军控制的井陉煤矿。日军不顾矿上还有尚未撤走的日侨，疯狂地向矿区开炮。当时，晋察冀军区部队的两名战士冒死从日军炮火下救出了两个孩子，也就是当年才四五岁的美穗子和她的妹妹。

国防大学教授吴琼告诉我们，战士们在战场上和日本法西斯浴血搏杀，从来义无反顾；但当他们面对两个日本孩子并做出收留的决定时，同样义无反顾。

在今天的小学语文课本里，有一篇课文叫《聂将军与日本小姑娘》，还原了当年的片段：

　　聂将军先抱起不满周岁的小妹妹，看到她的伤口包扎得很好，便马上让警卫员去老乡家给她找奶吃。然后，又慈爱地拉过那个大一些的女孩，亲切地问她叫什么名字。这个女孩叫美穗子，她不会说中国话，只是不停地说："妈妈死了，妈妈死了……"聂将军见这孩子两眼里流露出惊恐的神色，就拿过一个洗干净的梨子，和蔼地说："这梨洗干净了，吃吧！"美穗子见聂将军和善可亲，便接过梨慢慢地吃起来。

　　这世上唯有孩子的反应最为天真直接，你对她好，她就会报以依赖。几天以后，美穗子就一点都不拘束了，她用小手拽着聂荣臻的马裤，跟着将军跑前跑后。

　　在那个战火纷飞的年代，聂荣臻唯一的女儿聂力还生死未卜，而他却为了帮助这两个日本小女孩寻找亲人，寄了一封没有封口的亲笔信。为什么不封口？聂荣臻在回忆录里这样写道：

　　　　这封信没有封口，是让每一名接手这封信的日本人都有机会看到。我们进行抗日战争，不只是打仗的问题。如果你拿着枪同我们打，那我们绝不客气；但是，一旦解除了你的武装，我们就坚决执行"宽待俘虏"的政策。

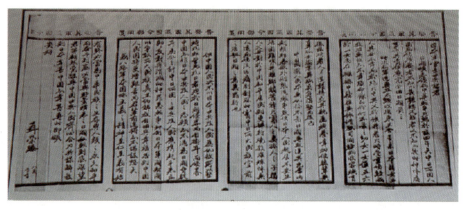

聂荣臻将军写给日本官兵的信（彭兆伟 韩靖 摄）

美穗子的传奇经历，在日军中引起强烈震撼。战争末期，大批日军俘虏投入反战的大旗下。

1945年，这场具有中国民族解放斗争与世界反法西斯战争双重性质的正义之战胜利落下帷幕。

1972年，《中日联合声明》发表，中日邦交正常化。

被送走40多年后，已经人到中年、成为三个孩子母亲的美穗子，专程来中国寻亲。她终于再次见到了聂荣臻。聂帅的女儿聂力仍然清晰记得重逢的场面："我到机场接的她，见到我父亲，美穗子的眼泪就下来了，她把额头贴在老人家的手背上，那个动作是自然的。她在表达深深的感激。"

美穗子激动得哭出了声。聂帅也很激动，轻轻抚摸着她的头顶，就像40年前面对童年时代的美穗子一样。聂力回忆说，这段故事迅速在日本传为佳话。

还记得刚才提到的那封聂荣臻的亲笔信吗？原文还有一句话，它代表了人民军队对人道主义的守护，对日本人民的态度。信中写道：八路军，至仁至义，有始有终。

> 聂荣臻亲笔信节选：
>
> 余此伶仃孤苦之幼女，一女仅五六龄，一女尚在襁褓中，彷徨无依，情殊可悯，经我收容抚育后，兹特着人送还……我八路军本国际主义之精神，至仁至义，有始有终，必当为中华民族之生存与人类之永久和平而奋斗到底……

★ 初心激响

我是聂荣臻元帅陈列馆的讲解员俞浩宏，出生于1996年，今年25岁。这张纪实照片记录了聂荣臻元帅"战场救孤"的感人往事。战争无情人有情。聂荣臻元帅宽广的胸怀和革命人道主义精神令我们钦佩，这也诠释了共产党人伟大的人格风范。如今再次重温这段故事，仍让人感动不已。至仁至义，情满山川，我愿把这段抗战情缘讲给更多的人听，我们也将珍惜、守护这来之不易的和平。

周恩来在皖南事变发生后写给范元甄的亲笔信

馆藏：重庆红岩革命历史博物馆

时间：1941年

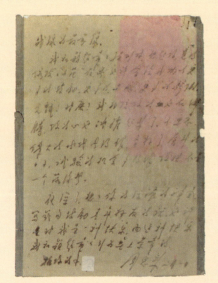

光明必将冲破黑暗
周恩来写给延安女记者的一封信

讲述人:

刘　劲　中国人民解放军总政治部话剧团国家一级演员,曾在《遵义会议》《长征》《延安颂》等多部影
视作品中饰演周恩来

用声音刻录百年记忆,我是革命文物讲述人、演员刘劲。

我要讲述的文物是皖南事变后周恩来写给《新华日报》记者范元甄的亲
笔信。这封信写于1941年2月1日,正值皖南事变发生后重庆局势波诡云
谲之时。短短400字的书信里有"忙碌、紧张和愤慨"的情绪,也有"毫不
退缩地站在自己岗位上"的执着。共产党人的信念、勇气和使命担当都跃然
纸上。

现在,这两页微微泛黄的信纸,静静地躺在重庆红岩革命历史博物馆中,
岁月让上面的字迹隐隐有些褪色,却无法磨灭80年前那段纷飞战火中激情燃烧
的记忆。

1941年元旦刚过,陪都重庆雾霭沉沉。一道来自皖南的急促电波划破夜
空,传到了嘉陵江畔的红岩嘴13号——八路军驻重庆办事处所在地。奉命北调
的新四军军部和直属部队9000多人,途经安徽泾县茂林地区时遭到国民党军8
万多人伏击。异常激烈的战斗持续了四个昼夜后,新四军将士们已经做好全部
牺牲的准备!

1月是重庆最寒冷的季节,正在参加新华日报社创刊3周年庆祝活动的周恩来
看到电报后中断了自己的演讲,沉痛地向在场的所有人宣告新四军正面临着生死
危局。这时,大厅里的电灯突然熄灭了,四周一片漆黑。周恩来意味深长地对
所有人说:"黑暗是暂时的,光明一定会到来。"

不久后,消息再度传来,七天七夜的激战没能诞生奇迹,9000多人的皖南

新四军部队，大部分在战斗中壮烈牺牲或被俘，军长叶挺在与国民党谈判时被扣押，副军长项英突围后下落不明（后证明遇难）。1月17日，蒋介石发布通令，诬蔑新四军为"叛军"，震惊中外的皖南事变将国民党第二次反共高潮推向了最高峰。

这时的周恩来正带领着身在重庆的中共同志们各处奔走，多方表达中国共产党的坚定立场和维护抗战大局的态度。当晚，在得知《新华日报》关于揭露皖南事变真相的报道和社论被扣压后，他满怀悲愤地写下两幅题词：

> "千古奇冤，江南一叶；同室操戈，相煎何急!!""为江
> 南死国难者志哀！"

夜深了，化龙桥新华日报馆灯火通明，印刷机响个不停。报社工作人员准备了两版报样，用"移花接木"骗过了国民党的检查。

清晨6点多钟，印有题词的《新华日报》已经粘贴在大街小巷的阅报栏里，没有硝烟的战斗在重庆展开了新的一页。重庆红岩革命纪念馆研究员徐康说，这是对皖南新四军将士寄托的无限哀悼，更是向国民党专制统治发出的最有力的抗议！

遍布街头的《新华日报》让蒋介石大为光火。就在同一天，周恩来收到了来自延安的另一封急电：

> 电报节选：
> 国民党宣布新四军为叛军，审判叶挺，证明国民党准备
> 破裂之决心，你们在重庆环境日险，作用日小，因此，应立
> 即设法借故离渝……

两天后，延安党中央见周恩来仍留在重庆，又发来第二封急电，催促周恩来离开。但是，一向以组织纪律性强著称的周恩来这次却没有立即"服从命令"。

在给当时身在延安的范元甄的亲笔信中，周恩来这样写道："有些人正在无言地走向各方，有些人正在准备坚持到底……光荣的，是党给这次机会来考验我们自己，在被考验中，这一代的男女青年，是毫不退缩地站在自己岗位上，走在统一战线的最前线。"不畏生死、坚守重庆，周恩来以非凡的勇气坚守着中国共产党发出政治声音的前沿阵地。

决定留下后，周恩来与在重庆的苏、美、英等国大使和新闻记者广泛接触，通过他们形成来自国际的政治压力，迫使蒋介石表态"以后再亦决无剿共的军事"。周恩来还电告已经回到美国的记者斯特朗，请她把在重庆得到的关于国民党制造摩擦的材料予以发表，使皖南事变的真相大白于天下。

1941年1月25日，新四军新军部在苏北盐城成立，继续坚持抗战，国民党当局企图消灭新四军的计划彻底破产。

皖南事变成为抗战期间国共关系逆转的一道分水岭。在事变之后，尽管中共和新四军面临着重重困难，但一如周恩来在亲笔信中说的那样，进步青年的"血在沸腾""心也跳跃起来了"，中国共产党避免内战、坚持抗日的立场得到了越来越多人的支持与认同。

★ **初 心 激 响**

　　我是重庆红岩革命纪念馆的讲解员蔡馨，出生于1992年，每当讲到"皖南事变"中，周恩来写给范元甄的这封信时，信中表现出的那种沉稳、勇气和为革命随时牺牲的信念，都深深震撼着我。正是有了革命先辈们无私、执着的奉献，才换来了我们如今安定、幸福的生活。在未来的工作中，我将坚定地守护起"红色三岩"的一方沃土，把这一段感人的革命历史讲给更多的人听。

第三篇 ★

决心

人间正道

周恩来从苏联带回来的第一台广播发射机

馆藏：中国国家博物馆

时间：1940年

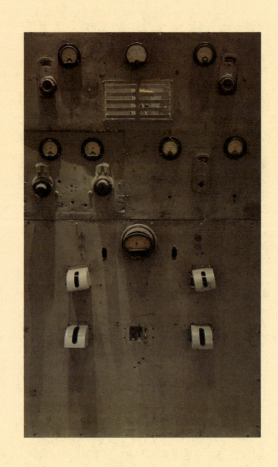

我们是 XNCR
红色电台的诞生

讲述人：

夏 青 新中国培养的第一代播音艺术家。1954 年，他曾在第一届全国人大一次会议上宣读《中华人民共和国宪法》全文；1976 年，播出了周恩来追悼大会悼词和毛泽东逝世时的《告全党全军全国各族人民书》；在党的十一届六中全会上，全文宣读了《关于建国以来党的若干历史问题的决议》，被听众誉为"祖国的声音"

用声音刻录百年记忆，这里是用现代技术复制的、老一代播音员夏青的声音，所讲述的这件文物是延安新华广播电台第一部广播发射机。从这里发出的红色电波曾经穿越硝烟弥漫的抗日烽火，震撼民族解放的万里长空。

从抗日战争到解放战争再到新中国成立，这台重要的广播发射机曾辗转多地，最终被带入北京，安置于中国国家博物馆。如今，外表锈迹斑斑的它静静矗立在展柜中，如同一位胸前挂满军功章的老人，默默讲述着往昔的峥嵘岁月。

时光倒转到 80 多年前，我们来听听这台广播发射机的故事。

1937 年，抗日战争全面爆发，延安被严密封锁，原有的纸质刊物已经无法适应宣传形势需要，通过广播宣传党的抗日主张迫在眉睫。

> 中国国家博物馆副研究馆员 常瑞卿：要开展抗日救国运动。中国共产党为了冲破日本侵略者和国民党反动派的地域封锁，决定建立自己的人民广播电台。

没有大功率发射机怎么办？ 1939 年，转机来了。

> 延安新闻纪念馆原副馆长 李娜：在 1939 年的时候，周恩来总理右臂骨折，赴莫斯科疗伤。1940 年的春天，他回国的时

候向共产国际争取到了一台广播发射机，经过长途的跋涉才运回了延安。

这台苏制广播发射机被拆卸打包，从莫斯科空运到新疆，再用汽车经兰州、西安辗转数千公里运抵延安，像拼插积木一样，一块一块再被焊接起来。

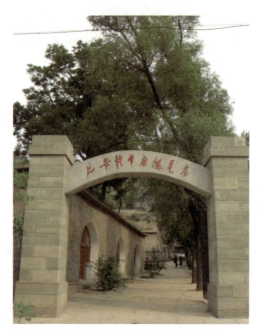

延安新华广播电台旧址（总台记者黄立新 摄）

中央决定成立以周恩来为主任的广播委员会筹建电台。周恩来专门指派曾经在清华大学学习电机工程的傅英豪、唐旦夫妇负责发射机的技术问题。傅英豪曾回忆说："当时我双手一拍大腿就跳起来了，很惊讶地问他，你说什么？去延安？是不？去建设我们党的红色广播电台，是吗？真的？"

在延安城以西19公里、只有三十几户人家的偏僻小山村王皮湾村被选定为发射台台址。发射机动力不够，傅英豪就找来报废汽车的引擎，用皮带连接到发电机上。傅英豪的儿子傅延延回忆，父亲在世时总说，当时每个人都把器材看得比生命还重要。

饱经风霜的土窑洞记录着当年广播人的勇气和艰辛。没有降温设备，技术员在窑洞墙壁上凿方槽填冰块；缺少发射天线架，就用三根大树干捆成"丫"形竖在山上；没有报时器，播音员就用筷子敲碗，发出"铛铛"的声音。

1940年12月30日，王皮湾村十几平方米的窑洞里，中国共产党创建的第一座广播电台——延安新华广播电台发出第一次呼号XNCR，"X"是当时国际规定的中国无线电台呼号的英文字母，"NCR"是"新中国广播"的英文缩写。当时就读于西北大学的赵勉回忆，对于抗战军民来说，这个呼号代表延安，代表希望。

> 赵勉：那时候又高兴又紧张，高兴的呀，又该到听广播的时间了；紧张呢，就是周围有特务学生，你得偷偷地钻到被窝里小声地听。有人轮流值班，把广播都记录下来，第二天刻成蜡版，印成油印小报，到处散发。（大家）听到胜利的捷报可开心了。

这第一次呼号是谁播发的呢？其实是来自两位刚满18岁的姑娘。

> 徐瑞璋：第一次播音，我跟姚雯两个女孩刚18岁。那时，播音室没有隔音设备，（我们在）窑洞里拿延安生产的灰色的粗毯子挂在墙上，铺在地上隔音。

说话的人叫徐瑞璋，播音名"麦风"，她后来对记者蔡革文说，"麦风"与"麦克风"，一字之差，是巧合，也是命运。

> 蔡革文：因为她叫麦风嘛，人家就喊她麦克风，几十年后，她被誉为延安第一个麦克风。

一孔土窑洞、一张四方桌、一盏小油灯……艰苦的条件下，一篇又一篇战斗檄文不断从这里发出，犹如尖刀刺向敌人的心脏。延安新闻纪念馆原副馆长李娜说，当年编辑常会连夜编稿，第二天一早快马加鞭送到19公里外的王皮湾村播出。

> 李娜：广播科在清凉山上，（他们）冬天蹚过延河水去送稿件；夏天的时候河水涨了，他们就用油纸布（把稿件）包起来，顶在头顶上泅水过河。

目睹广播试播情景的丁戈专门创作了一首名为《XNCR之歌》的台歌。当年，这嘹亮的歌声回荡在王皮湾村的上空，鼓舞着广播战士排除万难、艰苦创业。

爱憎分明、清脆嘹亮的播报，在解放区和国民党统治区、沦陷区之间架起了一座空中桥梁，原中央人民广播电台台长杨兆麟生前回忆，当时听众把电台比作指引光明的灯塔。

1943年春，因为这台英雄的广播发射机大型电子管损坏，层层封锁中无法维修更换，延安新华广播电台只得暂时中断播音。直至1945年9月，在抗战的胜利声中，延安新华广播电台又恢复播音，用《渔光曲》作为开始曲，台址迁至延安西北13公里的盐店子村。

此后，延安新华广播电台发射机房和播音室成为国民党军重点轰炸的目标之一。为了确保广播不中断，中共中央决定筹建备台。

1947年3月，国民党飞机不断对延安狂轰滥炸，电台工作人员坚守岗位直至14日中午播音结束。延安新华广播电台播音员钱家楣的女儿温飚回忆，电台是当时敌机轰炸的目标之一。

> 温飚：最后到3月十几日，播音时就经常听到轰炸的声音，甚至有时候就在头顶上，只要听到飞机近了，就中断广播，等到飞机走了再接着广播。

14日当晚，位于陕北瓦窑堡好坪沟的备台启用。而这台发射机，则在我军撤离延安时，运到了晋绥解放区的山西兴县。中国国家博物馆藏品保管部李琮说，延安解放后，发射机又重新被运回延安。

> 李琮：1948年4月，延安解放后发射机又被运回延安；1949年5月西安解放，西北台迁到西安，这部发射机也运到了西安；1959年运来北京，交给当时的中国革命博物馆，也就是今天的中国国家博物馆。

80多年沧桑巨变，人民广播记录了中国共产党栉风沐雨的砥砺前行，也传递着新中国日新月异的飞速发展。中国共产党百年华诞之际，老中青三代广播人再次唱起这首《XNCR之歌》，从"窑洞电台"传承下来的理想与信念，80余载从未改变。

初 心 激 响

> 我是中国国家博物馆讲解员董家鹏，1997年出生，在抗日战争时期，我国第一个广播电台——延安新华广播电台的第一部广播发射机的诞生经历了各种艰难险阻，它的出现极大地振奋着当时全国军民抗战的士气，也成为新中国广播事业的发端。那些红色电波的感人故事穿越时间、空间，在今天依然鼓舞着我们，更激励着我勇敢前行，把这种红色精神更好地向大众传播。

音频内容二维码

《抗大五周年纪念大会特辑》

馆藏：中国人民抗日军事政治大学陈列馆

时间：1941年

窑洞里诞生的大学
"最革命、最进步"的"将帅摇篮"

讲述人:

曲敬国 原解放军艺术学院教授。曾为《三国演义》《水浒传》《泰坦尼克号》等影视作品配音,朗诵代表作有《人民万岁》《海燕》等

用声音刻录百年记忆,我是革命文物讲述人、大学教授曲敬国。

我讲述的文物是一本《抗大五周年纪念大会特辑》,现收藏在河北邢台的中国人民抗日军事政治大学陈列馆内。

这本特辑是32开的手刻油印本,全书共180页。封面印有"抗大"两个大字,内页全是手绘图画。阅兵式、文艺演出、运动会、成就展览……一幅幅形象直观的图画生动记录了中国人民抗日军事政治大学五周年纪念大会的情况。它是目前全国唯一一本保存完整、全面反映抗大五周年纪念大会的史料。

> 《抗日军政大学校歌》节选:
>
> 黄河之滨,集合着一群中华民族优秀的子孙,人类解放,救国的责任,全靠我们自己来担承……

80多年前,这首激昂振奋的抗大校歌,曾鼓舞成千上万的热血青年奔赴革命圣地延安,进入心向往之的学校。

这所学校于1936年诞生在中国西北小镇瓦窑堡,原名中国抗日红军大学,1937年1月,改名为中国人民抗日军事政治大学,简称"抗大"。开国将领中有7位元帅、8名大将、26名上将都曾经在这里学习或者工作过,它被誉为培养抗日骨干的"摇篮"。

党中央和毛泽东对抗大的建立与发展倾注了大量心血。毛泽东亲自兼任抗

大教育委员会主席，他还时常到抗大给学员们授课。

一次，毛泽东正在绘声绘色地讲着课，天空下起鹅毛大雪。看到学员们席地而坐，毛泽东十分不忍，几次想下课。但大家听得入神，怎么也不肯走。最后，这节分析当时战场形势的军事课，一直讲到了后半夜……

经过"革命大熔炉"锤炼后，学员们源源不断奔赴抗日最前线，在战场上以一当十，发挥着中流砥柱的作用。

随着抗日战争进入战略相持阶段，党中央决定把抗大分散到各抗日根据地，到敌后办学。学员们含着热泪，高唱着《毕业上前线》依依不舍地离开延安。

1940年11月，抗大总校迁到河北邢台浆水镇一带。

抗大陈列馆馆长 杨树：罗瑞卿副校长在动员大会上讲，抗大上前线是要给全国人民一个信心。当国民党的大学都撤向大后方的时候，我们共产党的大学到抗日前线去。我们把学校办到这里，就地培养干部，一个干部就是一个火种。

在危机四伏的敌后，抗大学生以顽强的毅力坚持学习。没有教室、礼堂、桌椅，学员们夏天就在麦场上、河畔边、树荫下上课，冬天在猪圈、牛圈里学习，常常是夏天热得一身汗，冬天冷得伸不出手。没有钢笔，他们就把子弹壳和敌人用过的罐头筒铁皮磨尖当笔用。

虽然条件艰苦，师生们依旧保持着革命乐观主义精神。1941年6月1日，抗大举行了创立五周年纪念大会。

这次校庆活动历时七天，第一天举行了声势浩大的阅兵式。此后几天，白天举行运动会，进行球类、田径和全副武装竞走等体育比赛；晚上由文工团表演精彩的节目，话剧、评（京）剧、歌舞、合唱，每场内容都不重复。

在敌后召开这样大规模的纪念大会，不仅表明了抗大能够在敌后的战斗环境中成长、壮大，更进一步扩大了政治影响，加强了与前方部队和当地群众的联系，也为抗大总校和各分校的办学指明了方向。

　　杨树：抗大在敌后办学，这是世界军事教育史上的奇迹，这是任何一所军校所不能达到的。而这个奇迹只有中国共产党才能创造。

　　"抗大抗大，越抗越大。"从1936年6月到1945年8月抗日战争结束，抗大在极其困难的条件下，坚持办学，相继创办了14所分校，培养出10多万名优秀的军政干部。毛泽东曾称赞抗大："抗大为什么全国闻名、全世界闻名，就是因为它比较其他的军事学校最革命最进步，最能为民族解放与社会解放而斗争。"

　　伴随着历史洪流，昔日的"窑洞大学"，如今已成为培养现代化军事人才的高等学府——中国人民解放军国防大学。激昂的抗大校歌会永远传唱，历久弥新的抗大精神也将薪火相传。

初 心 激 响

　　我是抗大陈列馆讲解员袁晓红，出生于1991年。这些年，不少曾经的抗大学员和学员后代来到这里"寻根"，跟他们接触，对我而言就是淬炼初心的过程。岁月流逝、精神永恒，我们眼下要做的，就是充分挖掘红色资源并将其提升、转化，反哺革命老区的绿色产业，为乡村振兴助力提气。

《晋察冀日报》印刷机

馆藏：中国印刷博物馆

时间：1938—1948年

音频内容二维码

一张报纸十万兵
"马背上的印刷机"

讲述人:

孙宝林 中国印刷博物馆馆长

用声音刻录百年记忆,我是革命文物讲述人、中国印刷博物馆馆长孙宝林。

我讲述的文物是珍藏在我们馆内的一台木制印刷机。从外观上看,它只有一个手提箱大小,30多公斤重,造型迷你、拆卸便捷,一头骡子或一匹马就可以驮走,因此也被称作"马背上的印刷机"。

1940年至1943年,是抗日战争最艰难的岁月。日军加大对晋察冀敌后抗日根据地的进攻,进行了空前残酷的大"扫荡"。

深夜里,借着微弱的星光,一支八路军小分队正在山间小路上匆忙行进,他们每个人身上都背着分解开的印刷机、铅字等设备,原来这就是"可移动"的晋察冀日报社。

当时只有20岁的记者陈春森就是队伍中的一员。1938年春天,他和报社社长邓拓等人一起组建新闻队伍,成立了《抗敌报》——《晋察冀日报》的前身。

最初报社只有五个人,很快就发展到了六七十人、五六百人,最多时有1400人。陈春森回忆,"抗日救亡"四个大字激励了这些青年的壮志豪情,他们一手拿笔,一手拿枪,翻太行、越长城,与日寇周旋,边打游击边办报。

在战斗环境中坚持生产、游击办报,纸张、设备往往都只能因地制宜、因陋就简。

打游击战,就要频繁转移,可老式印刷机有一吨重,抬着它没法跑山路。报社同志们想尽了办法,多次创新,改造印刷机。

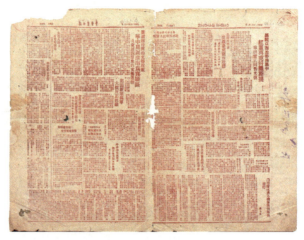

收藏于中国印刷博物馆的《晋察冀日报》

别看改造后的这台印刷机简陋，只有手提箱那么大，可一旦敌情紧张，印刷机很快就能被拆成七个部件，最大的也不过5公斤重，甚至可以靠人背着翻山越岭。敌人轰炸时，报社人员可以在山洞里写稿；日军围困时，他们也能躲在老乡家牛圈里排版印刷。只要有相对安宁的24小时，一期日报就可以出炉。

《晋察冀日报》内容丰富，形式多样，既有国际新闻、国内新闻，又有漫画、顺口溜、诗歌等，还会经常刊登一些易于传唱的歌曲，很受老百姓欢迎，成为当时根据地广大军民了解八路军政策和根据地战况的主要渠道，被时任晋察冀军区司令员聂荣臻称赞为"民族的号筒"。

　　　　原《晋察冀日报》记者、晋察冀日报史研究会会长　陈春
　　森：《没有共产党就没有新中国》《团结就是力量》《歌唱二小
　　放牛郎》，这些都是在《晋察冀日报》上发表的。老百姓说，
　　这个报纸我们离不开，只要看到《晋察冀日报》，就想起八路
　　军存在着，这信息鼓励了广大军民群众坚持抗战的信心。

一张薄薄的报纸，成为中国共产党团结人民、打击敌人的利器，也因此被日本侵略者视作眼中钉、肉中刺。1941年夏天，敌人包围了晋察冀日报社驻地

阜平马兰村，用机关枪和刺刀逼迫乡亲们说出印刷机埋藏的地点。可任凭日寇威逼利诱，没有一个人出声。恼羞成怒的鬼子气红了眼，疯狂地抽出刺刀……19位乡亲就这样倒在了血泊中。

一张报纸十万兵。对敌人来说，它是精神武器；而对于广大人民来讲，它就是精神食粮。原解放军后勤指挥学院政策理论教研室教授邵维正说，正是通过办报等多种方式广泛发动群众，开展游击战争，我敌后根据地武装力量如滚雪球般壮大，最终走向抗日战争的伟大胜利。

1948年6月14日，共出报2800多期的《晋察冀日报》完成了历史使命，发表终刊启事。作为党的号角与战鼓，《晋察冀日报》见证了燕赵大地抗击日寇的烽火硝烟，记录了中华儿女可歌可泣的英雄事迹，留下地雷战英雄李勇、狼牙山五壮士、英雄王二小等许多广为流传的经典故事，堪称中国红色文艺的缩影，一如社长邓拓在终刊上发表的诗词所说：

> 毛锥十载写纵横，不尽边疆血火情。
> 故国当年危累卵，义旗直北控长城。
> 山林肉满胡蹄过，子弟刀环空巷迎。
> 战史编成三千页，仰看恒岳共峥嵘。

★ **初 心 激 响**

　　我是中国印刷博物馆讲解员孟祥涛，1996年出生。每当我在讲解"马背上的印刷机"时，脑海中就会浮现出炮火连天的场景，感受到游击办报的紧迫情形。对于我们青年一代来说，革命胜利来之不易，我们更应该珍惜当下。不忘初心，牢记使命，因为方向决定道路，道路决定自己的命运。

永不褪色的挎包

馆藏：冀鲁豫边区革命纪念馆

时间：1943年

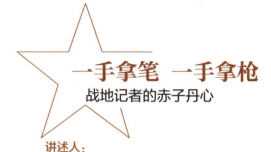

一手拿笔　一手拿枪
战地记者的赤子丹心

讲述人：

刚　强　中央广播电视总台央视播音员，担任《新闻联播》《晚间新闻》等栏目主播

用声音刻录百年记忆，我是革命文物讲述人、播音员刚强。

我要讲述的这件文物是抗日战争时期战地记者柳朝琦使用过的采访挎包，现收藏于山东菏泽冀鲁豫边区革命纪念馆。

这个朴素的采访包是由灰色粗布缝制而成的，包面用细线勾了一个"标准的"的五角星。包内还缝了一个小口袋，上面写有"抗日救国"四个黑色毛笔字。布包上，依稀可见血染的痕迹。78年前，柳朝琦牺牲时，就挎着这个布包。

1943年12月4日，22岁的柳朝琦骑着一辆旧自行车颠簸在去战场采访的路上。别看他年纪轻，但当时已经参加革命5年了。

1937年，全民族抗战打响时，柳朝琦才16岁。那年年底，日军在他的家乡河南省清丰县烧杀抢掠，上千无辜群众失去生命。当时还在上中学的柳朝琦，用小刀在教室墙上刻了一行大字："打倒日本鬼子！"半年后，他加入了清丰县抗日民族解放先锋队。后来，他又凭借良好的文字功底，成为《冀鲁豫日报》的一名战地记者。

中国人民大学新闻学院教授王润泽说，一大批像柳朝琦这样有思想、有文化的年轻人投身到报社，发展壮大了报社，使其发展壮大，成为抗日救国运动的重要力量。

在战火中与报纸共同成长的柳朝琦，采写新闻已颇有经验。他的同事、战友吴振全老人曾回忆，为了能够获得第一手的新闻，哪儿的炮最响，哪儿的战斗最激烈，柳朝琦就往哪儿钻。

即使在这样危险的环境里，柳朝琦一手拿笔，一手拿枪，从没停止采访报道的脚步。1943年的那个冬日，报社接到上级通知：12月4日，八路军某部集中兵力围歼盘踞在滑县白茅地区的汉奸孙步月部，速派记者到战地采访报道。年轻的柳朝琦二话没说，挎上采访包，骑上自行车就出发了。

讨伐汉奸孙步月的战役打得很激烈。八路军很快就攻克了十余个据点，来不及清扫战场，立刻转向进攻其他据点。残余的日伪军龟缩在战场附近的破庙里，发现了正追赶大部队的柳朝琦。其实，那天柳朝琦穿了便装，但绣着五角星的挎包还是让已成惊弓之鸟的敌人紧张起来，他们将枪口对准了柳朝琦。此时，敌人在暗，柳朝琦在明。一声枪响，鲜血喷涌，柳朝琦的胸部中弹了。采访包也瞬间被洇红了。为了不让包里的机密文件和介绍信落入敌人手中，他强忍着疼痛，将文稿撕碎，一口一口吞进嘴里。又是几声冷枪，柳朝琦倒在血泊中，壮烈牺牲。战友发现他时，他嘴里还有带着血沫子的纸张，没嚼烂。

吴振全老人回忆，这之后，他养成个习惯，每次随军完成重大任务，都要把采写的稿件读出来。他想让九泉下的柳朝琦也能听到每一次胜利的消息。

"日寇侵国土，怒气冲肺腑。好汉不怕死，慷慨捐头颅。"这是柳朝琦成为记者的第一天在日记里写下的诗。王润泽说，抗日战争时期，万千青年在战场上成为优秀记者，不幸的是，他们当中许多人和柳朝琦一样长眠在了战场。

"如果你没办法阻止战争，那就把战争的真相告诉世界。"这是战地记者的永恒格言。我们一起重温一下，抗日战争期间几位牺牲的新闻工作者记录下的瞬间。

　　　《大公报》战地特派员方大曾：我站在卢沟桥上浏览过一幅开朗的美景，令人眷恋，北面正浮起一片辽阔的白云，衬托着永定河岸的原野。伟大的卢沟桥也许将成为伟大的民族解放战争的发祥地了。

　　　《新华日报》记者何云：一个铅字就是一颗子弹，一张报纸、一条消息，对于革命战士都是不可缺少的精神食粮，对敌人就是打击。所以愈是战斗艰苦紧张，愈不能停版。

《晋察冀日报》特约记者雷烨：你们走近战斗，你们走近
炮火！走吧！你们去了，后面就来了！

今天，面对这些用信念、热忱和勇气写就的文字时，我们仍旧心潮澎湃。这些胸怀理想、信仰坚定、"笔杆与枪杆共舞"的新闻战士，记录了历史，也留下了宝贵的精神财富。他们是时代的记录者，更是民族精神的守卫者。

初心激响

　　我是河南省濮阳市清丰县冀鲁豫边区革命根据地旧址纪念馆讲解员李宇燕，出生于 1998 年。柳朝琦烈士牺牲的时候年仅 22 岁，我们年龄相似，但境遇却大不相同。正是因为他们不怕牺牲，英勇战斗，才有了我们今天的幸福生活。柳朝琦烈士以笔为枪，跟敌人斗争，今天，我也要讲好革命先辈的故事，让更多的人记住他们，记住那段历史，珍惜今天的幸福生活。

延安鲁艺 1944 年制造的小提琴

馆藏：延安文艺纪念馆

时间：1944 年

音频内容二维码

小提琴延安造
直抵人心的"特殊武器"

讲述人:

刘 铮 沈阳音乐学院戏剧影视学院副教授

用声音刻录百年记忆,我是革命文物讲述人、沈阳音乐学院青年教师刘铮。

我要讲述的这件文物是一把小提琴,它由我们学校的前身——延安鲁迅艺术学院自制。这把小提琴现收藏于延安文艺纪念馆内,也是如今留存的唯一一件延安鲁艺人自制的乐器。

小提琴琴体总长60厘米,宽21厘米,琴弓长80厘米。仔细观察,会发现它的琴颈部位有修补和拼接的痕迹,但经过了70多年的岁月洗礼,这把琴看起来依然闪亮精致。

1938年2月,由毛泽东和周恩来领衔发出鲁迅艺术学院《创立缘起》。

延安文艺纪念馆馆长刘妮介绍说,这标志着鲁迅艺术学院宣告成立,也是这把小提琴诞生的基础。

当年鲁艺的办学条件非常艰苦,没有校舍,师生们就自己动手挖窑洞;没有教室,戏剧系的学员们自己动手搭建席棚,在席棚下排练戏剧,美术系学员则在露天写生,音乐系学员在窑洞外练习唱歌。即便如此,延安鲁艺仍是一个燃烧着革命激情的圣地,吸引了来自全国各地的艺术精英。

1940年冬,时任重庆中华交响乐队首席大提琴的大提琴家张贞黻经周恩来介绍来到延安,在鲁迅艺术学院任教,教授大提琴和小提琴。由于大提琴、小提琴等西洋乐器在延安十分稀缺,张贞黻专门给党中央写信,提出了自制乐器的建议。毛泽东主席特地请他吃饭,非常赞同他的想法。刘妮介绍,延安乐器厂就这样诞生在了延安桥儿沟的窑洞里。张贞黻任厂长,成员大多为鲁艺学员。

在延安想要寻找到适合制作小提琴的材料太不容易了。张贞黻尝试用本地核桃木做背板，用红松木做面板，1941年的冬天，终于制作出了延安的第一把小提琴。此后的几年内，第二把、第三把小提琴陆续诞生。

1944年，西北战地服务团团员王卓到延安鲁艺音乐系学习小提琴，老师就是张贞黻。苦于没有乐器，他向戏音部主任吕骥求助。于是吕骥给在美军观察组工作的版画家古元写信，请他在美军驻地的食品、物品包装箱里找适合做提琴的松木板和硬木板。这些材料经过张贞黻的细细打磨，终于成了一把精美的小提琴。

> 刘妮：整个材料因陋就简，就地取材。三根弦是用羊肠拧成的，一根弦是当时鲁艺用的破旧的电话线里的丝儿抽出来的，琴弓用的是鲁艺的一匹马的马尾。但是，整体打造成之后，它完全呈现出了一种现代工艺的精美。

古元看到这把自制的小提琴后赞叹不已，在琴把上刻下了"鲁艺自制"四个字。从此，这把小提琴就由王卓学习使用。

重庆谈判后，为贯彻国共双方关于停止国内军事冲突的协定，由美国特使马歇尔、国民党代表张治中、共产党代表周恩来组成的"军事调停三人小组"作为和平使者抵达延安。在党中央举办的欢迎晚会上，王卓用这把小提琴演奏了《白毛女》片段"扎红头绳"。

解放战争爆发后，王卓带着这把小提琴跟随"鲁艺赴东北文艺工作团"到达了东北。1946年，在东北解放战争前线演出时，小提琴的琴把被压断，刻上去的"鲁艺自制"四个字也没能保存下来。刘妮介绍，1952年，王卓又带着小提琴奔赴朝鲜战场，为坑道里的志愿军战士演奏。

> 刘妮：现在这把提琴的琴头是（王卓）老人后来配置的，这把小提琴跟随了他70多年，按照周恩来的话说，这是我们自己培养起来的音乐家。

2012年7月28日，84岁的王卓老人特地回到延安，捐出了这把陪伴他大半生的小提琴。如今，小提琴就这样静静陈列在延安文艺纪念馆里，它见证了胸怀革命理想的文艺青年是如何经受革命洗礼、百炼成钢；更见证了延安鲁艺那段自力更生、昂扬奋进的峥嵘岁月。

初 心 激 响

　　我是延安鲁艺文化园区的讲解员张文婷，出生于1991年。每次给观众讲述历经70多年、经过战火洗礼的这把小提琴，对我的内心都是一次洗涤。在建党百年之际，我希望大家在鲁艺的这段历史当中，滋养初心，淬炼灵魂。在未来的工作当中，我将继续传承好红色基因，讲好鲁艺故事。

新四军第十六旅陈烙痕的中国共产党党证

馆藏：新四军苏浙军区纪念馆

时间：1944年

写在党证上的誓言

77 年前的新四军战士的党证

讲述人：

黎　江　著名播音员、播音指导，曾长年担任中央人民广播电台《新闻和报纸摘要》《全国新闻联播》节目主播

用声音刻录百年记忆，我是革命文物讲述人、播音员黎江。

我讲述的文物是一张 77 年前的中国共产党党证。这张党证是抗战时期新四军党组织在苏浙皖边区印制的唯一一种党证，现收藏于浙江省湖州市长兴县的新四军苏浙军区纪念馆，是国家一级文物。

这张党证长 22 厘米，宽 9.8 厘米，为二折六面式样，钢板蜡纸刻写。封面正面上部印有一颗红五角星，中间一组黄色镰刀锤子党徽图案，右下角印有"C.C.P."，也就是中国共产党的英文代号，两条横线下有一行字：江南新四军党务委员会颁发，一九四四年。

翻开证件，内芯为两页表格，填写着时任新四军第六师第十六旅组织科长陈烙痕的个人信息。封底印有"四点说明"：

> 一、党证是一个中华民族优秀儿女在为民族解放、社会解放事业中获得成为一个光荣共产党员的光荣证；二、凡经一定组织批准为中共正式党员者可领取此证……

这张党证从何而来？它上面写的新四军第六师第十六旅又是怎样一支队伍呢？

1943 年秋，为改变在太平洋战场的被动局面，日军急于掠夺江南富庶的资源，对苏浙皖边区等地发动攻击。1943 年 11 月，新四军第六师第十六旅尾随

敌人南下，挺进陷入日军铁蹄下的苏浙皖边区。第十六旅旅长名叫王必成，他因骁勇善战被称作"王老虎"。

1944年3月29日，日军向广德县杭村一带疯狂"扫荡"。第十六旅的两个营占领杭村西南和东南的两个高地，利用地形优势夹击日军。日军进入伏击圈后，两个营同时开火，战斗十分激烈。旅长王必成亲自赶来指挥，他在望远镜中看到，日军队伍中有一门大炮，威力巨大。

没错，王必成看到的那门大炮就是电视剧《亮剑》里李云龙跟战友吹牛的92式步兵炮。王必成对小炮排长戴文辉说："我们就是要用小炮打他们的大炮。只准打3发炮弹，有把握吗？"戴文辉手中的迫击炮连瞄准镜都没有，射击全凭目测。他果断发出两炮，两发炮弹全都落在日军步兵炮附近爆炸，受惊的骡马狂蹦乱跳，日军顿时乱作一团。

王必成立即命令部队冲锋，同鬼子近身搏斗。抢占杭村西南小山包的60多个日军步兵大多被消灭，6个日本炮兵全被击毙，那门步兵炮也就成为第十六旅的战利品。

1944年3月29日，新四军第十六旅在广德县杭村缴获日式92式步兵炮一门。这是缴获大炮后王必成旅长与指战员在温塘合影（新四军苏浙军区纪念馆 供）

鬼子丢了炮很恼火，派了4000人在山区里"扫荡"——找大炮，却始终没有找到。

王必成很快成立了一个炮兵连，逐步掌握了这种炮的性能和技术。有了这门大炮后，"王老虎"如虎添翼。半年之后，第十六旅在长兴战役攻打伪军的据点时，这门炮立下大功，一夜之间拔掉了13个据点。

经过几个月的连续作战，新四军收复了宜长公路以北的广大地区，开辟了郎（溪）、广（德）、长（兴）抗日根据地。

在郎广长抗日根据地环境相对稳定的情况下，1944年10月，陈烙痕提议为全旅共产党员颁发党证。在设计时，考虑到战争环境，为了方便携带，党证成折叠式，可以放在上衣口袋里。

每张党证的扉页上都印有第十六旅政委江渭清的毛笔题词："共产党员要时刻坚持马列主义的立场观点方法，处处与群众相结合，处处为群众利益奋斗到底。"

新四军战士对敌人猛如虎，对待百姓如亲人。1945年1月6日，粟裕率新四军第一师主力到达长兴与第十六旅会合。1月13日，中央军委命令成立苏浙军区。其间，新四军先后在长兴办学校，建医院，发行抗币，开被服厂、鞋袜厂。军爱民、民拥军，军民齐心建成了一个"江南小延安"。

我们再来看看这张77年前的新四军党证，它跟随主人陈烙痕历经抗日战争、解放战争、抗美援朝战争，从枪林弹雨中走来，始终被完好地保存着。五角星鲜红依旧，毛笔题词力透纸背，一如共产党员保持着为民本色，初心不改。

初心激响

我是新四军苏浙军区纪念馆讲解员郭文文，今年31岁。在艰苦斗争的年代，在生与死的考验中，我相信当时的党员战士手中握着这一张党证的时候，一定是沉甸甸的，它是一名党员同志要承担的责任与义务。2012年我加入了中国共产党。如今我们共产党员都会在胸前佩戴一枚党徽，这枚党徽也在时刻提醒着我们不忘初心。

1945年8月延安总部发布的第一号命令手稿

馆藏：中央档案馆

时间：1945年

音频内容二维码

全面反攻的冲锋令
对日寇的最后一击

讲述人：

杨 烁 演员，代表作有《大江大河》《欢乐颂》等影视剧

用声音刻录百年记忆，我是革命文物讲述人、演员杨烁。

我要讲述的文物是1945年8月10日到11日，八路军总司令朱德连续发布的七道反攻命令。其中，第一、二、三号命令手稿，现收藏在中央档案馆，第二、三号命令手稿的复制品在中国国家博物馆和延安革命纪念馆展出。

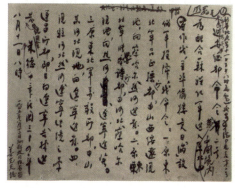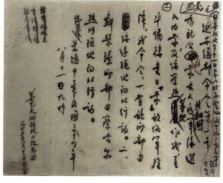

延安总部发布的第二、三号命令手稿

这是中国共产党向八路军、新四军及其他人民军队发布的收复失地、接受日军投降的命令。短短18小时之内，延安总部为什么要连续发布七道命令？我们先一起回到风云变幻的76年前。

1945年5月7日，法西斯德国宣布无条件投降，欧洲战场的反法西斯战争胜利结束。7月26日，中国、美国、英国联合发表波茨坦公告，敦促日本投降。

1945年8月9日，毛泽东准确判断战略形势，对苏联对日宣战发表声明，

这个声明编入《毛泽东选集》时题为《对日寇的最后一战》。

> 中国国家博物馆藏品保管部 李琮：在这篇500字左右的
> 文章中，毛泽东表明中国共产党欢迎苏联政府对日宣战这一
> 行动，并且由于这一行动，对日战争的时间将大大缩短。他
> 还号召八路军、新四军以及人民军队，应在一切可能条件下，
> 对于一切不愿投降的侵略者及其走狗实行广泛的进攻。

8月10日凌晨，日本东京，一场持续了5个小时的争论刚刚结束。几个小时后，一封电报从日本发到瑞士和瑞典这两个中立国家。当晚，重庆中央广播电台广播了日本乞降的消息，街上报童们激动地挥舞着手中的报纸，大声喊道："号外，号外！日本投降了，日本投降了！"

消息传到了重庆，也传到了延安。紧接着，从8月10日24时到11日下午6时，延安总部以总司令朱德的名义向各解放区所有武装部队连续发出七道命令，其中第一号命令这样要求：

> 延安总部发布的第一号命令节选：
> 各解放区任何抗日武装部队均得依据《波茨坦宣言》规
> 定，向其附近各城镇交通要道之敌人军队及其指挥机关送出
> 通牒，限其于一定时间向我作战部队缴出全部武装，在缴械
> 后，我军当依优待俘虏条例给以生命安全之保护。
> 各解放区所有抗日武装部队，如遇敌伪武装部队拒绝投
> 降缴械，即应予以坚决消灭。

一道道来自延安的"冲锋令"发布之后，各解放区部队即以排山倒海之势，向负隅顽抗的日伪军发起全面反攻。

8月23日，晋察冀军区部队从日伪军手中收复华北重镇张家口，这是中国共产党夺取的第一个大城市，也是八路军对日军的大反攻中解放的最大的一座城市。

随后，中国共产党领导的抗日军队的反攻战势如破竹，从1945年8月11日至9月2日，解放县以上城市达到150座。不过到1945年底，在苏皖边区政府南面还有一座县城被日伪军占据着，这就是高邮城。日伪军自恃城高地险驻有重兵，且有国民党暗中配合，对华中野战军令其投降的通牒置若罔闻。

经中共中央军委批准，华中野战军司令员粟裕亲自部署指挥，准备夺取高邮。12月25日，当天细雨蒙蒙，天气似乎不利于攻城。令日伪军没有想到的是，攻城的号角却在这时吹响了。

晚上6点整，粟裕下达了作战命令，夜色中三颗信号弹升空，20多名司号员一起吹响冲锋号，各作战部队同时向高邮城发起攻击。

经过激烈战斗，我军终于占领了城里的日军司令部，迫使日军缴械投降。高邮城是抗日战争中解放的最后一座城市，也是全国范围内歼敌最多的县市之一。在对日寇的最后一战胜利后，中国境内的抗日战事终于宣告结束。

> 延安革命纪念馆馆长 茆梅芳：人民军队在大反攻中，最后成功地迫使日伪军放弃抵抗，扩大了解放区的面积，也增强了解放区人民的抗日武装力量，沉重地打击了侵华的日军，为抗日战争的伟大胜利奠定了坚实的基础。

★ 初 心 激 响

我是延安革命纪念馆讲解员李元蓉，出生于1990年。1945年8月，延安总部发布的全面反攻命令，清晰地记录着在抗日战争胜利前夕，中国共产党人与日伪军奋战到底的决心和信心。岁月虽然洗去了战火硝烟，但中国军民浴血抗战的伟大壮举将永载史册。

《参政员毛泽东在渝市之动态》档案

馆藏：重庆红岩革命历史博物馆

时间：1945年

音频内容二维码

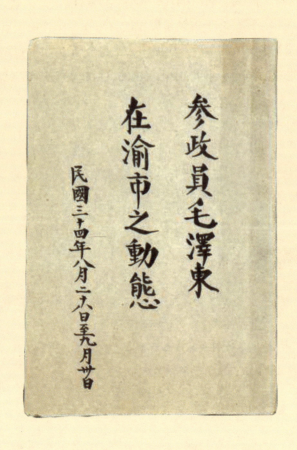

重庆谈判之"窃听风云"
秘密报告的故事

讲述人：

凌 云 配音演员，曾参与《北平无战事》等多部影视剧、广播剧配音工作

用声音刻录百年记忆，我是革命文物讲述人、配音演员凌云。

我讲述的文物是由时任国民政府宪兵司令部记录的毛泽东在重庆谈判期间的行踪报告——《参政员毛泽东在渝市之动态》。这实际上是一份当时国民党特务对毛泽东及中共代表团的监视记录，现在作为镇馆之宝，陈列在重庆红岩革命历史博物馆内。

1945年8月15日，日本宣布无条件投降。抗日战争取得胜利后，中外人士都在关注：因联合抗日而走到一起的国共两党还能继续合作吗？此时，蒋介石公开向毛泽东连发三封电报，邀请毛泽东赴重庆谈判。毛泽东是否赴约、和谈能否进行、中国的未来会走向哪里，备受世人瞩目。

8月28日下午3点36分，毛泽东、周恩来一行乘坐军用飞机从延安飞抵重庆。当头戴灰色盔式太阳帽、身着中山装的毛泽东走出机舱时，为捕捉这个难得的历史镜头，早已准备多时的记者们蜂拥而上，照相机咔咔声不绝于耳，镁光灯闪成一片。亲自把毛泽东接到重庆的时任美国驻华大使赫尔利看到这番情景，悄悄地在毛泽东耳边说："简直像在好莱坞。"

面对众多的记者，根据国民党特务所记录的《参政员毛泽东在渝市之动态》记载，毛泽东发表了言辞恳切的讲话：

> 本人此次来渝系应国民政府主席蒋介石先生之邀请，商讨团结建国大计。……目前最迫切者，为保证国内和平，实施民主政治，巩固国内团结。国内政治上、军事上所存在的

各项迫切问题，应在和平、民主、团结的基础上加以合理解
决，以期实现全国之统一，建设独立、自由与富强的新中国。

令人意想不到的是，在和平谈判的谈判桌下，蒋介石却在暗地里策划着阴谋。他密令在山西的阎锡山军队向上党地区发动对解放区的进攻，同时，派人时刻监视毛泽东的一举一动。

坐落于渝中区中山四路65号的桂园，院里伫立着一栋西式砖木结构的二层小楼。在为期43天的重庆谈判期间，这里就是毛泽东办公会客的重要场所。

负责监视毛泽东和中共代表团的国民党特务详细记录了毛泽东在重庆每天的行程。在这份《参政员毛泽东在渝市之动态》中，可以清楚地看到毛泽东、周恩来、王若飞等人在重庆谈判期间极为繁忙，经常工作到深夜，甚至是第二天凌晨。

《参政员毛泽东在渝市之动态》节选：
9月21日报告：下午9时45分，毛泽东偕王若飞、王炳南及其随员等7人，分乘国渝1247号车与5645号吉普车至桂园，该1247号旋驶上清寺于11时55分接周恩来至桂园，旋毛氏偕周恩来、王若飞、王炳南及随员等乘原车往嘉陵新村白部长公馆至深夜1时许返红岩嘴。

重庆谈判期间，毛泽东频繁往返于红岩村、桂园、林园等地，会见各党派、社会各界人士、外国使节等100多人，他还曾到位于沙坪坝的中央大学，与教授们会面。报告这样记录：

《参政员毛泽东在渝市之动态》节选：
与中央大学卢教授谈话时，其夫人出与毛握手，谓："毛氏之风采，是可为一国之领袖。"

1945年10月10日下午，中共代表与国民党代表在桂园客厅签署了《政府与中共代表会谈纪要》，简称《双十协定》。

正如毛泽东会见民盟主席张澜等民主人士时所说，今后我们要共同努力，生活在"民主之国"，重庆谈判给中国人民带来了和平、民主、团结的希望和曙光。

几十年风云变幻，2007年，在北京某拍卖会上，《参政员毛泽东在渝市之动态》这份秘密资料首度曝光，它来源于中国台湾。经过多方争取，这份资料最终重新回到了重庆。

这本记录了重庆谈判历史细节的珍贵小册子，真实再现了毛泽东的胆识与担当，也成为中国共产党始终不忘为人民谋幸福、为民族谋复兴的历史见证。

初 心 激 响

　　我叫韩紫嫣，今年24岁，现在是重庆红岩革命历史博物馆的一名解说员。每当我讲起重庆谈判这段历史，自己就好像走进了重庆桂园，看见毛主席在那里会见民主人士，共商国是的场景。76年前的历史画面就这样慢慢在我眼前铺陈而来。历史是最好的教科书，和平的生活来之不易，我们应该从历史中汲取智慧和力量，为实现中华民族伟大复兴的中国梦而努力奋斗。

文 物 展 示 —————————

铁道游击队战利品——日军98式佐官刀

馆藏：铁道游击队纪念馆

时间：1945年

最特殊的受降
铁道游击队的传奇

讲述人：

姚　科　中央广播电视总台央广主持人，曾演播《历史的天空》《狼烟北平》《毛泽东和朝鲜战争》等长篇小说

　　用声音刻录百年记忆，我是革命文物讲述人、主持人姚科。

　　我讲述的文物是一把日军98式佐官刀，这是1945年日本宣布投降后，中国共产党领导的抗日武装——铁道游击队在沙沟受降中的战利品，原属于侵华日军驻枣庄临城铁道警备大队大队长小林大佐，现收藏于山东枣庄铁道游击队纪念馆中。

　　这把刀长101厘米，宽4厘米，略呈弧形，上有樱花和菊花标识。一把看似普通的军刀，实则是日本侵略者侵略中国的铁证。而1000多名装备精良的日军正规军向一支不足百人的中国小型地方武装缴械投降，这是世界军事受降史上的传奇，也是中国人民的胜利、和平的胜利、正义的胜利。

　　1938年3月，日军侵占山东枣庄，大肆掠夺煤矿资源。为掌握敌人动向，洪振海、王志胜被选派建立抗日情报站，这就是"铁道游击队"的初创。

　　慢慢地，队伍越来越壮大，1940年1月25日，鲁南铁道队在陈庄成立。从最初的抗日情报站，到最后隶属于八路军第一一五师苏鲁支队；从最初的十几人，发展到几十人，最多时达到三四百人。这支抗日武装依托抱犊崮根据地，在铁道线上、微山湖中浴血奋战，创造了一个又一个经典战例，扒铁路、炸桥梁，被称作"能从天而降的飞虎队"，成为抗日游击战争的标志性符号。

　　皖南事变后，新四军军部决定开辟经山东去延安的秘密交通线，任务就落在了铁道大队身上。一天，大队接到了"护送胡服到达微山湖区"的命令。反复研究护送路线和方案后，王志胜买了烧鸡和酒到附近的伪军岗楼"套近乎"，

晚上则以替日伪站岗的名义，换上伪军的衣服，打开探照灯照道路。没想到胡服牵着的大骡子受惊，把他甩到了沟里。恰恰这时一辆日军装甲车巡逻经过。千钧一发之际，王志胜赶忙上前交涉，日军一看是"自己人"，就没有继续盘问。后来，王志胜发现胡服等人的背包都非常沉重，一问才知道里面全是黄金，要送到延安革命根据地。原来化名"胡服"的同志，正是刘少奇。从1942年到1944年，鲁南铁道大队先后护送陈毅、罗荣桓、叶飞等1000余名干部往返延安，从未出现差错。

1945年8月，日本宣布投降，驻扎在峄县和临城一带的日军却拒绝向鲁南铁道大队缴械。11月的一个深夜，龟缩在临城的1000多名日军乘坐一列14节车皮的铁甲列车，偷偷溜出临城，企图往南逃窜。

鲁南铁道大队得到情报后，果断将沙沟站南韩庄段的铁路炸毁，切断了日军的去路，同时，将临城站南的铁路破坏，迫使日军进退两难，集结于沙沟一带，被团团包围。在孤立无援、忍饥挨饿三天之后，日军只好乖乖投降。

山东枣庄铁道游击队纪念馆中沙沟受降情景再现

铁道游击队副队长王志胜之子王金国，在回忆起当时接受日军投降的情景时说：

　　　　投降仪式从下午开始，当时第一个投降的就是山田，他
　　把指挥刀、文件袋、手枪、作战时授予的勋章全部都拿下来
　　双手交给刘金山大队长。他们是一个小队一个小队下来，下
　　来以后站好，把子弹放一边，枪放一边，手榴弹放一边，放
　　好后全部起立后退到100米以外集合，另外一个小队再过来，
　　一直到凌晨两点多钟投降仪式才全部完成。

　　时年23岁的铁道大队政委郑惕代表八路军受降，1000多名日军携带8挺
重机枪、130多挺轻机枪和两门山炮等轻重武器，向不到百人的抗日游击武装
投降，这在军事受降史上极为罕见。

　　硝烟弥漫的战争早已远去，血染的土地、英雄的业绩永存人间。"西边的太
阳就要落山了，微山湖上静悄悄。"这首传唱不衰的歌谣，时常在人们耳畔回
响；而抗日英雄的精神，也将在年轻一代心中继续传承下去。

初心激响

　　我叫王倩，1996年4月出生于山东省枣庄市，现在铁道游击队纪念馆
担任讲解员。我从长辈那里了解了铁道游击队，他们经常给我讲抗战故事。
作为一名讲解员，我更应该把革命故事讲给参观的群众听，让群众更多地
了解铁道游击队"赤诚报国、不怕牺牲、机智灵活、勇于亮剑"的革命精神。
讲好革命故事，传承红色基因，我们一直在努力。

朱德第一次以"人民解放军总司令"名义签署的命令

馆藏：中国人民革命军事博物馆

时间：1947年

音频内容二维码

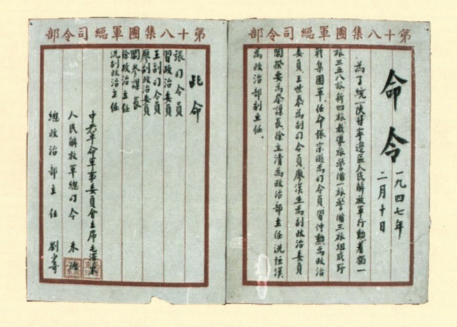

人民军队永向前
一份非同寻常的命令

讲述人：

饶立群 原八一电影制片厂播音员，曾在《挥师三江》《东方巨响》《精兵之路》等多部大型文献纪录片中担任解说

用声音刻录百年记忆，我是革命文物讲述人、解说员饶立群。

我讲述的文物是一份非同寻常的命令，现收藏在中国人民革命军事博物馆。这份命令是份红头文件，红框白底黑字，一共206个字，签发于1947年2月10日。"命令"分左、右两页，右页是正文，左页是送达的人员以及签发人毛泽东、朱德、刘少奇的落款和印章。那么，一份看似普通的作战命令，被军博列为一级藏品，其中的玄机在哪里？请仔细寻找。

奥妙就在落款里，朱老总的身份"亮了"——"人民解放军总司令"。别看只有短短八个字，但是意义非比寻常。

> 国防大学国家安全学院军事思想与军事历史教研室副主任 王志军：为什么说这个是珍品，就是因为我们可以查到的、在原始档案当中第一次出现"人民解放军总司令"这几个字，在正式的命令当中出现这样的称谓是第一次。

中国人民革命军事博物馆副馆长刘中刚进一步解释，这既是一份命令，也是一次命名。

> 刘中刚：我们现在讲军史，讲中国人民解放军的称谓的发展变化，通常就是以这个命令作为标志，作为中国人民解放军这个称谓的最终确定。

不知道你是否记得，1927年以来人民军队叫过的名字？

南昌起义时，我们叫"国民革命军"；到了秋收起义，变成了"工农革命军"。

1928年之后，"红军"的名字开始叫响。1937年全民族抗战爆发后，国共军队统一编号，红军主力被编为国民革命军第八路军，南方的红军和游击队被改编为新编国民革命军第四军，简称八路军和新四军。

1946年6月，全面内战爆发，《解放日报》在9月12日《蒋军必败》的社论中，首次正式使用了"人民解放军"的称谓："在蒋介石依靠美国输血，悍然不顾一切，发动孤注一掷的全面内战情况下，全国人民的希望，都寄托于我们人民解放军的胜利。"

1947年2月，新四军的番号正式停止使用。而现在说的这份"命令"，就是在当月发出的。王志军说，把信纸上印刷的"抬头"和正文作战命令的"落款"对比着看，就能发现当时名称改变的历史细节。

> 王志军：你看这个很有意思，这个原件上面的抬头是第十八集团军总司令部，这是八路军当时的正式番号。说明我们发布这个命令的时候，这个纸还没有变过来。

称谓的改变，传递出军队职责和使命的变化。"人民解放军总司令"签署的第一份命令，要完成什么使命？

当时，胡宗南部队大约25万人，妄图一口吞掉党中央所在地延安。我们有多少人呢？两万多。面对十倍于我的敌人，怎么打？这份作战命令就是在这个危急关头下达的。

这份作战"命令"很明确，就是集中兵力，把分散的6个旅，统一整编为"陕甘宁野战集团军"，为打大规模运动战做准备，为一个月后中央军委战略性撤离延安争取时间。

任务紧急，不容有失。"西华池战役"随即打响，解放军歼灭国民党军第48旅1500多人，使得胡宗南进攻延安的计划推迟。

为了加强陕北地区的作战指挥，中共中央军委决定，成立陕甘宁野战集团军，张宗逊任司令员，习仲勋任政治委员。后来又撤销陕甘宁野战集团军番号，成立西北野战兵团，彭德怀兼任司令员和政治委员，习仲勋任副政治委员。他们指挥军队依靠陕甘宁边区优越的群众条件和有利的地形，纵横沟壑间，巧打蘑菇战。

西北野战军连续取得青化砭、羊马河、蟠龙三战三捷，大大挫伤了国民党军胡宗南集团的进攻锐气，使蒋介石"三个月解决问题"的企图化为泡影。

作为人民解放军的主力部队之一，西北野战军几经改编，今天，各大战区都有它的身影。

2015年9月3日，纪念中国人民抗日战争暨世界反法西斯战争胜利70周年阅兵式上，前身是"陕北红军连队"的抗战英模部队方队，精神抖擞地走过天安门广场。

在这份作战命令下达70多年后的今天，人民解放军——这个名称依旧伴随着中国军人阔步向前。

初心激响

我叫余葆坤，出生于1992年，是八路军西安办事处纪念馆的一名双语讲解员。每当我向前来参观的游客讲起那段峥嵘岁月时，总会被共产党人的信念和品质所深深打动。从八路军到解放军，人民军队始终是战胜一切困难挑战的中流砥柱，始终是国家和人民利益的忠实捍卫者。我也愿在讲解岗位上默默耕耘，讲好党的历史，讲好人民军队的故事，传播红色火种。

毛泽东在西柏坡时期曾使用过的办公桌椅

馆藏：西柏坡纪念馆

时间：1948—1949年

记录烽火岁月的办公桌

毛泽东在西柏坡的 10 个月

讲述人：

夏小汤 中国爱乐乐团常任指挥、中央音乐学院指挥系教授

用声音刻录百年记忆，我是革命文物讲述人、乐团指挥夏小汤。

我讲述的文物是毛泽东在西柏坡时期曾使用过的办公桌椅。在西柏坡中共中央旧址毛泽东旧居的办公室里，一套棕色木质办公桌椅临窗而放。桌上摆放着砚台、笔筒等物品，与之配套的转椅为四足圈式椅，由于年代久远，已略显破旧。70 多年前，毛泽东就是在这里为了中国革命夙兴夜寐、决胜千里，赢得解放战争的决定性胜利。

1948 年 5 月，毛泽东率党中央机关、人民解放军总部到达西柏坡，这里成为解放全中国的"最后一个农村指挥所"。此后不到 10 个月时间里，"三大战役"在这里指挥，"两个务必"在这里发出，"进京赶考"从这里动身。

可想而知，毛泽东在西柏坡有多么忙碌。西柏坡纪念馆副馆长段彦峰介绍说，毛泽东办公室的灯光经常通宵明亮。

在这间仅有 16.3 平方米的小平房里，毛泽东每天连续十几个小时坐在办公桌前起草电报和文件，对前线发布命令。据统计，在西柏坡期间，他亲自起草的电报有 400 多封，仅辽沈、淮海、平津三大战役中就有 197 封。西柏坡作为指挥 300 万军队的大本营，与全国各战区的往来电报像雪片一样，昼夜不断。

淮海战役是三大战役中历时最长、歼敌最多、规模最大的一次战役，解放了长江以北的大部分地区，为以后我军渡江作战创造了极为有利的条件。

毛泽东关于淮海战役作战方针给前线指挥部的电报手稿（西柏坡纪念馆 供）

那边淮海战役激战正酣，这边毛泽东已经在为歼灭平津之敌运筹帷幄了。调虎离山、各个歼灭，29个小时解放天津，90万大军兵临北平城下、傅作义不得不接受和平改编……历时64天的平津战役具有决定性意义，大大加速了解放战争的胜利进程。

> 段彦峰：这是三大战役中毛泽东主席发出电报最多的一次战役。这次战役歼灭和改编了国民党军队52万多人，基本上解放了华北全境。

国共两党之间惊心动魄的生死大决战在这里谋划、中国革命战争史上波澜壮阔的不朽画卷在这里绘就。令人感慨的是，这一场场震古烁今的战役，就是毛泽东在西柏坡这个小山村的土屋泥舍中、在这套普普通通的办公桌前指挥的。

周恩来曾风趣地说："我们这个指挥部一不发枪，二不发粮，三不发人，只靠天天发电报，就叫部队打胜仗。"西柏坡的老乡们则赞颂说：屋内一盏明灯亮，窗外万树石榴红。

胜利已成定局，制定建立新中国的各项方针政策迫在眉睫。1949年3月5日至13日，毛泽东在西柏坡主持召开七届二中全会，指出党的工作重心必须由乡村转移到城市。

在会上，毛泽东谆谆告诫全党：夺取全国胜利，这只是万里长征走完了第一步。中国的革命是伟大的，但革命以后的路程更长，工作更伟大、更艰苦。并提出著名的"两个务必"思想，即务必使同志们继续地保持谦虚、谨慎、不骄、不躁的作风，务必使同志们继续地保持艰苦奋斗的作风。

1949年3月23日，也就是七届二中全会闭幕后的十天，毛泽东率领中央机关离开西柏坡，向北平进发。毛泽东将之比喻为"进京赶考"。

70多年过去了，"赶考"路上，共产党人步履坚实、逐梦前行，向历史和人民交出优异成绩单。而这套毛泽东曾使用过的办公桌椅，也成为西柏坡精神的代表，滋养和激励后来人不畏艰难、不懈奋斗。

初 心 激 响

　　我是西柏坡纪念馆的讲解员王璠，今年27岁。每当我走进毛主席在西柏坡期间的这间办公室，看到他当年用过的办公桌，我总会不禁联想，是什么样的一种力量，引领着老一辈无产阶级革命家在如此艰苦的环境下，团结带领中国共产党人不断从胜利走向胜利。在一遍又一遍的讲解当中，我找到了答案，是信仰和初心。在今后的工作中，我会继续把老一辈革命家的崇高信仰传承下去，讲给更多的人。

梁士英烈士在锦州战役中用的爆破筒残片

馆藏：辽沈战役纪念馆

时间：1948年

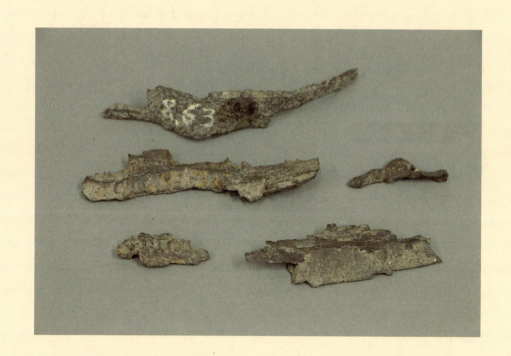

七秒钟的生死抉择
梁士英烈士的爆破筒残片

讲述人：

梁丹丹 辽沈战役特等功臣梁士英烈士孙女、辽沈战役纪念馆讲解员

用声音刻录百年记忆，我是革命文物讲述人、辽沈战役纪念馆讲解员梁丹丹。

我讲述的是珍藏在馆内的国家一级文物——爆破筒残片。这五枚爆破筒残片，锈迹斑斑，最大的一块长9.99厘米，最小的一块仅有3厘米长。我们很难通过它们，还原出爆破筒完整的样子。

73年前，我的爷爷、东北野战军第二纵队第五师第十五团第八连战士梁士英，用胸膛顶住了这枚爆破筒，炸毁了敌人的地堡，用生命为辽沈战役关键一战——锦州攻坚战打开了前进的通道。我没有见过爷爷，但每次伫立在这些残片前，脑海中就会浮现出炮火连天的战场上，他26年短暂生命里最悲壮的那7秒钟。

1948年秋，人民解放战争进入夺取全国胜利的决定性阶段。

1948年9月7日，毛泽东为中共中央军委起草给东北野战军领导人的电报，明确地阐述了辽沈战役的作战方针。提出"攻锦打援"战略部署，把第一战放到了锦州。因为这里是连通东北、华北的要冲。

舍身炸地堡的特等功臣梁士英（集体合影裁剪处理而成）

不过，锦州城同样是国民党军重点设防的要地，早在日伪时期，这里就修筑了大量的工事和设施。此后国民党军占领后进行了加修，形成了以外围据点为依托、城防工事为重点的防御体系，设置了层层障碍，易守难攻。

在外围战争——配水池之战取得艰难胜利之后，锦州城北通道被打开了。10月14日上午，时针指向10点，东北野战军数百门火炮，在同一时刻向同一目标开火，锦州总攻打响了！

东北野战军第二纵队第五师第十五团第八连的战士，承担突破锦州的"尖刀连"任务，他们要在双方炮战之后，率先冲上去清扫国民党军布置的重重障碍，为大部队的总攻打开突破口。

一个小时的炮火急袭过后，战士们从城西北方向，如猛虎一般跃出战壕，杀向国民党军阵地，很快突破了锦州城外第一道防线。当冲到第二道防御工事的时候，铁路桥路基下的地堡突然开火，突击部队被笼罩在火网之下。

借助地堡所形成的扇面式火网，一分钟能打出近千发子弹，战士们硬冲了几次都被压了回来，伤亡越来越大。

排长靳文清连续组织了几次爆破都没有成功，此时，大部队冲锋号已经吹响，主力部队已像潮水般冲了过来。每拖延一分钟，都意味着后续部队更多的牺牲；不攻破地堡，甚至将影响整个战斗。

我的爷爷梁士英，当时担任八连二排五班的战斗组长，在万分危急的时刻主动请战。枪林弹雨中，他甩掉棉衣，别上两颗手榴弹，抓起一根两米多长的爆破筒，紧贴着路基，艰难地向地堡冲去。

快要接近地堡时，爷爷梁士英甩出了两颗手榴弹，趁着烟雾，冲到了地堡旁的火力盲区。他快速拉开导火索，将爆破筒塞进枪眼，刚要转身离开，爆破筒被推了出来，爆破筒在地上冒着白烟。

爷爷梁士英毫不犹豫地捡起爆破筒，再次塞了进去，可刚一松手又被推出一尺多长。耳边是冲锋号不断响起的声音，战友们正向前冲来。他大喊一声，用身体死死顶住爆破筒。

山崩地裂般的一声巨响，地堡被炸得粉碎。部队进攻的通道打开了，而爷爷梁士英的生命却定格在了26岁。

辽沈战役纪念馆馆长 刘晓光：从拉燃导火索，到爆破
筒爆炸，只有大概7秒钟的时间。战友们高呼"为梁士英报
仇"，争先恐后地冲进市区。经过31小时激战，全歼10万守
敌，俘虏国民党军8万人，解放了锦州城，缴获大量的武器和
军用物资。

随着锦州被攻克，英勇的东北野战军又取得辽西会战、沈阳会战的胜利。
1948年11月2日，历时52天的辽沈战役结束，东北全境解放。毛泽东在《中
国军事形势的重大变化》中指出，中国的军事形势进入一个新的转折点。

1964年7月21日，爷爷梁士英的战友靳文清、王佩贤重回故地。曾经硝
烟弥漫、鲜血横流的战场，早已不见战争的痕迹，但老人们却清楚地记得战友
炸碉堡牺牲的地方。在那里，人们挖出了7枚爆破筒残片，其中，2枚被中国人
民革命军事博物馆收藏，另5枚收藏在我工作的辽沈战役纪念馆中。

我的爷爷、共产党员梁士英没有遗体，7枚爆破筒残片成为他留下的最后的
战斗痕迹。

初心激响

我是辽沈战役纪念馆讲解员姚璐璐。每当看到一批批参观者在装有残
片的陈列柜前驻足，我都想对牺牲的梁士英烈士说，人们从没有忘记您，
锦州市，有以您的名字命名的士英门、士英街；在您牺牲的地点，有"梁
士英舍身炸敌堡遗址"。而我作为纪念馆讲解员，会把您的英雄事迹讲给
更多人听，用这种方式把您永远记在心间。

侦察员齐进虎使用的渡江木盆

馆藏：中国人民革命军事博物馆

时间：1949年

音频内容二维码

小船划出胜利之路
一只木盆如何渡长江

讲述人：

宋金泽 民航飞行员，网名"燃烧的陀螺仪"。作为拥有千万粉丝的主播，他用视频作品积极传递正能量，曾获"全国向上向善好青年"奖

用声音刻录百年记忆，我是革命文物讲述人、民航飞行员宋金泽。

我讲述的文物是渡江战役时第三野战军的侦察员们渡江使用过的木盆，现收藏在中国人民革命军事博物馆，安徽渡江战役纪念馆有它的复制品。

这只木盆长1.71米，宽1.14米，只是安徽沿江老百姓采菱角使用的普通木盆，但英勇的侦察战士正是用它引领百万雄师提前打响了渡江战役。

1949年1月底，随着辽沈、淮海、平津三大战役胜利结束，全国的革命形势发生了根本变化。国民党军精锐主力损失殆尽，只能退守江南。跨过长江天堑、解放全中国的历史任务摆在了中国共产党和人民解放军的面前。

在八百里皖江的中段，铜陵与芜湖之间，长江被两片绿地隔成了三股。虽然不是海边，却有着万亩沙滩，其中的江中孤岛就是黑沙洲。解放战争期间，这里是国民党长江防线的前哨。部队想渡过长江，就必须先摸清敌军在岛上的火力、工事配置和防御体系。电影《渡江侦察记》的传奇故事就发生在这里。

然而，真实的渡江侦察行动远比电影情节更加惊心动魄。

1949年3月，第二十七军第七十九师侦察队副排长齐进虎带领多名侦察员趁着雨夜偷渡黑沙洲。大雨虽然遮盖了侦察兵们的踪迹，却也让他们乘坐的小船偏离了原有方向。

齐进虎果断改变原来的"摸哨"计划，带领宋协义、王林芳两名战士潜入岛上，不料刚刚登上黑沙洲，就被敌人发现，其他战士无法再登陆，只得被迫掉转船头返回。

留在岛上的三位侦察员白天隐蔽,晚上行动,渴了就喝点长江水,饿了只能找点油菜花充饥,就在这样艰苦的情况下摸清了岛上的兵力、布防、地形情况,还顺着电线找到了敌人的指挥部,获取了大量情报。

> 电影《渡江侦察记》片段:
>
> 参谋:以灯标为结合部,灯标以西为八十八师,灯标以东为八十六师。第5号情报。
>
> 指挥员:正面敌军的沿江兵力分布情况,我们差不多全掌握了,这对于我们突击部队来说作用是很大的。你立刻发电报给李连长,无论如何一定要把敌人的情况完全搞清楚。

电影里,李连长还能通过电报将情报发回。但真实情况却是,随着长江两岸军事对峙,黑沙洲上的气氛也愈发紧张,虽然并没有掌握齐进虎等人的踪迹,但敌人还是把洲上的船只和粗木料都运走了。如何把情报送回成了当时最大的难题。一天夜里,齐进虎在一间废弃的茅草棚里偶然发现了一只木盆,他当即决定:就用木盆渡江!

俗话说,长江无风三尺浪。渡江战役纪念馆研究保管室主任王高说,齐进虎来自山东,这种当地老百姓俗称的"腰子盆",他和战友以前从来没见过,用它横渡长江天险,艰难与风险可想而知。找到木盆后的几天时间里,齐进虎和战友们在河汊里一边一遍遍地练习,一边等待着时机。在一天深夜,王林芳坐在木盆中央掌握平衡,齐进虎和宋协义在两边划水,两个多小时后,他们终于到达了江北岸边。

根据齐进虎等人带回的情报,第二十七军军长聂凤智制定了作战方案。1949年4月20日晚,齐进虎所在的第七十九师率先抢渡长江天堑,成为渡江战役中第一支踏上长江南岸的部队。

人民解放军上岸后,翘首以盼的江南百姓欢欣鼓舞、热烈欢迎。时任第二十一军第六十一师师长胡炜说,人民群众的支持是迅速摧毁国民党军长江防线的根本所在,"渡江战役的胜利是靠老百姓用小船划出来的"。

76岁的许成华老人那时就住在渡江第一船登陆点不远处，作为渡江战役的见证者，如今他也志愿成为一名渡江战役红色宣讲员。

许成华：解放军就像潮水一样密密麻麻，从江里排到大路上。老百姓全部从躲的地方往家跑，纷纷说这支部队怎么这么好啊！

时光如梭，72年前那些敌后侦察的惊心动魄、那些千里江岸的枪林弹雨、那些军民齐心的感人画面，我们永远不能忘却。而这只木盆作为红色历史的亲历者和见证者，也将一直无声"诉说"着这不朽的传奇！

初心激响

我是渡江战役纪念馆的"90后"讲解员江瑜薇。在这里的一件件文物，既是渡江战役的历史见证，又是催人奋进的力量源泉。弘扬渡江精神，让人们深入理解为什么历史和人民选择了中国共产党，为什么必须坚持走中国特色社会主义道路、实现中华民族伟大复兴，这就是我做好讲解工作的信念所在。以后我也要更好地传承红色基因。

文物展示 ——————

支前民工唐和恩的小竹竿

馆藏：中国人民革命军事博物馆

时间：1948年

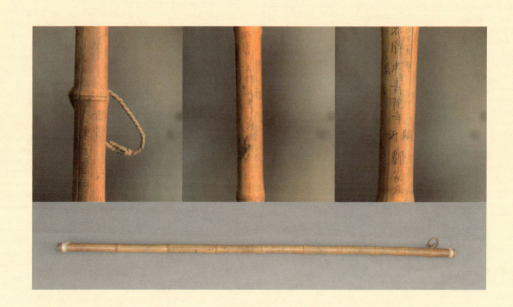

一根竹竿行万里
小竹竿的支前故事

讲述人：

马思纯 演员，曾主演《左耳》《七月与安生》《你是我的城池营垒》等影视剧

用声音刻录百年记忆，我是革命文物讲述人、演员马思纯。

我讲述的文物是一根1米来长的小竹竿。仔细看，竹竿表面用针尖密密麻麻刻满了村庄和城镇的名字。这根看似不起眼的小竹竿，作为国家一级革命文物，被中国人民革命军事博物馆收藏，它的复制品在淮海战役纪念馆内展出。这根竹竿为什么如此珍贵？是谁将许多地名刻在了上面？这些地名又意味着什么？我们先从山东莱阳一位普通农民唐和恩说起。

"炮声隆隆震天响，车轮滚滚上战场"。1948年11月6日，中国人民解放军在以徐州为中心的广大地区发起淮海战役。刚刚分到土地的山东农民唐和恩正在地里劳作，听说村里要组织民工队伍运送军粮，立即撂下镰刀，直奔村部去报名。在唐和恩心中，没有共产党，没有解放军，哪能分到土地？支援前线的事义不容辞。

出发时，唐和恩带上了一根1米长的小竹竿。累了，用它当拐棍；过河，用它来探路。每到一地，他还用针尖把地名刻上。老电影《车轮滚滚》以唐和恩等支前民工为原型拍摄，再现了当时的场景。片中耿东山对战士说，刻地名是为了"留给子孙后代，让他们永远记住过去的阶级苦，和今天毛主席领着咱们走的革命路啊！"。

水沟头——平度——临淄——蒙阴——临沂——徐州——萧县——宿县——濉溪口，这些地名包括了山东、江苏、安徽三个省88个城镇和村庄。

徐州市淮海战役纪念塔管理局副研究馆员 张五可：小竹

竿开头刻着唐和恩出发的地点——他的家乡山东省胶东地区莱东县陶漳区，接着刻的是支前经过的路线。这不是一般的里程记录，这是543万英雄的支前民工，在淮海战役中走过的艰苦光荣的战斗历程。

支前的道路是艰险的。披星戴月，顶风冒雪，还要随时躲避空中的敌机侦察。在一次送粮途中，一条二十几米的河道挡住了去路，如果绕路，就要多走十几公里。考虑到前方部队用粮紧急，大家决定涉水渡河。隆冬时节，西北风卷着小雪，河上还漂浮着薄冰块，唐和恩脱下棉衣，和另一位民工抬着粮车率先跳进冰冷刺骨的河水里。随后，大家都跟着抬粮车过河。可刚一上岸，还来不及穿衣服，敌人的飞机就过来了，运输队跑步行军将近1公里，直到离开了危险地带才顾上穿衣服。

唐和恩的小儿子唐振明小时候好奇父亲的门牙为啥少了一颗。父亲告诉他，在一个寒冬的夜里，敌机把道路炸得面目全非，积雪慢慢融化后，支前队伍的推车纷纷陷入淤泥里，怎么推拉都不动。身为队长的唐和恩非常着急，他带头使蛮力拽粮车。

唐振明说，当时唐和恩在前面拉得太用力，绳子断了，他一头栽倒在地，门牙磕掉了，满嘴都是血。队友们心疼地围上来，让他休息。唐和恩说："别说掉颗牙，就是豁出命，咱也要把粮食运上前线！"他从身上穿的棉袄里拽了块棉花塞到牙床上，带着队友们继续前进。

从沂蒙大山走到了淮海平原，从滔滔淮河走到滚滚长江，唐和恩跟支前运输队伴随着人民军队将胜利的旗帜插到了南京"总统府"。淮海战役后，唐和恩立了特等功，被授予"华东支前英雄"称号，他带领的运输队被评为"华东支前模范队"。

淮海战役，66天作战，武器装备处于劣势的60万人民解放军，面对装备先进、武器精良的80万国民党军，最终以少胜多、以弱胜强，歼敌55万余人，成为世界军事史上的奇迹。淮海战役暨区域红色文化研究会会长蒋越锋说，奇迹的背后是543万个像唐和恩一样的支前民工对前线的全力支援。

　　蒋越锋：543万是什么概念呢？我们60万的人民解放军，相当于9个民工支援前线1名战士在战斗。在整个淮海战役期间，筹集的粮食是9.6亿斤，相当于一个中等城市人口可以吃5年，在战役过程当中，实际消耗掉4.3亿斤粮食，一半还不到。

　　淮海战役中，支前民工运粮、运弹药使用大小推车881000多辆，如果把这些车排列起来，从南京到北京就可以排两行。

　　淮海战役胜利后，毛泽东亲笔题词称赞，这是"人民的胜利"。陈毅深情地说："淮海战役的胜利，是人民群众用小车推出来的。"

　　江苏省中共党史学会副会长、中国人民解放军国防科技大学教授 顾永兴：决定战争胜利的未必是武器和兵力，而是能凝聚军心、民心的一种力量，这是决定胜利的重要因素。

　　岁月流逝，一根小竹竿的支前故事被代代相传，党与人民风雨同舟、生死与共，始终保持血肉联系的优良传统更会世代传承。

　　唐振明：我的家庭是一个革命的家庭，我的身体里流着我父亲的血，共产党指到哪儿就干到哪儿，永远跟党走的这个理念是不会变的。

★ 初心激响

　　我是淮海战役纪念馆讲解员叶宝珠，出生于1990年。这根刻有88个地名的小竹竿，记录下数百万支前民工艰苦光荣的战斗历程。淮海战役的伟大胜利，昭示了党与人民始终保持血肉联系，这是战胜一切困难和风险的根本保证。我将从"小竹竿"的故事中汲取精神力量，尽心尽力做好本职工作，把淮海战役的故事讲给更多人听，全心全意为人民服务。

中共代表苏静签署和平解放北平协议所用的笔

馆藏：平津战役纪念馆

时间：1949年

北平战与和 一笔定乾坤
真实版《北平无战事》

讲述人：

万 茜 演员，曾参演电视剧《脱身》《新世界》等，并参与综艺《乘风破浪的姐姐》录制

用声音刻录百年记忆，我是革命文物讲述人、演员万茜。

我要讲述的文物是一支见证了北平和平解放的派克钢笔，现收藏于天津市平津战役纪念馆中。这支钢笔是赛璐珞材质，也就是合成塑料，笔身为墨绿色，装饰着一圈圈金色的斑纹。

虽然看起来只是一支普通钢笔，但它的主人苏静将军，曾用它在《关于和平解决北平问题的协议》上庄重地签下自己的名字。平津战役纪念馆馆长王培军说，正是这支钢笔，书写了化干戈为玉帛、和平解放北平的历史。

> 王培军：1949年1月21日，苏静作为平津战役我方的谈判代表签完字之后，傅作义马上召集高级军官开会，宣布这个结果。之后，北平的25万国民党守军按照编制序列、指定位置，开出城外接受我人民解放军的改编。北平这座3000年建城史、200多万人口、名胜古迹无数的古都，兵不血刃地回到了人民手中。

时间的指针拨回1948年11月29日，平津战役在张家口打响第一枪。人民解放军在东起唐山、西至张家口长达500公里的战线上，对国民党军展开战略决战。

当时的北平，经济萧条、军心涣散。迫于兵临城下的压力，12月15日，傅作义派崔载之、李炳泉秘密出城谈判，苏静负责接待他们，但因为双方谈判条件相差甚远，无果而终。

在此后的平津战役战场上，人民解放军势如破竹，迅速解决新保安、张家口的敌人，傅作义的主力部队大部分被歼灭，北平俨然已成陆上孤岛。无奈之下，1949年1月6日，傅作义再派周北峰作为代表，前往蓟县八里庄进行第二次和谈。

四天后，第三次谈判开始了。其间，人民解放军仅用29小时解放了天津，给傅作义极大的震撼。

天津解放后，北平20多万守军陷入绝境，傅作义手中彻底再没有讨价还价的筹码，双方很快达成了基本协议。

1949年1月17日，一辆从通县五里桥开往北平的吉普车上，坐着一位身着长袍、头戴礼帽，商人模样的人。他正是人民解放军第一位入城代表——苏静。第二天，傅作义专程来到他下榻的联谊处表示欢迎。

就这样，苏静作为这次谈判我方的唯一一位代表，与国民党方面磋商，并用这支钢笔逐条记录。21日，他代表人民解放军平津前线司令部在《关于和平解决北平问题的协议》上签字，北平和平谈判就此画上圆满句号。

北平和平解放，人民解放军入城接收国民党守军防务（平津战役纪念馆 供）

解放军接管北平后，立刻筹备入城式。平津前线司令部决定以东北野战军第四十一军为主，附加华北军区的部队和特种兵部队。由于参加入城游行的车炮刚从前线撤下来，满身征尘，战士们便把大炮、坦克、装甲车清洗得干干净净，军装也都缝补整齐。

至此，历时64天的平津战役胜利结束，它所创造的"北平方式"也成为后来和平解放湖南、四川、新疆和云南的成功范例。

1995年，平津战役纪念馆开始筹建，并向社会各界征集文物。当时已经85岁高龄的苏静老人，亲自把这支跟随了他近50年的钢笔，赠送给平津战役纪念馆。馆长王培军说，这是一位老共产党员信仰坚定的最好体现。

这支钢笔，凝结着中国共产党为和平解放北平、保护古都和人民的不懈努力，折射出共产党人矢志不渝的初心，虽历经风霜雨雪数十载，依然绽放着光彩。

初 心 激 响

　　我是平津战役纪念馆的"90后"讲解员叶浩林。每次注视这支派克钢笔，我的思绪就回到了70多年前的北平。这支钢笔背后凝结的是人民战争的伟力和历史发展的必然。作为青年一代，我将秉承红色精神，深入挖掘文物背后的鲜活故事，把我们党波澜壮阔的百年历史融入日常的讲解工作中，让大家更好地感受党的初心和使命。

北平城门钥匙

馆藏：中国人民革命军事博物馆

时间：1949年

开启胜利大门的钥匙
1949 年解放军北平入城式

讲述人：

富大龙 演员，代表作有《天狗》《战争子午线》《紫日》等，并曾为多部广播剧配音

用声音刻录百年记忆，我是革命文物讲述人、演员富大龙。

我要讲述的这件文物和北京城的历史息息相关，它们就是1949年1月北平宣告和平解放，由国民党守军交到人民解放军手里的城门钥匙，现存放在中国人民革命军事博物馆中。这几把钥匙开启的，不只是北平的城门，更是中国历史的新篇章。

北平白天开门，晚上锁门。这一城之门的钥匙，其实和现在家家户户的门钥匙差不多。钥匙原件一共有10把，有的是西式钥匙，每一把上都有一个小木牌拴着，木牌上写着城门的地名和标号，其中就有西直门、复兴门、阜成门等；也有的是中式的，没有木牌。那么，这些钥匙是如何交到解放军手中的呢？

1948年下半年，中国人民的解放战争已经进入最后阶段。解放北平，是平津战役的最后一步，但它却是整个作战计划中最早开始决策和部署的。

> 国防大学军史专家 舒健：攻打天津以前，国民党的华北"剿总"副总司令叫邓宝珊，他跟咱们解放军有个谈判。邓宝珊说，你们打天津，恐怕30天也打不下来。聂荣臻说30天打不下来就打半年，半年打不下来就打一年，必须要打下来。可是真正打起来以后，29个小时，就是一天多，就把它打下来了，解放了天津。

北平成为一座孤城，海淀、青龙桥、香山等地，到处是人民解放军。为使

这座千年古城免于炮火，中央军委决定通过谈判，争取以和平方式进行接管。一边是数十万人民解放军兵临城下，一边是北平地下党和开明人士的耐心工作，华北"剿总"司令傅作义最终选择起义，国民党部队25万人全都撤到城外，接受中国人民解放军的改编。1月31日，大年初三，解放军从西直门、德胜门、复兴门入城接防。

那天中午，四野第四十一军政委莫文骅带领第一二一师从西直门入城。从后来的老照片里，我们看到两辆吉普车停靠在城墙下，一名排长带着两名战士，与傅作义的防务人员相互立正、敬礼，交接就这样完成了。冬日里太阳把军人和汽车的影子都拉得老长，数百万人的性命得以保全。

进了西直门，就进入了北平。整个下午，北平城内各机构都在有序交接。电台的接管也从那几天开始，北平广播电台停止播音，中央人民广播电台的前身延安新华广播电台此后使用"北平新华广播电台"呼号。

为了让老百姓过个好年，在聂荣臻的提议下，解放军于1949年2月3日举行入城式。聂荣臻的老部下范济生后来接受采访，他清楚记得北平早上的空气很新鲜，久经战火洗礼的战士们大多第一次进城，非常兴奋。老百姓都在欢呼，把路围得水泄不通。进入东交民巷时，苏联使馆大门敞开。

> 范济生：进东交民巷非常有政治意义，毛主席说，中国人民站起来了。进东交民巷这是第一次，过去部队根本不准进。

不要以为有了这几把钥匙，解放军每个人都可以进城。当年部队宣传队特地编排了《闯王进京》的节目，当时毛泽东说，我们是进京赶考，退回来就失败了，我们绝不当李自成！

1949年1月31日，美国《生活》杂志刊登了一组中国图片，杂志选用了毛泽东、周恩来和朱德三人的合影来注释1949年，并称这一年是中国的红色胜利年。也正是这一天，人民解放军开进古老的北平城。两个月后，毛泽东和中共中央主要领导人从西柏坡到达北平西苑机场，检阅部队。

把几串钥匙"递"到解放军手中的傅作义后来回忆，如果说我这一生还做了点什么，只有始终坚持抗日和北平和平改编这两件事。毛泽东进一步指出，和平解决北平问题的基本原因，是人民解放军的强大和胜利。29个小时解除天津武装，让毫无希望的北平，决心走"打一打"之外的第二条道路。

初 心 激 响

我是西柏坡纪念馆讲解员申媛丽，出生于1991年。72年前，毛泽东同志和党中央正是从西柏坡进入北平的。我时常想，他们当年是以怎样的心情离开这里，又是带着何等憧憬进入北平的？那一天翻开了中国历史崭新的一页。希望我们不忘初心，希望党继续带领中国人民从胜利走向新的胜利。

周海婴记录民主人士北上的照相机

馆藏：中国民主党派历史陈列馆

时间：1948年

音频内容二维码

光影中的秘密北上
鲁迅之子镜头下的历史

讲述人：

郭其城 演员，曾参演电视剧《你和我的倾城时光》《九州朱颜记》等，参与《万里走单骑》《开门大吉》等节目录制

用声音刻录百年记忆，我是革命文物讲述人、演员郭其城。

我讲述的文物，是收藏于中国民主党派历史陈列馆里，一部20世纪40年代由德国制造的"禄莱福来"牌照相机。

1948年深秋，鲁迅先生的儿子周海婴，怀揣这部黑色双镜头胶片相机，登上一艘由香港始发的货轮，用快门见证了民主人士秘密而激动人心的北上行动。

1948年，人民解放军在战场上势如破竹，革命胜利指日可待。五一劳动节前夕，中共中央发布"五一口号"，提出"迅速召开政治协商会议、讨论并实现召集人民代表大会、成立民主联合政府"的号召，得到各民主党派和社会各界的热烈响应。

8月起，在毛泽东、周恩来的直接领导下，按照"保密、谨慎、周到、安全"的要求，中共地下党组织开始分批护送此前为躲避国民党搜捕而转移到香港的民主人士秘密北上，共商建立新中国的大计。

11月，鲁迅先生的遗孀、时任中国民主促进会领导人许广平，带着19岁的儿子周海婴，即将踏上北上征途。登船前，自幼酷爱摄影的周海婴专门购置了相机，记录这段充满未知的旅程。

《鲁迅与我七十年》（周海婴著）节选：

我想，去到东北解放区，除了衣物，照相机必然有用。

（我）愿意小作贡献，拍摄一些具有新闻价值的照片，就把购
买寒衣的预算设法压缩，紧缩的办法是买二手旧衣。

　　11月23日，趁着夜色笼罩，周海婴随母亲登上了悬挂着葡萄牙国旗的"华中号"货轮，同行的，还有马叙伦、郭沫若等知名人士。漫长的航程中，他们在周海婴的镜头前，留下了珍贵的合影。

　　镜头前的郭沫若，身着长褂，神情平静而淡然。其实，当时香港有不少国民党特务活动，登船离港困难重重。为了这次出发，民主人士们都使出了浑身解数，郭沫若用的是"瞒天过海"之计。

　　　　中国民主党派历史陈列馆副研究馆员 丁颖：他当时在香港，正在《华商报》上连载《抗战回忆录》。为了掩护北上的行动，他提前写好了很多天的稿子，交给报社编辑部连续不断地发表，给人一种还在香港写回忆录的印象。等到《华商报》连载停止的时候，国民党的特务又开始关注起郭沫若来，却发现郭沫若失踪了！

1948年11月25日，侯外庐（右）、郭沫若（中）、沈志远（左）在"华中号"上合影（周海婴 摄）

登船离港后，北上之行也并非一帆风顺。

"华中号"途中遭遇台风，一度被吹到逼近台湾岛的海域。倘若想靠岸避险，就必须停在台湾的港口，一旦被发现，后果不堪设想。

12月初，克服重重困难，"华中号"终于抵达辽宁省丹东市。此时，已是天寒地冻。20多位民主人士刚一下船，党组织就派人送去了御寒的衣物。头戴獭皮帽，身着貉绒大衣，脚穿皮靴，踩在东北解放区的热土上，寒冬的镜头前，每个人都笑靥春风。

带着对即将开启历史新纪元的无限向往，各界人士汇聚一堂，就新政协的筹备、新中国的未来群策群力，热烈讨论。1949年1月22日，李济深、沈钧儒等55人联合发表了《我们对于时局的意见》。

《我们对于时局的意见》节选：

愿在中共领导下，献其绵薄，贯彻始终，以冀中国人民民主革命之迅速成功，独立、自由、和平、幸福的新中国之早日实现！

1948年12月，"华中号"抵达丹东市，民主人士合影。画面上由左至右：翦伯赞、马叙伦、宦乡、郭沫若、陈其尤、许广平、冯裕芳、侯外庐、许宝驹、沈志远、连贯、曹孟君（王昆仑夫人）、丘哲、丹东中共领导（周海婴 摄）

据不完全统计，从1948年8月到1949年9月，中共香港分局、中共香港工委，共组织护送民主人士20多批、350多人北上，均安全抵达。经过大量周密的筹备工作，召开政治协商会议、成立民主联合政府的一切条件，已经成熟。

1949年9月21日，中国人民政治协商会议第一届全体会议在中南海怀仁堂隆重开幕。中国共产党及各民主党派、人民团体、无党派民主人士和特邀代表共662人参加会议。会议通过了《中国人民政治协商会议共同纲领》，选举毛泽东为中央人民政府主席。

岁月流转，当年举着相机记录下北上瞬间的青年周海婴，后来也投身到新中国建设的洪流中，并当选为全国政协委员。由于北上行动严格保密，他用相机记录下的民主人士心怀家国、追求光明的动人影像，成为唯一的史料，一经公开，便引起各界轰动。

2010年，已经卧病在床的周海婴先生，将这部陪伴了自己60多年的老相机捐赠给中国民主党派历史陈列馆。当时替父亲出席展览开幕式的长子周令飞回忆，这是父亲生前一份重要的心愿。

周令飞翻看父亲周海婴的影集（总台记者傅闻捷 摄）

如今，天南海北的参观者，在这曾定格了珍贵历史瞬间的镜头前流连驻足。中国共产党与各民主党派、爱国进步人士风雨同舟、肝胆相照的情谊，也将被永远载入史册，历久弥新。

初 心 激 响

我是中国民主党派历史陈列馆讲解员李超，出生于 1987 年。每次讲起周海婴先生的照相机和照片背后的故事，我都会被先辈们在黎明前夜，为了建设和平民主的新中国所付出的不懈努力一次次打动。今后，我立志做一名优秀的研究型统战文化讲解员，讲好红色故事，让历史的滋养，转化为我们建功新时代的不竭动力。

江姐江竹筠的"托孤"信

馆藏：重庆中国三峡博物馆

时间：1949年

傲雪红梅永绽放
江姐的一封"托孤"信

讲述人:

张凯丽 演员,曾主演《渴望》《军嫂》《人民的名义》等多部影视作品

用声音刻录百年记忆,我是革命文物讲述人、演员张凯丽。

我要讲述的这件文物,是红岩革命烈士江姐——江竹筠的一封"托孤"信,写于1949年8月26日。彼时,解放军胜利的消息不时传到重庆渣滓洞监狱里,在狱中的江竹筠隐隐感到自己可能会倒在黎明前最后的黑暗里。于是,她写下了这封特殊的信。

如今,这封信被收藏在重庆中国三峡博物馆中。粗糙的毛边纸面上,笔迹的颜色深浅不一,还有好几处涂改的痕迹,字里行间,有对革命胜利的信心,有对年幼儿子的牵挂,透露出江姐鲜为人知的柔情和钢铁铸成的共产党人的坚定信仰。

江竹筠1920年出生在四川富顺县。因家境贫寒,她10岁就进入袜厂当童工,后来辗转重返学校,开始了勤工俭学的生活。

抗战爆发,江竹筠和同学们一起涌向街头、走进田间,成为抗日救亡运动中的活跃分子。1939年,19岁的她加入中国共产党。

25岁时,江竹筠与地下党员彭咏梧结婚,负责处理党内事务和内外联络工作,后来承担起了中共重庆市委地下刊物《挺进报》的分发投递工作。她待人温和,关怀同事,同志们都亲切地称她为"江姐"。

1948年1月,江竹筠的丈夫彭咏梧在领导下川东地区的武装斗争时不幸牺牲。为了引出江竹筠等其他共产党人,敌人将彭咏梧的头颅砍下,悬挂示众。

失去爱人的悲痛并没有将江竹筠击倒,不久,她向组织提出回下川东地区。她说:"这条线的关系只有我熟悉,我应该在老彭倒下的地方继续战斗。"

离开重庆前，江竹筠抱着幼小的儿子失声痛哭。

> 彭壮壮（江竹筠孙子）：奶奶小时候的同学、在地下工作中的战友何理立奶奶跟我讲，1948年春节，我奶奶从下川东地区回到重庆。当天晚上，奶奶一直抱着我的父亲（彭云）哭个不停，然后奶奶就问何奶奶："你说一个两岁的小孩，能记得自己父母的长相吗？"过了十几分钟，奶奶告诉何奶奶，我的爷爷已经牺牲了。奶奶自己很快也会回到最危险的地方去工作。那就意味着，她和我爸爸也可能是一次永别。

革命的道路曲折而艰难。因叛徒告密，1948年6月，包括江竹筠在内的一批同志在万县被捕，被关进了重庆"中美合作所"——渣滓洞集中营。

为撬开江竹筠的嘴，国民党军统特务用尽了各种酷刑：老虎凳、吊索、带刺的钢鞭、撬杠、电刑……他们将竹签钉进她的十指，使她无数次痛得昏死过去，又被凉水浇醒。如此反反复复，却一无所获，他们得到的只有江竹筠的厉声斥责。

江竹筠的坚贞不屈和英勇斗争，激励着整个渣滓洞的难友。他们隐秘而自发地为江姐送去慰问，大家称她是"中华儿女革命的典型"。

重庆中国三峡博物馆研究部主任艾智科说，即使身陷人间地狱，江竹筠也在勇敢斗争。

> 艾智科：无比坚定的信仰和坚强的革命意志在江竹筠身上都体现得淋漓尽致。而且她在革命最危险的时候，在面对渣滓洞的酷刑、面对当时的国民党反动派残酷的摧残的时候，仍然表现出了非常坚强的意志。

1949年，解放军捷报频传，身在渣滓洞的江竹筠预感到敌人可能会在最后进行疯狂的屠杀。已经失去丈夫的她，心中最为牵挂的还是尚未长大的儿子。8

月26日，拖着受刑后还没有完全康复的右手，她悄悄藏起吃饭的竹筷，削尖做笔，蘸着由烂棉絮灰与水调和在一起制成的墨，在如厕用的毛边纸上，艰难地写下了这封给安弟（江姐的表弟谭竹安）的"托孤"信：

> 假若不幸的话，云儿就送给你了，盼教以踏着父母之足迹，以建设新中国为志，为共产主义革命事业奋斗到底。孩子们绝不要骄（娇）养，粗服淡饭足矣……

1949年11月14日，重庆解放前夕，江竹筠与31名难友一道，在歌乐山电台岚垭刑场英勇就义，牺牲时年仅29岁。临刑前，江竹筠身上唯一带的就是儿子的照片。

如今，每到初春，歌乐山上漫山遍野红梅花儿盛开，好似表达着对革命者凌霜傲雪、无惧牺牲、英勇斗争的礼赞。

初 心 激 响

　　我是重庆中国三峡博物馆的讲解员甘雅娴，出生于1993年，今年28岁。从小时候起，就听长辈们给我们讲江姐的故事，她那种面对酷刑不畏生死的勇气深深地震撼了我，那种为了共产主义事业随时牺牲的信念，也深深感染了我。工作后，每当我在展厅当中跟游客们讲起这些红色英烈的革命故事时，我都会一次又一次被他们的感人事迹所感动。我们要更加珍惜现在来之不易的幸福生活，要加倍努力工作，牢记使命，把祖国建设得更加美丽富强。

中华人民共和国第一面国旗

馆藏：中国国家博物馆

时间：1949年

音频内容二维码

那些你不知道的国旗设计
新中国第一面五星红旗的故事

讲述人：

王松楠 中国国家博物馆讲解员

用声音刻录百年记忆，我是革命文物讲述人、中国国家博物馆讲解员王松楠。

我要讲述的这件文物，是开国大典时毛泽东主席升起的中华人民共和国第一面国旗。这面国旗长460厘米，高338厘米，是由5幅红绸拼接缝制而成的，5颗黄五角星由黄缎制成。历经数十载，国旗的边角和旗裤已略有残破，旗面也稍有褪色，可它在人们心中却永远鲜艳夺目。

我们仔细看这面国旗，红色旗面上一颗大星位于左边，四颗小星位于右边环绕着大星，每颗小星均有一个角尖正对大星，象征着全国各族人民大团结。这样的设计思路从何而来呢？

1949年7月的一天，一则题为《新政治协商会议筹备会为征求国旗国徽图案及国歌辞谱启事》的消息刊登在《人民日报》《北平解放报》《光明日报》等各大报纸上，其中明确提出了国旗的设计要求。

> 启事片段：
>
> 国旗，应注意：（甲）中国特征（如地理、民族、历史、文化等）；（乙）政权特征（工人阶级领导的以工农联盟为基础的人民民主专政）；（丙）形式为长方形，长阔三与二之比，以庄严简洁为主；（丁）色彩以红色为主，可用其他配色。

征稿的消息很快引起上海一名普通职员曾联松的注意。他擅长书画，也懂得几何构图。怀着对新中国的热爱，曾联松决定试一试。

7月的上海，酷热难耐。曾联松在结束了一天的工作后，就一头钻进自家阁楼，沉浸在国旗的设计中，几乎到了茶饭不思的地步。对于非专业人士来说，国旗的设计并非易事。简陋闷热的斗室里，时常堆满了废稿和剪碎的彩纸。功夫不负有心人，设计灵感就在不经意间来了。曾联松的侄子曾浙一回忆说："偶然的机会，晚上散步，（他）仰望天空看到星星，那个时候正好想到共产党是人民的大救星。按照毛泽东同志当时4个阶级的理论，4颗小星围绕大星，就那么设计出来了。"

有了灵感后，曾联松用红黄两色的电光纸剪贴、排布好了国旗图案，将设计图稿小心翼翼地装进信封，投递给了新政协筹备会。

曾联松在《我是怎样设计五星红旗的》自述文章中写道：

> 有人问我，为什么能够热情洋溢地设计国旗？我唯有一句话相告：我爱中国！想到新中国即将诞生，情难自已，遂满怀激情响应号召，不计工拙，投入国旗图案的设计，以表达我对党、对祖国的一片赤忱仰慕之情。

此时，新政协筹备会收到了来自国内外的国旗应征稿件1920件，图案2992幅，投稿者中有艺术家、政治家，还有普通教师、工人、军人、农民。

这种把国旗交给人民设计的做法，史无前例，也体现着中国共产党建设人民当家作主的新中国的决心和气魄。

> 国旗教育馆馆长　王丛伟：这是新中国有别于旧中国的一个典型例子，也是一个新起点。从此之后，坚持人民当家作主，发展人民民主，密切联系群众，紧紧依靠人民推动国家发展，成为我国国家制度和国家治理体系的一大显著优势。

经过多次讨论、层层遴选，曾联松设计的图案脱颖而出。随后，筹备会审议时，将原设计稿里大五角星中的镰刀和锤子去掉，使国旗图案更加庄严简洁。

1949年9月，在中国人民政治协商会议第一届全体会议上，代表们举手表决，确定中华人民共和国的国旗为五星红旗。

国旗方案公布后，距开国大典仅剩不到4天时间。这么短时间内，要将设计图纸上的国旗，变成飘扬在广场上空的旗帜，这个任务，由谁来完成呢？

9月29日上午，在国营永茂实业公司工作的宋树信，接到北京市委下达的制作国旗任务。在跑遍了多家布料店后，他终于在大栅栏的瑞蚨祥找到面料、颜色和质地都适合做旗面的红绸，以及做五角星用的黄绸缎。

找到面料后，宋树信一刻不敢耽搁，拿到缝纫社跟工人们一起连夜缝制国旗。细心的人们会发现，国旗上隐约能看见拼接缝的痕迹。

就这样，历时一天一夜，9月30日下午1点，长460厘米、高338厘米的新中国第一面国旗诞生了。

1949年10月1日，广播中预告了天安门广场即将举行开国盛典的消息。当天下午，随着毛泽东缓步迈上天安门城楼，广场上30万群众在静静等待一个历史性的时刻。

伴着激昂高亢的《义勇军进行曲》旋律和54门礼炮齐鸣28响，毛主席按动电钮，新中国第一面五星红旗在天安门广场冉冉升起，宣告了中华人民共和国自此屹立于世界东方。

五星红旗迎风飘扬，胜利歌声多么响亮。鲜艳的五星红旗见证了中国历史新篇章的开端，它也将继续见证中华民族的伟大复兴。

初心激响

　　我是中国国家博物馆讲解员仲斯琦，出生于1999年。五星红旗是中华人民共和国的象征和标志，它承载着所有中国人的骄傲和自豪。每一个神圣庄严的时刻，国旗伴随着国歌冉冉升起的时候，都激发出每一位中国人最炽热鲜明的爱国情愫。每次看到来自全国各地的观众在新中国第一面国旗前驻足观看、认真聆听其中的故事，我都感慨，国旗传递出的共鸣和情感，自始至终未变。

宋庆龄《向中国共产党致敬》手稿

馆藏：上海宋庆龄故居纪念馆

时间：1949年

音频内容二维码

最诚挚的敬意
宋庆龄《向中国共产党致敬》手稿

讲述人：

胡文阁 京剧演员，梅葆玖亲传弟子、梅派第三代传人，国家一级演员

用声音刻录百年记忆，我是革命文物讲述人、京剧演员胡文阁。

我讲述的文物是宋庆龄《向中国共产党致敬》手稿。它曾以"宋庆龄祝词"为标题全文发表在1949年7月2日的《人民日报》上，现在原件收藏于上海宋庆龄故居纪念馆。

1949年6月30日，中共中央华东局、中共上海市委在上海召开了"庆祝中国共产党成立28周年大会"，宋庆龄应邀出席，并在会上发表了题为《向中国共产党致敬》的祝词。

> 《向中国共产党致敬》节选：
>
> 欢迎我们的领导者——这诞生在上海、生长在江西的丛山里、在二万五千里长征的艰难困苦中百炼成钢、在农村的泥土里成熟的领导者。向中国共产党致敬！

在上海淮海中路1843号，有一幢红瓦白墙的欧式小洋楼。1949年春，宋庆龄迁居到这里，并亲切地称呼这里是"可爱的家"。在这栋寓所，她迎来了上海的解放。

随着解放战争的胜利推进，成立民主联合政府的条件已经成熟。丈夫孙中山逝世后，宋庆龄始终坚定地和中国人民、中国共产党站在一起。毛泽东非常重视邀请她北上参加新政权一事。

1949年6月19日，毛泽东欣然提笔写了一封信，邀请宋庆龄北上。

邓颖超带着这份分量极重的亲笔信，以中共中央代表的身份离开北平，南下上海迎接宋庆龄。

这时，上海解放刚一个多月，恰逢中国共产党成立28周年之际，邓颖超和陈毅等专门邀请宋庆龄参加庆祝大会。上海宋庆龄故居纪念馆馆长邵莉说，由于当时宋庆龄是抱病出席，所以才由邓颖超代为宣读她的祝词。

> 邵莉：这篇祝词最初是用英文撰写而成的自由诗。宋庆龄曾将英文手稿交给擅长文学的柳亚子之女柳无垢，请她立即翻译成中文。柳无垢送来中文翻译稿后，宋庆龄亲笔誊写了一份。庆祝大会上，当宋庆龄在邓颖超和廖梦醒的陪同下进入会场时，四周响起了一片热烈的掌声，欢迎这位始终站在人民立场、坚定不移地支持中国共产党的孙中山夫人。

> 《向中国共产党致敬》节选：
> 这是大地上的新光明。自由诞生了，它的温暖和光辉流传照耀到每一个为反动势力所笼罩的黑暗的角落。向人民的自由致敬！

宋庆龄的祝词发表后，全场掌声雷动、经久不息。

在祝词中，宋庆龄以散文诗的形式，用六个"致敬"、一个"万岁"表达了她对人民的胜利、对中国共产党领导革命事业的由衷喜悦。

就在发表《向中国共产党致敬》当日，宋庆龄决定接受毛泽东、周恩来的邀请，离沪北上。

8月28日这天，毛泽东穿上了那套只有重大活动才拿出来穿的浅色礼服，与手拿鲜花和彩旗的欢迎人群一起，到前门火车站，迎来了宋庆龄。

1949年9月，宋庆龄作为特邀代表出席中国人民政治协商会议，并当选为中央人民政府副主席。此后，她坚定不移地投入党和人民事业，贡献着智慧与力量。

1952年10月，在宋庆龄与郭沫若等发起的"亚洲及太平洋区域和平会议"上，她以极具感染力的演讲打动了在场的中外代表。

> 宋庆龄：这次会议是一个伟大的、具有史诗意义的事件，它给予我们一个机会，使我们能够在历史的紧要关头，完成一个绝对重要的任务。世界各地的人民都热切地期待着我们为和平事业筹划的结果。

> 时任翻译鲁平回忆：她那时候威望真高，美国、拉丁美洲、加拿大都有代表团来，对她非常尊敬。她在会上讲话很漂亮，一讲话，下面就经久不息地鼓掌。

1981年5月29日，宋庆龄因病在北京寓所逝世。中共中央、全国人大、国务院为她立碑铭文以表纪念。她为国家和人民所建树的丰功伟绩，将永载史册。

初 心 激 响

我是上海宋庆龄故居纪念馆讲解员高雨寒，出生于1994年。通过讲述宋庆龄先生《向中国共产党致敬》手稿，我更深刻地感受到如今硕果的得来不易。从先生热情洋溢的文字中，我体会到革命的胜利、人民的自由、民族的解放离不开代表人民、爱护人民、为人民谋幸福的中国共产党的领导，党"全心全意为人民服务"的宗旨也将成为我人生路上的引路明灯。

第四篇

信心

艰苦创业

《庆祝中华人民共和国中央人民政府成立典礼程序》

馆藏：中央档案馆

时间：1949年

音频内容二维码

日出东方
开国大典的珍贵档案

讲述人：

翟万臣 演员，参演电视剧《人民的名义》《绝地刀锋》《誓言无声》等

用声音刻录百年记忆，我是革命文物讲述人、演员翟万臣。

我讲述的文物，是现存于中央档案馆的《庆祝中华人民共和国中央人民政府成立典礼程序》。这份发布于1949年10月1日、新中国成立当天的文件，如今页面已经泛黄，内页以竖体字详细记录着开国大典的全部流程和受阅部队的基本情况。

今天，让我们再次翻开这份曾见证了历史新纪元的珍贵档案，透过无声的铅字，回到那举国欢歌的盛典前夕。此刻，筹备正在紧锣密鼓地进行着。

1949年6月，中国人民政治协商会议筹备会第一次全体会议在北平召开，举行开国大典被正式提上日程。由周恩来担任主任的开国大典筹备委员会迅速拿出具体方案，"政府成立典礼"、"人民解放军阅兵仪式"和"群众游行活动"这三项主要内容很快确定下来。但是，庆典安排在哪里举行？却迟迟未决。

> 《聂荣臻、薄一波关于抽调部队参加阅兵请示》节选：
> 根据北平地形，对检阅地点，拟定以下两个方案：第一方案，在城里天安门举行；第二方案，在西苑飞机场检阅及行分列式。

8月中旬，一份由阅兵总指挥聂荣臻和华北军区政治委员薄一波联名拟定的请示，被呈递在周恩来的办公桌上。天安门广场和5个月前中共中央抵达北平时曾举行过阅兵的西苑机场，成为备选场地。北京古都学会影像专业委员会副

会长闫树军分析，两个方案各有利弊。

闫树军：西苑机场相当于有一次预演了，但是它是没有
检阅台的。1949年，我们在物质各个方面条件非常困难的情
况下，要搭建一个主席台还是很费力的。市民们要全部从城
里边赶到机场，也有很大的困难。天安门城楼是一个天然的
大检阅台，它也有弊端，会阻碍当时城市的交通。

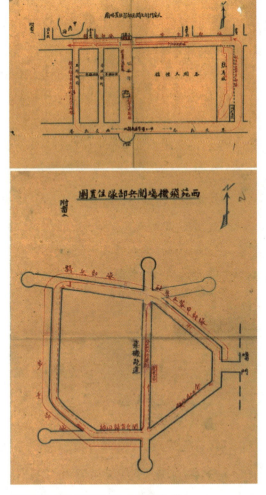

两种备选方案示意图（中央档案馆 供）

整整17天，这个问题一直萦绕在周恩来的脑海。反复权衡后，他慎重地写下了批示："地点以天安门前为好。"其中一个重要考虑就是，天安门，这座封建时期重要的标志性建筑，要被新中国赋予全新的时代意义。

当时的天安门城楼，残砖断瓦、杂草丛生；广场上坑洼不平、污水淤积。北平各界干部群众以极大的热情投入整修的义务劳动中，场面热火朝天。

1949年9月11日《人民日报》报道节选：

在欢乐的锣鼓声中，几千双手愉快地举起锄头、锹、镐，挖松了泥土，拉起了石头，拔出了青草。尘土在飞扬，歌声在飘荡，抬土的人用赛跑的速度在飞奔。

9月底，整修工程胜利完工。朱漆红柱粉刷一新，青石路修补完整，金水河清流潺潺，毛泽东的巨幅画像神采奕奕。古老的天安门城楼重现恢宏的气势，与欢天喜地的人们一道，迎接这即将载入史册的伟大时刻。

10月1日下午2点55分左右，当刚刚结束了中华人民共和国中央人民政府委员会第一次会议的毛泽东等国家领导人登上城楼时，欢呼声与掌声如山呼海啸，经久不息。

3点整，中央人民政府委员会秘书长林伯渠宣布大会开始。毛泽东走向专为典礼制作的、焊有九只喇叭的大型扩音器前，环视广场，庄严宣告："同胞们，中华人民共和国中央人民政府今天成立了！"

随后，毛泽东按动电钮，伴随着《义勇军进行曲》，五星红旗在天安门广场冉冉升起。

54门礼炮齐鸣28响，象征着中国共产党领导各族人民浴血奋斗的28年艰难历程。之后，毛泽东向全世界宣读《中华人民共和国中央人民政府公告》，全场肃立聆听，鸦雀无声。

播音员齐越实况转播：各位听众，阅兵典礼就要开始了！现在朱总司令离开了阅兵台，坐着汽车经过五座桥到了桥的南面。现在阅兵总指挥聂荣臻坐着汽车迎接朱总司令，向朱总司令报告。北京受检阅的陆军部队和海军、空军代表部队都准备完毕，请总司令检阅。

阅兵仪式开始，火红的"八一"军旗第一次展现在全国人民面前，引领方阵由东向西行进。新组建的人民海军方阵第一个通过，随后是步兵部队、炮兵部队、战车部队……不久前还在硝烟中冲锋的16400名指战员，经过两个月高强度的训练，以昂扬的姿态，走进了天安门广场。

炮声隆隆，铁流滚滚。在地面战车师驶入天安门广场的同时，人民空军17架战机，分两批以不到1000米的高度飞过天安门上空，分列式达到高潮。这其中，更有一个绝密的安排：为了庆典期间对空防御的需要，受阅战机中的四架，是带弹飞行的。

低空带弹飞过天安门广场，涉及数十万人民群众生命安全，对飞行员是巨大的挑战。危险面前，受阅的所有飞行员都写下了这样的生死状："我参加检阅，一旦飞机出现故障，宁愿献出生命，也不让飞机落在城内、掉在广场和附近的建筑物上。"

分列式结束，已是傍晚6点，声势浩大的群众游行开始了。红旗飞扬，歌声与欢呼声如海潮般汹涌；天空中星光与礼花交织，像无数盏明灯，点亮新中国前行的道路。一片灯海之中，一架巨大的纸做的"飞机灯"尤为特别，这是出自当时19岁的程不时和清华大学航空工程系的同学们之手。这架纸飞机的结构不是按一般灯笼制作的，而是拆了吊扇作螺旋桨，还在飞机翼尖和机尾装上了红绿白灯，在某种程度上体现了飞机的实际构造。"飞机灯"由一辆推车载着，在天安门前的灯海中大放异彩。

闫树军：要怎么为新的国家做出我们青年学生的一个东西来？程不时立志为我们中国造自己的飞机，而最终我们国家基本上最先进的飞机都是他主研发的。开国大典激发了那一代人的奋斗精神，那一瞬间对才智的激发和志向的确立的影响是巨大的。

这一天，神州大地、沧海桑田、换了人间；这一天，民族独立、人民解放、百年梦圆。中国共产党带领中国人民，以坚定的步伐，踏上了从站起来、富起来到强起来的伟大新征程。

初心激响

　　我是中央档案馆讲解员孙悦，出生于 1995 年。年轻一代的我们，虽然没有亲历开国大典那激动人心的辉煌时刻，但每每看到当时留下的一份份文件档案，总能让我心潮澎湃。我想，讲好这段历史，是我义不容辞的责任，这是先辈们用生命和鲜血换来的光明，更应当成为激励我们后辈不懈奋斗的动力源泉。

邓稼先领导研制中国第一颗原子弹时使用的手摇计算机

馆藏：中国国家博物馆

时间：1950年

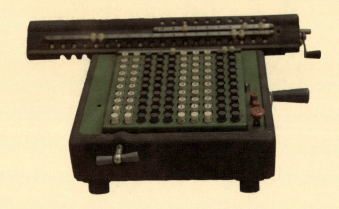

邓稼先的"秘密武器"

见证中国第一颗原子弹的计算机

讲述人：

许 进 "两弹元勋"邓稼先妻子许鹿希的侄子

用声音刻录百年记忆，我是革命文物讲述人、"两弹一星"元勋邓稼先的妻侄许进。

我讲述的文物是邓稼先领导研制中国第一颗原子弹时使用的手摇计算机。这台深灰色的手摇计算机，乍一看像一部老式按键电话，表面上是黑白相间十横十纵写着阿拉伯数字的按钮；只能进行加减乘除、平方数、立方数、开平方运算，但它曾陪伴我的姑父邓稼先多年，见证了中国独立研制核武器的第一步。

1950年6月，朝鲜内战爆发。面对美国的核威胁，当年5月19日，毛泽东主席亲自批准在北京成立中国科学院近代物理研究所，这是新中国第一个核科学研究机构。

> 中国国家博物馆藏品保管部 李琮：毛泽东曾再三强调，
> 中国不但要有更多的飞机和大炮，还要有原子弹。在今天这
> 个世界上，我们要不受人家欺负，就不能没有这个东西。

1958年8月的一天，时任负责研制核武器的二机部副部长、中国科学院近代物理研究所所长的钱三强先生对一个34岁的年轻人说："中国要放一个大炮仗，要叫你去参加这项工作。"这句话一说出来，年轻人立刻就明白了，这个大炮仗就是原子弹！而这句话也开启了他长达28年隐姓埋名的生活。这个年轻人就是姑父邓稼先。

姑父邓稼先1924年出生于安徽怀宁县一个书香门第家庭。1941年，满怀

抗日救国的热情，邓稼先考入西南联大物理系。1950年，在美国获得博士学位后的第9天，他毅然回国，兑现了自己的诺言：将来祖国建设需要人，我学成后一定回来。

他成为钱三强选中的原子弹理论设计负责人后，守着秘密，夜里在床上翻来覆去睡不着。然后他突然坐起来对身旁的妻子——我的姑姑许鹿希轻轻地说："希希，我要调动工作了。"

> 许鹿希：我问他到哪儿去，他说不能说；我说去干什么，也不能说。我说你到了那地方把信箱的号码给我，我给你写信，他说不能写信不能通信，这个家以后都靠你了，我的生命就献给将来要做的这些工作了。他这句话说得非常坚决，他说如果做好了这件事，他这一辈子就活得很值得，为它死了也值得。

将一生奉献给祖国的核事业，成为邓稼先不变的誓言。而他为此付出了常人难以想象的艰辛。

1959年6月20日，苏联政府背信弃义，中断了向中国提供原子弹教学模型和图纸资料，撤回所有的专家。这给中国原子弹的研制工作造成巨大困难。毛主席说，我们可以自己试一试。

当年，美国第一颗原子弹的科研队伍里，至少有14位诺贝尔奖得主，而姑父邓稼先所带领的团队只是一群刚毕业的大学生，很多人的核知识是零，于是姑父决定边学边教。邓稼先的同事周光召回忆："我们国家的原子弹、氢弹是在非常困难的条件下开始研制的。有些外国人看不起我们，说中国人没有能力，没有条件，再过10年也做不出原子弹来。"

多年以后，姑姑许鹿希对我说，这段时间姑父邓稼先非常沉默。即便有时候在家里说起有趣的事，他开怀大笑时也会突然中断，感觉他整个人被分成了两半，工作那一半永远在运转，即使放松下来，也只是短暂的一瞬间。

姑父邓稼先很喜欢音乐，尤其在思考问题时，他最喜欢听的就是贝多芬的田园交响曲。但有一天姑姑突然发现他听的曲子不一样了，变成了《贝多芬第五交响曲》。

震撼人心的音符不断从唱机里传出来。直到多年后，姑姑才知道，正是在这一天，姑父邓稼先找到了中国原子弹的主攻方向。

> 李琮：邓稼先选中了中子物理、流体力学和高温高压下的物理性质，这三个方面作为研制我国第一颗原子弹的主攻方向。

仅找到了方向远远不够，美国氢弹之父特勒曾经说过，在研制原子弹氢弹中，有一座不可逾越的计算高山。当年美国研制原子弹时拥有世界上最先进的计算机，相比之下，中国的研究设备极其原始简陋——几台简易的手摇计算机、计算尺甚至算盘都成了宝贝，姑父就抱着这些"宝贝"一遍又一遍演算。"手摇计算机是一个机械装置，把数据输入进去之后，用手摇算出结果。用很原始的手摇计算机进行最现代的理论计算，在当时这种景象是长时间维持的。"李琮说。

当年苏联专家撤走时曾留下一个技术参数，令人意想不到的是，原以为是助力的参数，却给姑父邓稼先他们带来了巨大的麻烦。为了验证这个参数，姑父带领理论小组开启了攻关。曾任中国工程物理研究院办公室主任的胡干达回忆起那段岁月，感慨不已："晚上就睡地板，盖个黄大衣，24小时一直干，真是不容易。开始理论探索的时候，九所在这方面克服了很多困难。"

一个内容要进行九次运算，每算一遍，要有几万个网点，每个网点要解五六个方程，手摇计算机"哒哒"的敲击键盘声见证着科学家们夜以继日上万次的方程式推算。斗转星移，历时9个多月时间，他们用来装草稿纸和计算机打孔纸带的大麻袋一直堆到屋顶上。对于这段往事，曾任中国工程物理研究院院长的胡思德至今记忆深刻："我们要算一个模型，上万个数据，因为这种计算方法算的话，一个错，就可能会'传染'，一下子把错误带到里头来，整个计算就全都作废了。"

经过大家对每一个数值反复计算核对后，确定了姑父邓稼先带领的理论部得出的参数才是准确的，苏联专家给的数据是错误的，扫清了中国自行设计原子弹道路上的"拦路虎"。后来著名数学家华罗庚对这次演算评价为：这是集世界数学难题之大成。

1961年，经过整整三年，中国科学家凭借着手摇计算机这种最基本的运算工具，对原子弹爆炸时的物理过程进行了无数次模拟计算和分析，基本绘就出原子弹设计蓝图。而这一切完全是中国人自己摸索出来的。

1964年10月16日，茫茫戈壁滩上一声巨响，巨大的蘑菇云腾空而起。中国第一颗原子弹爆炸成功。

三年之后，我国的第一颗氢弹也爆炸成功。然而，由于长期研究核武器，姑父邓稼先不幸患上了直肠癌，即便如此，他依旧奋战在一线，直到身体条件不允许他再工作。28年隐姓埋名铸就与核事业半生情缘，在他生命的最后一个月，人们才从报纸上将原子弹与"邓稼先"这个名字挂上钩。从医数十年的姑姑眼睁睁地看着鲜血从姑父邓稼先的鼻子、嘴里流出来，却无能为力。每每说到这段往事，姑姑总是未语泪先流："我老扶着他，当时他站起来非常不容易，药的效果不能维持他老站着或老坐着，他一共在301医院住了363天，一年是365天，差两天（不到一年），他就去世了。"

中国第一颗原子弹爆炸成功（许进 供）

晚年的邓稼先与许鹿希（许进 供）

在姑父的最后一刻，他深情地对姑姑说："如果有来生，我还会选择中国，选择核事业，也选择你。"

★ 初 心 激 响

我是中国国家博物馆讲解员牟笑彤，出生于 1996 年。邓稼先领导研制中国第一颗原子弹时使用的手摇计算机，看起来比今天的电脑笨重许多。但在讲解这件文物的过程中，我一次又一次重新感受着那些激荡人心的时刻，我相信这种永不磨灭的"两弹一星"精神具有穿过岁月、透过空间，历久弥新的力量！

文 物 展 示 ————————

从上甘岭带回的树干

馆藏：中国人民革命军事博物馆

时间：1952年

音频内容二维码

弹痕累累的树干
打不下来的上甘岭

讲述人：

王志飞 演员，代表作有《突出重围》《大秦帝国》《古田军号》等

用声音刻录百年记忆，我是革命文物讲述人、演员王志飞。

我要讲述的文物是从上甘岭阵地上带回的枯树干，它们存放在中国人民革命军事博物馆中。仔细看，这些树干上弹痕累累，嵌满了弹片。这些来自北纬38度山岭上、枯死的树干像是在无声述说，69年前的那场战役是多么的惨烈。

1952年10月14日凌晨3点30分，抗美援朝最激烈的战役——上甘岭战役打响了。这场战役的策动者，是美国第八集团军司令詹姆斯·范弗里特。这里我要告诉你军事界的一个专有名词：范弗里特弹药量。它是什么意思呢？范弗里特这样解释道：

> 我要留下无数个炮兵的弹坑，以致能让人连着从一个弹坑跳到另一个弹坑里。这没有拔高，我是认真的！

于是，一场原本小规模的攻防战演变成炮兵火力密度超过二战最高水平的著名战役。仅一天，以美国为首的所谓"联合国军"就向上甘岭两个高地发射炮弹30多万发，投炸弹500枚。请你想象，两个只有3.7平方公里的小山头完全被削平，被鲜血浸透。

整个上甘岭战役，天空中没有出现过一架我们的飞机，我方坦克也没有参战记录。我方火炮最多的时候，不过是敌方的四分之一，以美国为首的所谓"联合国军"总共发射了190多万发炮弹、5000多枚航弹……无穷无尽的炮弹

一天又一天、一遍又一遍地砸向阵地，所有土地都被翻了一遍，所有的树木都被削光，所有的表面工事都荡然无存。

美国人至今想不通，上甘岭为什么就是打不下来？他们不知道，那两个小小的山头，是志愿军战士用自己的身体和性命保护下来的。

在残酷的战场上，志愿军战士英勇斗争的故事震撼人心。24岁的营部电话班副班长牛保才顶着炮火接电话线时，不幸被弹片打断了右腿。担架员看见他拖着断腿消失在漫天的炮火中。电话通了！但只通了3分钟！

指挥所抓住这宝贵的3分钟，下达紧急作战命令。可当战友发现牺牲的牛保才时，他右手还捏着剥去胶皮的铜线，嘴里咬着另一个线头。原来，他是让电流通过自己的躯体，用生命接通的这3分钟的电话。

> 国防大学教授 夏一东：上甘岭战役中，涌现出以黄继光为代表的一大批战斗英雄。光十五军立各种战功成为战斗英雄的就有12000人，并且涌现出英雄集体200多个。

几年后，拍摄电影《上甘岭》的摄制组来到上甘岭，他们看见光秃秃的山上，没有一棵树，从地上随手抓起一把土就数出了32粒弹片，一截不到1米的树干上嵌进了100多个弹头和弹片。在中国人民革命军事博物馆中珍藏的这几截分别长1.93米、1.42米和0.7米的树干，正是仅存的几根树干。中国人民革命军事博物馆副馆长刘中刚知道它们的来历：它们都是志愿军战士在撤离阵地，或者是后来回访的时候搬下来的，作为留存的纪念。

电影《上甘岭》拍摄完，还未在全国放映，影片插曲《我的祖国》就在录制完第二天，经中央人民广播电台的电波传向全国。"一条大河波浪宽，风吹稻花香两岸"，这首歌的曲调并不那么硬朗有力，它没有直接描写战争的残酷，而是歌颂了山河壮美的祖国和勤劳质朴的人民，唱出了志愿军战士对祖国、对家乡的无限热爱，这才是他们拼死保家卫国的意义所在。

1986年，朝鲜出版的比例尺为五百万分之一的国家地图上，找不到海拔1061.7米的五圣山，却标出了上甘岭。也许因为，这里就是历史的崇山峻岭！

初心激响

　　我是抗美援朝纪念馆讲解员裴亚男，出生于1992年。抗美援朝纪念馆位于辽宁丹东鸭绿江畔的英华山上，与朝鲜民主主义人民共和国的新义州市隔江相望。什么是伟大的上甘岭精神？那就是为了祖国、为了人民、为了胜利的奉献精神，不屈不挠、团结战斗、战胜困难的拼搏精神，英勇顽强、坚决斗争、血战到底的胜利精神。作为"90后"讲解员，我们应该传承好红色精神，赓续共产党人的精神血脉！

文 物 展 示 ————————

毛主席亲笔题词的一汽奠基汉白玉基石

馆藏：中国国家博物馆

时间：1953年

新中国汽车的奠基石

第一辆国产汽车的诞生

讲述人：

王晓巍 长春电影译制片厂厂长、配音演员、译制导演，曾为"神偷奶爸"系列等多部译制片配音

用声音刻录百年记忆，我是革命文物讲述人、配音演员王晓巍。

我讲述的文物是一块由汉白玉制成的奠基石，长2米，宽1米，上面刻有毛主席题写的"第一汽车制造厂奠基纪念"的字样。这是1953年7月，第一汽车制造厂在长春孟家屯附近举行奠基典礼时的奠基石，它的原件有两件：一件在建厂奠基时被埋在了地下，另一件则被中国国家博物馆收藏。68年来，奠基石见证了新中国汽车产业从无到有的光辉历程，也记录了那段中国人民自力更生、艰苦奋斗的激情岁月。

新中国成立之初，一穷二白，百废待兴。1949年12月，毛泽东主席启程前往苏联，在斯大林汽车厂，看着流水线上鱼贯而出的汽车，当即对随行人员说："我们也要有这样的汽车厂！"两个月后，中国和苏联签订《中苏友好同盟互助条约》，商定由苏联援助中国建设第一个载重汽车厂。

建厂遇到的第一个难题就是，我国幅员辽阔，厂址设在哪里合适呢？原中国汽车工业总公司总工程师陈祖涛回忆："要在5个省32个县的范围里内选，这是一个特大项目，所以要靠近苏联，最后就定在了东北。"

1953年6月，毛主席签发《中共中央关于力争三年建设长春汽车厂的指示》，建设一汽被列入了第一个五年计划。

6月下旬，周恩来总理向毛主席报告了汽车厂即将动工兴建的消息，并请毛主席为汽车厂奠基题词。毛主席听后，挥毫写下了"第一汽车制造厂奠基纪念"这十一个遒劲有力的大字。

7月15日，天空澄碧，纤云不染。长春西南郊的荒地上站满了翘首期盼的年轻人，他们热切期望着，见证我们中国人自己的汽车工业的诞生。

上午9点，奠基典礼准时开场，刻有毛主席亲笔题词的汉白玉基石被郑重地抬进了会场。

时任中共中央东北局第一副书记、东北行政委员会第一副主席林枫和首任汽车厂厂长饶斌等人一起挥锹铲土，埋下基石。

在来自全国28个省、市、自治区的万名建设者的鼓掌欢呼声中，中国汽车工业正式开篇。

当年流行的《工地夜歌》，生动地描绘了工地上夜以继日的景象："钢架上燃烧着电焊的火花，工地上悬挂着万盏明灯。"规模宏大的汽车厂共有106项工程规划，建设者们把工地当作战场，争分夺秒赶进度，哪怕是在零下二三十度的冬天。

一汽档案馆馆长冷永昆说，那些南方来的战士们面临的考验更为严峻。

> 冷永昆：他们冒着三九天刺骨的寒风，爬上30多米的高空，绑扎钢筋，浇灌混凝土。为了工作方便，不得不脱去棉手套，手一接触钢筋，有时就会粘去一层皮。手指头冻得裂了大口子，他们就用胶布粘起来，咬咬牙，继续干。庞大的吊车冻得不能发动，吊车司机就半夜起来，用炭火烤吊车。

就这样，仅三年的时间，新中国第一个汽车厂顺利建成。1956年7月13日，总装线上装配出第一辆国产载重汽车。这辆汽车有一个响亮的牌子——"解放"，这是毛主席亲自命名的，车牌也采用的是他的手写体。"解放"汽车不仅结束了中国人不能制造汽车的历史，也是绝无仅有的由党和国家领导人亲自命名的品牌，它表达了人民的心声，更是"共和国长子"一汽人的殊荣。

这批解放牌汽车被命名为CA10，C代表中国也代表长春，A是第一的意思。曾经参与首批解放牌汽车下线仪式的司机于丰年说，这样的荣光，终生难忘。

成千上万的群众站在道路两旁，争先恐后目睹国产汽车的风采。人们不断向车队抛撒五彩缤纷的纸花，没有纸花的就拿出高粱、苞米撒向汽车。由于围观群众太多，参加仪式的12辆解放牌卡车只能在人群中一点点挪着往前走。

> 于丰年：我前面车脚踏板上坐了个老太太，我说，"大娘这不行，太危险了"。（大娘说）那不行，我哪国车都坐过，就中国车我没坐过，我得坐一坐。坐中国车的人都感到这么自豪，我开中国车的（更自豪），后来很长时间都忘不了这个事。

近70载岁月沧桑巨变，中国汽车工业从无到有，再到一跃成为全球第一产销大国，每一辆车驶过的车辙都浓缩成了历史的节点，记录着建设者们越是艰难困苦，越是迎难而上的无畏精神；而那块2米长的奠基石也将永久地载入史册，融入民族汽车工业蓬勃发展的壮丽华章。

初心激响

我是中国一汽展馆讲解员于卉。通过这块奠基石，我们能看到一汽人艰苦奋斗、自信自强的拼搏精神，将与生俱来的红色血脉，融入推动民族汽车工业发展壮大的潮流。在未来的日子里，我要继续讲好一汽创业发展的故事，为一汽的发展贡献自己的一份力量。

中国人民解放军已胜利地完成了解放中国大陆的伟大事业。中华人民志愿军与朝鲜人民军并肩作战，挫败了美帝国主义的侵略计划，把他们赶过三八线，打回到三八线。抗美援朝、土地改革、镇压反革命三大革命运动取得了伟大的胜利。物价保持了稳定。工农业生产得了张大的恢复。反对贪污、反对浪费、反对官僚主义的爱国革命运动，正在全国范围内，以空前巨大的规模开展着。全国军民在中国共产党领导之下，英勇奋斗所获得的近一切胜利，为我们组织的国防建设和经济建设铺平了道路，为建立一个独立、自由、繁荣、富强的新中国奠定了基础。

但是应该看来，满足于已得的胜利，我们还是在巩固胜利，贫困胜利，向恶门受敌底解放。中国民族和人民要敢底解放，必须实现国家工业化，而我们已作了的工作，让只是向这个方向开始了第一步。同志们要知道，在新民主主义建设中，巩固国防的建设中，内外的敌人会千方百计地进行破坏和抵抗，我们还必须大力加强国防建设，巩固人民民主专政，以及将过到国防的建设中，而保卫着工农业生产，又是加强国防建设的物质基础。同志们要知道，胜利了的中国对东方和世界和平的责任，而要好地担来像伟大的保卫东方和世界和平的责任。要按照我们对祖国建设的努力。

我们人民解放军在中国共产党领导之下，从创起之日起，就从有高度的爱国主义和国际主义精神，本着全心全意为人民服务的宗旨，英勇奋斗，艰苦奋斗。今天，我们人民解放军，将在已有的胜利基础上，站在国防的最前线，经济建设的最前线，搞好全国人民，为现立、自由、繁荣、富强的新中国而最精打。

为此目的，除各特种兵和大部分陆军，必须继续加强正规化、现代化的训练，努力收复了些计划、保卫国国防外，我们批准中国人民解放军××军××师转为中国人民解放军××××，制的收复计划，現场地站在自己的战斗岗位上，成就有熟练技术的建设突疑家。你们以英雄的榜样，为全国人民的，也就是为你们自己的，未来的幸福生活，在新的战线上奋门，并取得辉煌的胜利。你们现在可以把战斗的武器保存起来，拿起生产建设的武器，我将命令你们重新拿起战斗的武器，当祖国有事需要召唤你们的时候，那时你们将在生产建设的战线上旁，为全国人民的有高度组织性纪律性起带作用的战斗队。我相信你们将在生产建设的战线上旁，成就有熟练技术的建设突疑家。

此 令

主 席 毛泽东

人民革命军事委员会命令

一九五二年二月
北京
日

玉案

一道特殊的命令
新疆驻军集体转业之后

讲述人：

尼格买提 中央广播电视总台央视主持人

用声音刻录百年记忆，我是革命文物讲述人、主持人尼格买提。

我要讲述的这件文物是一道特殊的命令——1952年2月，毛泽东主席签署的《中央军委关于部队集体转业的命令》。此后，新疆10万驻军就地转业，掀起轰轰烈烈的大生产运动；进而组建为生产建设兵团，开创了新中国屯垦戍边的历史伟业。

如今，这道非军事内容的特殊命令保存在中国人民解放军档案馆。命令一共950字，竖行排版，左下角是毛泽东主席的亲笔签名。

事实上，拿起生产建设的武器，在人民解放军进军新疆的征途中就已谋划。

1949年10月，新疆和平解放后，改编自第三五九旅的第一野战军第二军步兵第五师，随王震将军"凯歌进新疆"。车辚辚，马萧萧，红旗猎猎，10万大军西出阳关，带着"南泥湾"的屯垦经验，奔赴苍茫的塔克拉玛干沙漠。

解放之初的新疆，满目疮痍，百废待兴。10多万驻疆部队远离家乡，缺粮少衣。无粮何以养军，无军何以守边？12月底，新疆军区规划：来年春，驻疆部队80%的人员要参加农业和手工业生产。随王震进疆的一野一兵团战士、新疆生产建设兵团原副政委李书卷回忆："部队到达酒泉的时候，就已经做了初步的生产准备。比如说：拾碎铜烂铁打造生产工具，坎土镘、镐头、镰刀……我们就已经做了一些准备。"

1952年，全国进入大规模经济建设时期。根据总参谋长聂荣臻"军队转为屯垦军"的建议，毛泽东签署《中央军委关于部队集体转业的命令》，要求人民解放军站在国防的最前线、经济建设的最前线。由此，驻疆部队中有10.5万人就地转业，成为生产部队。

1954年10月7日，经中央批准，这支生产部队整体转制，成立新疆生产建设兵团，新中国屯垦戍边大幕由此拉开。

天山脚下的石河子人民广场有一座人工拉犁垦荒的雕塑。兵团老军垦马太生说，那不是简单的艺术创作，而是第一代兵团人铸剑为犁、开垦荒原的真实写照。1958年冬，马太生所在的兵团第八师组织青年突击队，挺进人迹罕至的莫索湾，修渠引水，开发大农业。

> 马太生：零下50度，就那么冷。十字镐挖下去一个白印，一天最多能挖0.7立方土。我们都不住帐篷里了，把行李被子背出去搭在土方上头，实在累得不行了，在那上头闭闭眼睛睡3个小时，没有退路就拼命干。

在新疆两大沙漠边缘、边境沿线，20世纪60年代，兵团人开垦出1600万亩土地，建成100多个田陌连片、渠系纵横的人工绿洲。

这支共和国独有的垦荒队伍挺进天山南北，在建水库、开荒地、造良田的同时，还节衣缩食、积累资金建设了苇湖梁电厂、十月拖拉机厂、八一钢铁厂等大中型企业，填补了新疆现代工业的空白。李书卷回忆："麦粒煮熟就着盐巴、高粱窝头就着咸菜填肚子；大家割芦苇、搭草棚、住地窝子，但是没有人叫苦叫累。建工厂缺资金，战士们一年节约一套单军装，两年节省一套棉军装，节衣缩食建起了新疆第一批工厂企业。"

> 《年轻的城》节选：
> 它像一个拓荒者
> 全身都浴着阳光
> 面对着千里戈壁
> 两眼闪耀着希望

更像一个战士

革命的热情汹涌

只要一声号令

就向前猛打猛冲

《年轻的城》是著名诗人艾青为新疆生产建设兵团书写的赞歌。

李书卷：在边境一线守边、种地、放牧，一守就是几十年。正是有了兵团人献青春、献终身、献儿孙，才有了现在边防的巩固。

党的十八大以来，兵团加快从"屯垦戍边"向"建城戍边"转变，推动形成以城镇化为载体、新型工业化为主导、农业现代化为基础的发展格局。几代兵团人在戈壁滩上盖花园、建绿洲，已经规划建设了11座军垦新城和56个特色小镇。

面对沧海桑田、万千变化，新疆生产建设兵团原副政委张仲瀚曾挥毫泼墨：

十万大军进天山，且守边关且屯田。

塞外江南一样好，何须争入玉门关。

★ **初心激响**

我叫张楠，"90后"，现在是新疆兵团军垦博物馆讲解员，兵团第三代。每当我向中外游客讲解兵团人白手起家、艰苦创业，戈壁滩上盖花园、建绿洲；边境线上放牛羊守边防，支援地方经济社会发展，献青春献终身又献儿孙的事迹时，总是心潮澎湃，心生敬意。在新时代，我会继续向更多人讲述兵团故事，传承红色基因，传播红色文化。

陆海空三军联合作战第一号战斗命令

馆藏：中国人民革命军事博物馆

时间：1955年

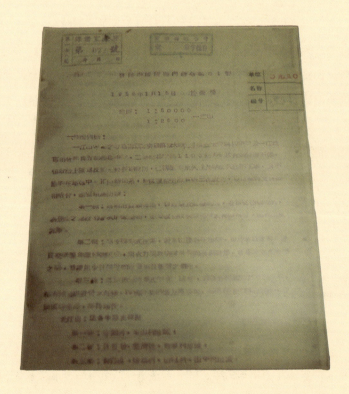

陆海空三军 1 号战斗令
新中国第一次三军联合出动

讲述人：

侯 勇 演员，代表作有《冲出亚马逊》《八月一日》《人民的名义》等

用声音刻录百年记忆，我是革命文物讲述人、演员侯勇。

我讲述的文物是中国人民解放军第一次陆海空三军联合作战第一号战斗命令，收藏于中国人民革命军事博物馆。这份60多年前的战斗命令，纸张已经泛黄，第一行最后的"第01号"，显示出它是中国人民解放军第一次陆海空三军联合作战之前，登陆指挥所发布的第一号战斗命令。

新中国成立之后，华东军区部队开始着手谋划收复被国民党军队占据的浙江东部沿海岛屿。台州以东的大陈岛是其中最重要的目标，但是要不要直接打大陈岛，意见不统一。当时担任华东军区参谋长的张爱萍后来回忆说："在确定首战目标的问题上，当年军区在开作战会议的时候曾经提出过三个方案：第一个方案是，多数人主张直取大陈岛；第二个方案是，一部分人建议先打敌人防御较弱的披山岛；第三个方案是，少数人提出首先夺取一江山岛。"

经过讨论，解放军决定先攻下大陈岛西北方向大约7海里的一江山岛。这里的守军只有大陈岛的十分之一，但是位置重要，相当于大陈岛和大陆之间的屏障。

要打海岛，离不开海军、空军。1949年4月23日，中国人民解放军海军成立，同年11月11日，中国人民解放军空军正式成立。

1954年7月中旬，中央军委命令华东军区：华东军区应于九、十月间，以空、海军轰炸大陈之敌，并以一部陆军部队攻占一江山岛。这意味着解放军将首次实行陆海空三军联合作战。

国防大学教授王志军介绍，攻岛的准备工作提前半年就开始了。在这之前，

解放军还没有过陆海空三军联合作战的经验，所以这一战对战前准备特别重视，成立了由张爱萍担任司令员兼政治委员的浙东前线指挥部，统一指挥。当年担任海军第五登陆大队大队长的卢辉说，最担心的是配合不好，自己打了自己。

> 卢辉：这个训练开始的时候，彼此都有一点害怕，炮兵怕空军轰炸到自己的船，空军又怕炮兵打了自己的飞机。

一江山岛分为北一江山和南一江山两个岛，总面积不到两平方公里。解放军特意找了地形类似的岛，秘密开展战前训练。

> 王志军：演练的部队只知道演练攻打岛屿，包括空军轰炸的时间，陆军怎么登陆，炮兵怎么准备，都有周密的计划，但是具体打哪个岛，部队都不知道。

一江山岛国民党军队只有1000余人。当时，许多人认为，我军也只需1500至2000人就行了。但少数人持相反意见，认为在兵力部署上，一定要占绝对的优势。张爱萍站在了少数人一方。他说："三军联合渡海登陆作战，坦率地讲，我还没有这方面的指挥经验。仗，必须要打，更重要的是要打赢！要赢，只有用'杀鸡用牛刀'的办法，以绝对优势的兵力来战胜敌人。"

> 卢辉：打仗的前一天风还有六七级。气象科长徐杰用军令状保证，说明天早晨一定会好转，希望按计划进行，第二天天气果然晴空万里。

1955年1月15日，登陆指挥所发布第一号战斗命令。我们来看这份战斗命令，第二排的日期后面写着"于 柴桥"。"柴桥"位于一江山岛以北大约80海里。这里正是部队演练的地方。多年后，卢辉还记得这个地名。

从1月16日出发到18日开打，这中间作战计划还差一点取消——冬天海上风浪大，到17日天气都没有好转。

1955年1月18日上午8点，解放军华东军区空军开始轰炸一江山岛，一个多小时投弹1.2万枚，国民党守军的对外通讯中断。中午，解放军炮兵开始炮轰一江山岛，共发射4万发炮弹，陆军抵岸前10分钟，炮兵还做了最后一次火力袭击。陆海空三军的火力实现了有效衔接。

炮兵准备炮击一江山岛敌阵地（王爽 摄于一江山岛登陆战纪念馆）

解放军登陆一江山岛之后，用炸药包、火焰喷射器和手榴弹等武器歼灭坑道和岩洞中的国民党军；下午3点，攻占了一江山岛国民党军司令部所在地。

指挥这场战役的张爱萍登上一江山岛，眼前海浪滚滚，战旗猎猎。南面的大陈岛尽收眼底，祖国的宝岛台湾也遥遥在望。他不禁咏词一阕《沁园春·一江山岛登陆战即景》。

《沁园春·一江山岛登陆战即景》节选：
东海风光，寥廓蓝天，滔滔碧浪。
看骑鲸蹈海，风驰虎跃；雄鹰猎猎，雷掣龙翔。
雄师易统，戎机难觅；陆海空直捣金汤，锐难当。
望大陈列岛，火海汪洋。

上 第二梯队准时登陆投入战斗（王爽 摄
　 于一江山岛登陆战纪念馆）

下 轰炸大陈岛（王爽 摄于一江山岛登陆
　 战纪念馆）

解放军攻占一江山岛后，火炮射程已经可以覆盖大陈岛。1955年2月，美国派军舰帮助国民党军队撤到台湾，浙东沿海岛屿全部解放。国防大学教授王志军评价："整个东南沿海的形势发生了根本性的改变，我军取得了三军联合渡海登岛作战的宝贵经验。"

60多年过去了，一江山岛登陆战依然是人民解放军海陆空三军联合作战的一个重要历史教材，并作为人民解放军建设史上的一座里程碑，永载史册。

初 心 激 响

　　我是一江山岛登陆战纪念馆讲解员陈欣，出生于1996年。每次讲解，战役总指挥张爱萍将军所写的诗句总在我脑海中回荡。海陆空三军不胜不休的作战精神让我热血沸腾。抚今追昔，铭记历史，一江山精神是矗立在台州大地上的精神丰碑。我们更要继承前人的优良品质，肩负起时代赋予我们的新使命，奋勇直前！

朝鲜人民致中国人民志愿军和中国人民的感谢信屏风

馆藏：中国国家博物馆

时间：1958年

音频内容二维码

鸭绿江波涌 日照凯旋门

"最可爱的人"的英雄壮举

讲述人：

邹 韵 中央广播电视总台央视主持人

用声音刻录百年记忆，我是革命文物讲述人、主持人邹韵。

我讲述的文物是朝鲜人民致中国人民志愿军和中国人民感谢信屏风及签名簿。这座螺钿漆屏高1.2米，宽2米，镌刻了《朝鲜人民给中国人民志愿军官兵和中国人民的感谢信》全文。与它一起珍藏在中国国家博物馆内的，还有来自朝鲜人民的签名簿。这封感谢信背后，如何承载了两国人民不能忘却的记忆？让我们一起回到故事开始的地方。

历时2年9个月的抗美援朝战争，经过艰苦卓绝的战斗，迫使不可一世的侵略者于1953年7月27日在停战协定上签字。时任志愿军司令员彭德怀不无感慨地说，它雄辩地证明，西方侵略者几百年来，只要在东方一个海岸上架起几尊大炮就可霸占一个国家的时代，是一去不复返了。

战争结束后，为了表明促进朝鲜问题和平解决的诚意，1958年2月14日，周恩来总理率团访问朝鲜，与金日成首相代表中朝两国政府发表联合声明向世界宣布，中国人民志愿军将于1958年年底前全部撤离朝鲜。

1958年3月16日，首列归国志愿军军车从"中朝友谊桥"上驶入丹东。在桥头和车站月台上，丹东市民组成了千人队伍欢迎。当年的欢迎活动前前后后持续了8个月。

作家老舍曾为此情此景赋诗："鸭绿江波涌，日照凯旋门。"中国近现代史料协会名誉会长、辽宁省委党校教授王建学说："欢迎志愿军回国主要是在丹东、沈阳和北京三个地方。当时热烈场面空前。'欢迎归国的英雄，欢迎最可爱的人'是他们在欢迎仪式上呼喊的口号。"

同年10月24日，朝鲜劳动党中央委员会副委员长朴正爱把《朝鲜人民给中国人民志愿军官兵和中国人民的感谢信》，交给了中国人民代表团团长郭沫若，以及中国人民志愿军司令员杨勇上将。

《感谢信》节选：

中国人民志愿军官兵同朝鲜人民一道，克服种种困难，展开了英勇的斗争，给了敌人以毁灭性打击。由于中朝人民胜利而实现的朝鲜停战，是西方帝国主义者在历史上第一次在东方人民面前屈膝承认失败的划时代事件，也是东方的新时代到来的标志。

与感谢信一同转交的，还有228册签名簿。打开厚重的签名簿，金日成的亲笔签名出现在第一册签名簿的第一个签名位上。

中国国家博物馆藏品保管部 李琮：一共有6847439名朝鲜人民在这封信上签了名。这些签名全部是由朝鲜人民自发发起的。他们当中，很多人甚至连自己的名字都不会写，但每一个人都唯恐落下了自己的名字，就算不会写，也要找人代替签名，代表他们的心意，也代表着朝鲜人民对志愿军战士发自内心的尊重和热爱。

1958年10月25日，是中国人民志愿军抗美援朝8周年纪念日，也是最后一批志愿军撤离朝鲜的日子。作家魏巍在文章《依依惜别的深情》中，再现了志愿军回国时，和朝鲜军民依依惜别的情景。

4天后，全国人大常委会、全国政协常委会扩大的联席会议通过《关于中国人民志愿军八年来抗美援朝工作报告的决议》指出：中国人民志愿军卓越地完成了祖国人民所赋予的光荣使命，他们不愧为伟大中国人民的优秀儿女。

这一战，拼来了山河无恙、家国安宁，打出了中国人民的精气神。在抗美援朝战争中，先后有200多万志愿军将士入朝参战，经过2年9个月的浴血奋战，志愿军战斗伤亡36.6万人。这其中，有197653位志愿军战士在开满金达莱花的土地上，献出了宝贵的生命。他们中大部分人在牺牲时还不到30岁，其中年龄最小的只有17岁。

多年后，抗美援朝老兵回首这段刻骨铭心的往事——

> 时任志愿军第六十军第一零八师宣传干事 石毅：我们志愿军到前线的时候，一点也不害怕，就感觉美国帝国主义是可以打败的。事实证明，我们确实把他们打败了。
>
> 时任志愿军工程兵文工团团员 艺兵：从此以后，没有一个国家再敢欺负我们、再敢侵略我们、再敢欺辱我们。
>
> 时任志愿军司令部机要秘书 顾本善：现在越想，要是没有抗美援朝战争的胜利，会有今天吗？能有今天的和平吗？

战争的硝烟已经远去，"最可爱的人"浴血奋战舍生忘死的英雄壮举，鼓舞和感染着一代代热血青年为了"这片温暖的土地上，到处都有和平的阳光"而奋斗不止。

初心激响

我叫卢啸林，今年23岁，现在是中国国家博物馆的一名解说员。回望71年前，英雄的中国人民志愿军心怀祖国与人民，为了和平与正义奔赴战场。志愿军战士们用生命谱写抗美援朝伟大精神，作为我们弥足珍贵的宝贵财富，指引我们雄赳赳、气昂昂，向着实现中华民族伟大复兴的中国梦，继续奋勇前进。

铁道兵建设鹰厦铁路时用的铁锤与钢轨

馆藏：福建博物院

时间：1955 年

移山填海铁轨情
20万人的伟大工程

讲述人：

陈曦骏 公安民警，《中国诗词大会》第六季总冠军

用声音刻录百年记忆，我是革命文物讲述人、公安民警陈曦骏。

我讲述的文物是鹰厦铁路上的一段铁轨，现收藏于福建博物院。这段铁轨有16厘米长，成工字形，两端被锯得整整齐齐，虽已有斑斑锈迹，但仍能看出深灰的底色。为什么要把一段铁轨整齐地锯下来，永久保存？这背后又有什么样的故事呢？

福建厦门的鸿山隧道，66年前曾是福建第一条铁路——鹰厦铁路的延长线。时过境迁，如今这里已经改造成了市内铁路公园的一部分。

铁路公园内三三两两的儿童在嬉戏，年轻人们忙着拍照打卡。穿过500米的隧道，脚下的铁轨延伸至海滨，与鼓浪屿隔海相望。多年前，曾呼啸而过的火车早已消失在远方。

从江西鹰潭到福建厦门的鹰厦线是福建省第一条干线铁路，也是新中国成立后继成渝铁路后第二条开工建设的干线铁路。过去，福建人面朝大海一片辽阔，回头看路却是重峦叠嶂。素有"八山一水一分田"的八闽大地，无论是在省内，还是出省，交通都极为不便。福建博物院副研究员丁清华说，修建铁路的动议由来已久。1949年9月，由陈嘉庚先生在中国人民政治协商会议第一届全体会议上提出了在福建修建铁路的建议，纾解福建交通困境，促进经济发展。提案获得全票通过，并且得到毛泽东主席的亲自批示："此事目前虽不能兼顾，但福建筑路的正确意见，当为彻底支持。"

尽管中央和毛主席已经作了决定，但因为朝鲜战争的爆发，财政预算吃紧，修建铁路的事情被耽搁了下来，只是进行了初步勘测。到了1951年的时候，福建铁路的修建重新被提上了议事日程。在财政极为困难的情况下，国家拿出5亿元专款专用，而当时正在修建的成渝铁路只花了1.9亿元。

1955年2月21日，鹰厦铁路正式动工。铁道兵的12个师、闽赣政府组织的4000多名干部、12万民工组成了筑路大军，开赴现场。他们要参与的是一项"移山填海"的巨大工程。

已经95岁高龄的南昌铁路局退休职工营道修，参加了当年鹰厦铁路的修建工作。他说，自己所在的连队当时主要是负责修建一段8米长的桥梁、一段300多米长的隧道和几个涵洞。因为条件有限，开隧道只能靠风枪和炸药，一点一点地炸石开路，然后再通过人工和小板车来清理碎石。如今老人家回忆起这段岁月不但不叫苦叫累，还时不时会发出爽朗的笑声："苦不苦大家都是这么干，也没有人叫苦。现在用机器好一点，我们过去都是用洋镐，手上起了很厚的茧子，抠都抠不掉。"

高峰时期，参与修建鹰厦铁路的建设者曾达到20万人。他们用钢钎、箩筐、炸药和其他自制的工具，一锤一锤劈开了武夷山，一筐一筐填上了厦门海堤。

当年，施工路段常会遇上悬崖峭壁，没有道路可以施工。铁道兵们就把自己吊在空中作业。那峭壁，只要往下一看就会头昏目眩，但是这对于为祖国和人民创造幸福的战士们来说又算得了什么呢？他们甚至把这样的经历写成了豪情万丈的小诗："头顶着白云，脚踩路。半山腰里荡秋千。任凭悬崖高万丈，也要削成地平宽。"

1956年12月9日，铁道兵用手中的铁锤钉牢了鹰厦铁路最后一枚道钉，全长697.7公里的鹰厦线正式完工。1958年1月3日，鹰厦铁路全线通车运营。173座桥梁和88条隧道在3年间成功建成，比原计划提早了整整一年，创造了中国铁路建造史上的奇迹。这条铁路，把被大海隔离的厦门岛同陆地连接了起来，并且促进了海峡西岸与祖国腹地的联通，为福建发展注入了强劲活力。

改革开放之后，鹰厦铁路进行了电气化改造，成为华东地区第一条电气化铁路。此后，在新的高铁线路规划中，鹰厦线北段和昌福高铁合并，鹰厦线的历史使命也已经基本完成了。营道修的三儿子营万全后来继承了父亲的事业，继续为这条铁路服务。如今连他都退休了。想起16岁那年被父亲带去建铁路的往事,营万全说,当年修筑鹰厦线的那股子劲儿,还是传了一代又一代:"那个时候他们到铁路干活,把家属带去干活、拔草,都不要酬劳,老一辈真是大公无私。我也受他影响,几乎不在家,都在工地上。"

当年,为了纪念鹰厦线竣工,指挥部从最末一段铁轨上锯下一节工字形钢轨,连同铁锤,一起留在了福建,也就是今天我们在福建博物院看到的这件展品。从经过66年、已然斑驳的老铁轨,到如今纵横中国、营业里程14万多公里的铁路交通网,这一条条生机勃勃的经济动脉,更是一条条通往小康生活的民生线,承载着幸福抵达了每个中国人的内心。

初心激响

　　我是福建博物院讲解员吴凯萍,出生于1993年。陈列在福建博物院的这节钢轨与这柄铁锤,很多观众来看的时候会觉得它们很平凡,但是在听完讲解之后会觉得它们极不寻常。我在一遍遍讲述它们背后故事的时候,看到两鬓斑白的老人眼中仿佛浮现对这段峥嵘岁月的回望,也看到新一代年轻人对祖国强大和变化的满满自豪,这都是我们共同的记忆与精神财富。

中国第一代履带拖拉机

馆藏：东方红农耕博物馆

时间：1958年

音频内容二维码

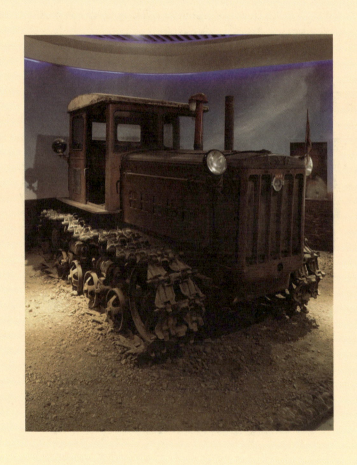

农田里的"东方红"

60年前田间地头的"网红"

讲述人：

林 溪 中央广播电视总台央广主持人

用声音刻录百年记忆，我是革命文物讲述人、主持人林溪。

今天我要讲述的文物是一台拖拉机，它有一个响亮的名字叫"东方红"。如今，这台拖拉机收藏于河南洛阳东方红农耕博物馆，车头上的"东方红"三个字依旧醒目，仿佛在无声诉说着当年它开启我国农业机械化征程时那奋发的荣光。

时光拉回到20世纪50年代初，刚刚成立的新中国百废待兴。首先要解决的是4亿人的吃饭问题，农业急需机械化"武装"。1954年1月，新中国第一个拖拉机制造厂定址河南洛阳。作为"一五"计划重点项目，中央举全国之力，从上海、长春等地抽调专家和技术人员筹备建厂。在那个没有机械化装卸设备的年代，一群硬汉子组成的装卸队，拉开了中国第一拖拉机厂的建设序幕。退休职工刘福生的父亲刘得仓，就是当年的装卸队队员之一。

> 刘福生：他们来的时候整个一拖连厂房都没有，别说厂房，连围墙都没有。他们叫装卸队，为什么叫装卸队？来了以后先得把东西卸下来，比如卸砖，木材、钢材这一类的。

"天当被子地当床"，工地上的建设者们大多数连拖拉机长什么样都没见过，可就是他们，用短短不到三年的时间，在一片荒野上建起了林立绵延的厂房车间，一座"十里红拖城"拔地而起。

"挥铁锤，热汗流，我为祖国造铁牛。三山五岳抬头看，黄河长江喊加油。"

这首小诗出自当时的一位普通工人。在那个充满理想和激情燃烧的年代里，十几万来自天南地北的年轻人，把自己的青春年华奉献给了这方热土。从上海来的卢富来说，尽管当年设备简陋、原料不足、生活物资短缺，但大家硬是提前一年完成了国家下达的任务。

1958年7月20日，中国第一代拖拉机——东方红54履带拖拉机开出厂门（中国一拖集团有限公司 供）

1958年7月20日，人们敲锣打鼓、兴高采烈地护送由中国人自己制造的第一台拖拉机开出制造厂的大门。那一刻，所有人的心中都充满了自豪与骄傲。

洛阳拖拉机研究院有限公司基础研究部部长薛志飞说，"东方红"拖拉机的出现，是"中国制造"史上浓墨重彩的一笔，标志着我国农业进入了机械化时代。

在洛阳东方红农耕博物馆的展柜中，陈列着一张毛泽东主席的亲笔批示，上面写道："拖拉机型号、名称不可用洋字。"为了给新中国自己生产的拖拉机起一个响亮的名号，当年一拖发动全体职工集思广益，先后提出"铁牛""龙门"等名字，但都被否定了。最后，时任一拖厂办副主任的安道平提出"东方红"这个名字时，获得了一致好评。

作为中国农机工业的第一代产品，东方红54履带拖拉机在黑龙江北安二龙山农场服役期间，在极为艰苦和高强度的作业环境下，创造了31年没有大修的纪录，被誉为"北大荒精神"的象征。

60多年来，中国一拖的东方红拖拉机，始终是我国农田耕作的主力军。今天，在东方红农耕博物馆里，陈列着东方红拖拉机从第一代到最新型号的代表性产品。中国已经从一个"一穷二白"的落后农业国，变成世界农机制造和农机使用的第一大国；而随着中国一拖的转型升级，"东方红"也成为"中国创造"的一道亮丽风景。这背后，凝结着无数建设者对"初心"的坚守和对"使命"的践行。

初心激响

　　我是东方红农耕博物馆的讲解员王鑫源，出生于2000年。"挥铁锤，热汗流，我为祖国造铁牛"，这是我从小就熟悉的诗，也是现在我给参观者讲述的最多的诗。1999年，我们的铁牛"东方红"被认定为中国驰名商标，结束了我国农机行业长期没有中国驰名商标的历史。如今，东方红不仅仅是一个品牌，它凝聚了全国人民对美好生活的期望，代表了一种面对困难坚守使命的精神力量。我愿意跟大家一起朝着这个目标，执着前行。

任羊成建设红旗渠时使用的除险钩

馆藏：林州市博物馆

时间：1960年

音频内容二维码

绝壁上凿出红旗渠

建设红旗渠的铁锤钢钎

讲述人:

杜 江 演员,曾出演《红海行动》《青年医生》《北京遇上西雅图》等影视作品

用声音刻录百年记忆,我是革命文物讲述人、演员杜江。

我讲述的文物是收藏于河南省林州市博物馆内的一把铁钩。这把10厘米长、240克重的小小铁钩,与一条举世闻名的"人工天河"、一位凌空除险的赤胆英雄紧密联系在一起。它是红旗渠建设特等模范任羊成使用过的除险铁钩。仔细看,在锈迹斑斑的钩面上还留有撞击险石时留下的痕迹。这些或深或浅的留痕成为"自力更生、艰苦创业、团结协作、无私奉献"这一红旗渠精神的最好见证。

林州位于太行山东麓,历史上严重干旱缺水。为了结束十年九旱、水贵如油的历史,1960年2月10日,中共林县县委向全县人民发出"引漳入林"的号召,37000多名民工会聚到浊漳河边,劈山建渠,要把滚滚河水从山西引入林州。

被后来人誉为"世界第八大奇迹"的红旗渠工程,就这样正式动工了。当时,正赶上国家最为困难的时期,物资十分匮乏,机械化程度也很低。仅凭高昂的斗志和简陋的工具,要想在太行山的悬崖峭壁上凿出一条宽8米、深4.3米的引水渠,远远没有想象中那么简单。

林州市博物馆馆长贾永亮说,在修渠过程中,民工们想尽了各种办法,没有水泥、石灰、炸药,就自己建厂自己生产;没有机械设备,那就靠肩扛手推、铁锤钢钎;没有精密的测量仪器,就用脸盆盛水自制简陋的水平仪来代替。大家找不到合适的地方,就睡在山崖下、石缝中,有的垒石庵,有的挖窑洞,有的露天打铺,睡在没有房顶、没有床,更没有火的石板上,真可谓是"铺天盖

红旗渠建设特等模范任羊成与孙女任紫荷（安阳广播电视台记者李让 摄）

地"。民工们都带着自己家的铁钎、铁镐、小推车上工地，用这些原始的劳动工具，开始修建红旗渠这样的大工程。

红旗渠开挖不久，就遇到了麻烦。炸过的悬崖，山石松动，不时会掉下造成人员伤亡。为了让后面的人安全施工，以任羊成为首的凌空除险队站了出来。年过九旬的任羊成老人回忆起当年修渠的情形，历历在目。

> 任羊成：我在红旗渠放炮除险，因为一放炮，活石太多，底下不能施工。用这抓钩，也就是除险钩把石头拨掉，底下才能施工。当时谁都不敢去。我说我上，我是个共产党员！冒着生命危险，我这牙都是砸掉的，砸掉四颗门牙，腿也砸断过。

任羊成的孙女任紫荷说，她是从小听着爷爷和红旗渠的故事长大的。修建红旗渠时，任羊成才30多岁。这个在建设工地上加入中国共产党的年轻人，被推选为凌空除险队队长。他带领队员腰系粗绳，手握铁杆，飞崖下崭，凌空除险，为工友们撑起一把保护伞。当年除险队队员几乎都有各自的绰号，有的叫"扒山虎"，有的叫"鬼见愁"，任羊成的绰号叫"飞虎神鹰"，当时流传一句顺口溜："除险英雄任羊成，阎王殿里报了名。"

就这样，10万名像任羊成一样的林县开山者，日夜奋战，逢山凿洞，遇沟架桥，一锤一钎，坚持苦干10年，削平了1250座山头，凿通了211个隧洞，架设了151座渡槽，建成了盘绕林虑山长达1500公里的引水灌溉工程——红旗渠，一举解决了林县60多万人口、54万亩耕地和40万头牲畜的用水问题。

当水闸缓缓打开，渠水奔涌而出的那一刻，红旗渠岸边的人们眼中噙着泪水，脸上挂着笑容。至此，林州，这处曾经贫瘠的地方，因为有了红旗渠而变得丰润，因为有了红旗渠精神而富有。

60多年过去了，这条穿梭在巍巍太行山间的"逆天"长渠内，河水一刻不停地向前流淌，一如那红旗渠精神永远流传。

初心激响

　　我叫王懔雯，今年25岁，现在是林州市红旗渠纪念馆的一名讲解员。每当讲起修建红旗渠的历史，纪录片中十万大军战太行的情形就浮现在我的眼前。当年的一锤一铲、一钩一筐，都是普通得不能再普通的劳作工具，却见证了林县人民在中国共产党的领导下，立下愚公移山志、誓把河山重安排的决心和壮举。今天的幸福生活来之不易，让我们从这些"普通"的物件中汲取精神力量，不忘初心，方得始终。

全国劳模、采煤队队长石绍祥获赠的半自动步枪

馆藏：淄博煤矿博物馆

时间：1959年

千尺井下的掘进先锋
千尺井下的开采故事

讲述人：

阿　杰 配音演员，曾为《全职高手》《甄嬛传》等多部影视作品配音

用声音刻录百年记忆，我是革命文物讲述人、配音演员阿杰。

我要讲述的文物是陈列在山东省淄博煤矿博物馆里的一支"五六式"半自动步枪，这支步枪长 1.025 米，弹夹容量十发，枪托上印着一个非常醒目的"赠"字。这是 1959 年 10 月，被评为全国劳模的采煤队队长石绍祥出席全国群英会时，刘少奇同志亲自颁发给他的奖品。一位普通的煤矿工人是如何获此殊荣的？让我们沿着历史的卷轴，回眸那个百废待兴、热火朝天的年代。

新中国成立初期，我国能源极度短缺。山东淄博作为全国最早的矿区之一，已经有近百年的开采史，自然承担着为国家建设提供煤炭的任务。然而，在缺乏机械设备的情况下，煤矿工人只能手工作业，很多时候需要趴着、躺着开采。

> 今年已经 86 岁的煤矿工人石绍祥老人回忆说：煤层最低的地方只有半公尺高，这么矮怎么开采？人躺在里面，旁边有个筐，用刮板刮，然后拾到筐里。

"8 小时用人力拉筐拉 24 车煤"，20 世纪 50 年代，在简陋的生产条件下，石绍祥就是靠着坚韧不拔的意志，月月超额完成生产任务。其实算起来，当年只有 20 岁出头的他，已经算是"老"矿工了。

1935 年，石绍祥出生在五代都是矿工的家庭，他 9 岁就开始当童工，跟着父亲下井拉煤，受尽了日本侵略者的剥削和压迫。

新中国成立后，煤矿工人的社会地位发生了翻天覆地的变化，矿上统一为

他们发放了工作服，建立食堂，成立夜校，工作环境也发生了巨大变化，这让矿工们焕发出了高昂的斗志。

1958年，淄博矿务局夏庄煤矿"石绍祥采煤队"组建。为了多出煤、出好煤，满足工农业生产和人民生活的急需，石绍祥和一百多位采煤队队员奋战在千尺井下，年均超产原煤5000多吨。

1959年10月26日，全国群英会在北京开幕，被评为全国劳模的石绍祥，在人民大会堂接过了由刘少奇亲自颁发的一支"五六式"半自动步枪，能够荣获这样一支新中国自己生产的新式步枪，可是莫大的荣誉。山东能源淄矿集团党委宣传部部长翟小兵说，这是对石绍祥采煤队贡献的高度肯定。这支枪当时是刚刚研发成功，还没有列装到部队。国家把这支枪拿出来奖励英模们，这是对为国家经济建设作出突出贡献的这些先进集体的一个国家级的认可。

6个月后，石绍祥又参加了全国民兵代表大会，受到毛泽东、朱德、宋庆龄等党和国家领导人的亲切接见。党和国家的高度重视激励着石绍祥和他的团队克服重重困难，创造了一个又一个轰动全国的高产成绩。

让石绍祥至今难忘的，是1963年3月的那天，1005工作面出现了13道断层，岩层像一道道台阶排在70米长的工作面上，高度由0.9米变矮到0.5米。按常规，遇到这种状况就应该放弃了，但为了少丢煤炭资源，全队职工下决心"啃"下这块"硬骨头"。生产班的工人把耳朵用棉球塞起来，防止灌水、掉进炭渣子；他们侧卧着身子，一镐镐地、艰难地把煤采下来，在煤层更矮的地方工具施展不开，只能用手。就这样，工人们咬牙坚持着，最终在8个小时内，完成了14个小时的工作量，保证了正规循环作业。

石绍祥采煤队战淋水、过断层、穿硬岩，被人们称赞为："压不弯的铁柱，磨不钝的钢钻。"采煤队连续6年超额完成生产任务，累计产原煤100多万吨。而淄博矿务局煤炭产量也曾一度占到了山东省总产量的一半以上，成为华东地区著名的煤炭基地。

随着淄博矿区煤炭资源日渐减少，出于发展转型的需要，夏庄煤矿于1992年正式停产，石绍祥采煤队就此完成了历史使命。而作为矿区从黑暗走向光明、从落后走向辉煌见证者的石绍祥，把这支具有特殊意义的"五六式"半自动步枪上交后，自己也光荣退休。不过，退休后的他依然闲不住，与工友组建老龄实业公司，为下岗职工提供就业帮助，却从没拿过一分钱报酬，人们都叫他"义务经理"。

　　石绍祥：我有退休金全家生活就够了，干吗还拿报酬呢？做梦也没想到，能过上今天这样的幸福生活，不缺吃、不缺穿。我的梦想就是，在中华人民共和国成立100周年时，人们都过上更加幸福更加美满的生活！

初心激响

　　我是淄博煤矿博物馆讲解员韩晓燕，出生于1990年。文物背后记载着老一代煤矿工人无私奉献的精神，见证着那个激情燃烧的岁月。每当讲起这段历史，我总会被他们的拼搏奋斗精神感染，总会被他们无私奉献的情怀感动，他们就是我们的榜样。讲好这段历史，讲好每一个文物背后的故事，是我的职责、使命，更是向崇高榜样的致敬。

南京长江大桥模型

馆藏：南京长江大桥陈列馆

时间：1960年

一桥飞架南北

南京长江大桥建设"九九八十一难"

讲述人：

藤 新　配音导演、配音演员，代表作有动画片《一人之下》《名侦探柯南》《哆啦A梦》等，并曾为《疯狂动物城》"树懒闪电"、《盗墓笔记》"吴邪"等影视人物配音

用声音刻录百年记忆，我是革命文物讲述人、配音演员藤新。

我讲述的文物，是南京长江大桥1∶300的模型，现收藏在位于南桥头堡的南京长江大桥陈列馆。

这个长度大约16米的模型，展示着中国人自主设计、自行建造的第一座双层式铁路、公路两用桥梁最初的模样——正桥9墩10跨，可通过5000吨级海轮；下层双轨复线铁路桥将津浦铁路与沪宁铁路连成一线；上层公路桥将南京城与江北浦口连成一片；公路两边立着一对对玉兰花灯柱，仿佛是忠诚的卫士，长年守护着大桥的安全。

与南京长江大桥这个"不可移动文物"相比，这个模型，反而经历过几次"说走就走"的旅行。1966年国庆，它被装在大卡车上，从玄武门出发，经过挹江门，来到鼓楼广场，第一次向南京市民公开展示；它还被切成几截，乘火车到了北京，供中央领导敲定桥头堡设计方案。南京大学建筑与城市规划学院教授鲁安东介绍桥头堡三面红旗的来历："（当时）桥的方案已经定了，但是桥头堡的造型还没有最后敲定，最后是周恩来拍的板，除了有周恩来审批的记载，还有朱德和刘少奇在模型边上的照片。"

南京长江大桥的模型，不仅展示了中国人谱写"天堑变通途"传奇的设想，更表明新中国的建设者们不畏任何困难，勇于实践的决心！

长江南京段江面宽平均1500米以上，最狭处也有1100米，水深多在15至30米，最深处超过70米，险要的地势，形成了"长江天险"。美国桥梁专家

曾断言："水深流急，在这里建桥，是不可能的事情。"

1960年，梅旸春作为南京长江大桥第一任总设计师来到浦口。他面对的第一个难题就是桥墩怎么建。模型上看，9个桥墩一模一样，而实际上，各个桥墩处的地质水文条件都不一样。9个桥墩，用了4种不同的基础方案。

建造大桥的过程，也是不断突破创新的过程。7号墩在江心，原计划采用钢沉井加管柱技术，但当时钢铁奇缺，时任南京长江大桥水下基础总设计师的曹桢，创造性地提出用钢筋混凝土代替纯钢。

大桥的建造一直困难重重。1961年下半年，我国决定南京长江大桥的钢梁所用钢材不再依靠进口，要"不惜代价制造出所需钢材"。经过两年的拼搏奋斗，凝聚各方力量与智慧的16锰桥梁钢终于试制成功并迅速运用到大桥建造上。

南京长江大桥所用的建筑材料（南京长江大桥陈列馆 供）

不承想，在这之后，更大的困难出现了。1964年9月，秋汛来势汹汹。五号和四号桥墩的两个沉井都还没有达到覆盖层，其锚绳先后崩断。一个面积接近篮球场、足有7层楼高的庞然大物，在激流中摇来晃去，最大幅度达到60米！大桥桥址随时可能报废，工地上每个人的心都提到了嗓子眼。

险情牵动各方。中国长江航运集团派出两艘2000匹马力拖轮、原铁道部派专车从大连运来钢丝绳，浦东造船厂连夜赶制锚链……时任南京长江大桥施工科设计组组长曹春元回忆："各桥墩上面绑两个货轮，绑着拖，一个桥墩这里拉两个绳子，不让它飘走，绑着它往上走。"

持续近两个月的抢险奋战后，一位大桥建设人员自豪地说："我们打了一场水上'上甘岭战役'。"

南京长江大桥建设8年，克服了技术、自然灾害等多方面的困难，耗资达2.8758亿元人民币，使用38.41万立方米混凝土、6.65万吨钢材。

《巍巍钟山迎朝阳》曾是京沪客运线上的保留曲目。当列车里响起这首歌的旋律，人们就知道：南京长江大桥到了。歌曲约4分钟，火车开过了大桥，歌曲也正好结束。

这座公路铁路两用桥，开创了中国人民依靠自己的力量建设大型桥梁的新纪元，成为中国桥梁事业的新起点。同时，它也给华东地区的经济插上了腾飞的翅膀。河海大学港口海岸与近海工程学院教授封学军说："在地面交通上形成了国内最早、最完整的水、公、铁路集疏运的枢纽，对于整个长三角区域经济的发展，有着重要的历史性作用。"

如今，南京长江大桥成了南京的标志性建筑，被列为新金陵四十八景之一。2016年9月入选首批中国20世纪建筑遗产名录。当然，载入史册的还有建设者们勇创第一、自力更生、精益求精的时代精神。

初心激响

我是南京长江大桥陈列馆讲解员王曼仪，出生于1995年。南京长江大桥是我们国家在困难岁月里自力更生、奋勇前行的标志。这座大桥上的每一块钢架、每一个铆钉，都凝结着老一辈的无私奉献与刻苦钻研。我们将传承大桥精神，讲好大桥故事，不忘初心，勇敢前行。

《雷锋日记》合集

馆藏：抚顺市雷锋纪念馆

时间：1958年

如果你是一颗最小的螺丝钉
历久弥新的《雷锋日记》

讲述人：

孙悦斌 配音演员，曾为《勇敢的心》《黑客帝国》《珍珠港》等译制片及近百个中外知名品牌广告、专题片配音

用声音刻录百年记忆，我是革命文物讲述人、配音演员孙悦斌。

我讲述的文物是一部日记合集。这部日记合集的主人家喻户晓，他个子不高，脸上总挂着温暖的笑容，他的名字叫雷锋。《雷锋日记》合集共有9册，复刻版收藏在抚顺市雷锋纪念馆。

纪念馆展出的这些日记本，有的地方已经破损，页面微微泛黄，黑蓝色的墨水也变得有些淡化。翻开它，大部分篇幅是用质朴的语言记录的平凡小事、生活感悟。第一册的第一篇是被称为"雷锋七问"的小短文。

"雷锋七问"：

如果你是一滴水，你是否滋润了一寸土地？

如果你是一线阳光，你是否照亮了一份黑暗？

如果你是一颗粮食，你是否哺育了有用的生命？

如果你是一颗最小的螺丝钉，你是否永远坚守在你生活的岗位上？

如果你要告诉我们什么思想，你是否在日夜宣扬那最美丽的理想？

你既然活着，你又是否为未来的人类的生活付出你的劳动，使世界一天天变得更美丽？

我想问你，为未来带来了什么？

在生活的仓库里，我们不应该只是个无穷尽的支付（取）者。

这位生命定格在22岁的年轻战士，用他平凡却伟大的短暂一生对这些问题做了最完美的回答。

1940年12月雷锋出生在湖南一户贫苦农家，不满7岁就成了孤儿。新中国成立后，在党和政府的关怀下，雷锋成长为一名有理想、有抱负的年轻人。

1960年1月，雷锋在辽宁营口新兵连成为一名汽车兵。抚顺市雷锋纪念馆馆长任广友说，抚顺是雷锋精神的发祥地，是雷锋的第二故乡。"雷锋的一生写了很多篇日记，在公开发表的140余篇日记中，有120多篇是在抚顺写的。"日记的字里行间时常流露出对党、对国家的感激和热爱。

雷锋始终坚持着全心全意为人民服务的思想，这也体现在他的言行之中。雷锋读完《毛泽东选集》后说，我觉得自己活着，就是为了使别人过得更好。

乔安山是雷锋的战友，二人同时从鞍钢入伍。在乔安山看来，雷锋成为楷模是在每一件小事中见精神，于平凡中成就伟大。

把自己省吃俭用积攒下来的钱捐给公社和政府，支援公社建设和救灾；战友家里遇到困难他以战友的名义寄去自己的津贴；用自己的钱给丢了火车票的大嫂买票……第一位写《雷锋的故事》的作者陈广生回忆："助人为乐、好帮助人，雷锋精神到处都是，有句话说叫雷锋出差一千里，好事做了一火车。"

雷锋的思考、追求，都被他用诚挚的心融入自己的日记中。抚顺市雷锋纪念馆研究室主任徐明介绍说，雷锋写下了9本近20万字的学习笔记。1960年《雷锋日记》被发现并得到宣传。

正当雷锋风华正茂，以满腔热血报效祖国和人民之时，意外却发生了。1962年8月15日，雷锋因公殉职，年仅22岁。雷锋在他生前最后一篇日记中写道："今后，我要更加热爱人民和尊敬人民，永远做群众的小学生，做人民的勤务员。"

1963年3月，毛泽东题词"向雷锋同志学习"，号召全国人民学习雷锋的共产主义精神品质。1963年，沈阳军区政治部要求前进报社编选《雷锋日记》，由党政组组长董祖修负责。

徐明：为了让《雷锋日记》早日问世，防止珍贵的雷锋遗物丢失，董祖修把雷锋的日记本拆开，然后组织人手前来抄写，抄完之后再装订上。军区印刷厂特意请一位老师傅按照精装的办法，把几册日记本一针一线地装订起来，然后把封面粘好。不久，雷锋的日记本、笔记本共9本，连同雷锋其他遗物一起被征集到中国人民革命军事博物馆，作为宝贵的精神财富，长期珍藏。

1963年4月，《雷锋日记》出版并在全国发行，之后不断被再版了几十次，甚至"漂洋过海"到了国外。

很多人是唱着《学习雷锋好榜样》的歌曲长大的。历经半个多世纪，当我们重新捧起《雷锋日记》，其中朴实真挚的话语依然激荡心灵，激励前行。

初 心 激 响

我是抚顺市雷锋纪念馆的讲解员刘思雯。从小时候起，我的床头就放着一本《雷锋日记》，直到现在，我也会经常拿出来翻一翻、看一看，它已经成为我生活里不可或缺的一本枕边书了。我觉得只有自己更好地理解、学习、实践雷锋精神，才能将雷锋的故事讲好，使更多的人了解雷锋、认识雷锋、学习雷锋。

大庆油田建造"干打垒"时用的工具
馆藏：大庆油田历史陈列馆
时间：20世纪60年代

荒原上的"干打垒"

大庆油田艰苦奋斗的故事

讲述人：

孟令军 配音演员，曾为《马达加斯加3》等多部外国译制片和国产片配音

用声音刻录百年记忆，我是革命文物讲述人、配音演员孟令军。

我讲述的文物是20世纪60年代，大庆油田工人建造"干打垒"时用的工具。这套工具由手拉钻、铁拐尺、圆规组成，现存于大庆油田历史陈列馆，是国家一级文物。

所谓"干打垒"，其实就是东北地区以前常见的一种土房子，除了门窗和房檩需要用少量木材外，墙体全部用泥土夯实垒起来。大庆油田历史陈列馆的副馆长关颖说，当年大庆的石油工人们就是用这样的工具，在大荒原上用榔头一下一下砸出了30万平方米的住房。

> 关颖：当时建30万平方米的"干打垒"，我们只用了不到900万元，如果这些"干打垒"用砖瓦结构去建设，大概需要6000万元。在国家经济建设非常困难的情况下，我们为国家节省了半个多亿的资金。

让我们把时间拉回1959年9月26日，随着一股油流从位于松辽盆地北部的"松基三井"喷涌而出，一个世界级特大型陆上砂岩油田诞生了。当时正值新中国成立10周年前夕，所以油田所在的大同镇被更名为大庆，新发现的油田也由此命名为大庆油田。转年2月，从根本上改变我国石油工业落后面貌的石油大会战拉开了序幕。

会战得到全国各方的大力支援，以铁人王进喜为代表的老一辈石油人组成

近4万人的石油大军，挺进东北松嫩平原。王进喜曾回忆说，1960年3月，从玉门到大庆，他是"带着一股子气"去的。

> 王进喜：有些外国人看不起我们中国人，硬说我们国家是"贫油国"，我们听到就生气，我们这么大一个国家，肯定有油。1960年，一听见大庆这个油田，我们很高兴。大家就想，一下子到了大庆一锤头砸出个井来，想有油出来。

不过，60年代初的大庆，只是一片一望无际的大荒原，几百平方公里内渺无人烟，时不时还蹿出几只野狼。几万人从全国四面八方集中到这里，"头上青天一顶，脚下荒原一片"，物资和后勤保障严重不足。

陈列馆副馆长关颖说，会战初期，石油工人们就睡在草窝窝、地窖子和临时搭建的帐篷、木板房里，裹着棉衣，瑟瑟发抖。

必须要解决住房这个挠头的大问题。石油会战的主战场萨尔图区地处高寒地区，冻土层厚达2米。在经过实地调研后，时任会战指挥部工委书记的余秋里等同志决定，借鉴当地老乡建"干打垒"的经验，就地取材。

没有住房，会战职工自己动手建"干打垒"（大庆油田历史陈列馆 供）

建造"干打垒"的材料相对简单，只需要羊草、芦苇、泥土和木材。大庆地区植被茂盛，但是唯独缺乏木材，而盛产木料的大、小兴安岭距离大庆足足有几百公里，山路不便、交通不畅。大庆油田派出了专啃"硬骨头"的十三车队。大庆油田历史陈列馆办公室主任张彬介绍："当时（他们）深入大、小兴安岭深山老林，走的都是悬崖边，叫'鬼见愁'的那种山路。经过非常曲折的一段经历，终于把木材拉到大庆，解决了建'干打垒'的燃眉之急。"

几个月后材料齐全，油田内掀起了建"干打垒"的热潮。曾经亲历那段岁月的油田职工孟凡星说，当时，上至部长下到普通工人，上班夺油搞会战，下班盖"干打垒"再会战。

在石油工人的劳动号子声中，不到4个月的时间，30万平方米的"干打垒"建成了，荒原出现了灿若繁星般的村落，袅袅炊烟升上蓝天，让石油人在这片大油田中扎下了根。

持续3年多的石油会战，累计生产原油1166.2万吨，占全国同期原油产量的51.3%，从根本上改变了中国石油工业的面貌。1966年2月，王进喜在全国工业交通会议上激动地说："大庆油田，是党的大庆油田、全国人民的大庆油田。我们国家有一个大庆，还仅仅是不够啊，要艰苦奋斗一辈子，要当一辈子老黄牛！"

时光穿越荒原大地，60多年过去了，"干打垒"记录了一代又一代石油人的奋斗足迹，也见证着大庆油田举世瞩目的辉煌成就。2020年，大庆油田完成国内原油产量3000多万吨，生产天然气46亿多立方米，实现了"十连增"。大庆的成绩和贡献，已经镌刻在伟大祖国的历史丰碑上，党和人民永远不会忘记。

★ 初 心 激 响

　　我是大庆油田历史陈列馆讲解员孟凡蕊，今年29岁。虽然"干打垒"随着油田的发展，渐渐退出了历史的舞台。但是，"干打垒"精神、大庆精神和铁人精神一直留存在大庆石油人的心中，时刻激励着我们青年一代，遇到困难不等不靠不绕道，勇于迎接挑战。

见证新中国航天事业伟大征程起点的东方红磁带

馆藏：韶山毛泽东同志纪念馆

时间：1970年

"东方红一号"飞天记
毛泽东珍藏的两盘磁带

讲述人：

戴玉强 男高音歌唱家、歌剧演员、教育学者，参演《野火春风斗古城》《木兰诗篇》《图兰朵》《西施》《永不消逝的电波》等歌剧作品

用声音刻录百年记忆，我是革命文物讲述人、歌剧演员、教育学者戴玉强。

我要讲述的文物是曾由毛泽东主席珍藏的两盒特殊的磁带，里面录制了"东方红一号"卫星首次上天后传回的音乐，现收藏在湖南省韶山毛泽东同志纪念馆中。

1970年4月24日，酒泉卫星发射中心，"长征一号"运载火箭托举"东方红一号"卫星升空，中国航天新纪元由此开启。那一天，收音机里传来了响亮的《东方红》乐曲，中国人实现了对茫茫宇宙的第一次叩击。而这老磁带正是新中国航天事业伟大征程起步的见证。

时间就此再往前倒推12个年头，航天科技集团五院专家、时任"东方红一号"卫星总体设计师的胡其正那时只有23岁。1958年，苏联和美国成功发射人造卫星之后，毛泽东主席发出号召："我们也要搞人造卫星。"刚刚从清华大学电机系毕业的胡其正被分配到钱学森、赵九章等科学家牵头成立的581组，从事卫星总体设计工作。

之后，由于三年自然灾害，更因为导弹技术不成熟无法上天等技术难题，中国的第一颗人造卫星计划一再搁浅。直到1964年底，赵九章致信周恩来总理，提出随着我国第一颗原子弹的爆炸成功以及导弹发射的成功，应该尽快恢复被暂缓的卫星研制计划。转年10月，中央调集了全国的科学精英商讨如何研制卫星。这场会议时间之长、规模之大、内容之多，在新中国航天史上史无前例。胡其正说，当时困扰大家的第一个问题是，造一颗什么样的卫星？

　　数十天的讨论让这颗卫星的雏形逐渐清晰，即72面体的球形设计。会议还确定了12个字的总体目标："上得去，抓得住，听得到，看得见。"

　　　　"抓得住"是指地面能够跟卫星保持通信。当时国内还没有正式的卫星测控站，为了能"抓住"卫星的轨迹，全国相关单位迅速突破了无线电测轨关键技术，建成了我国最初的卫星测控网。

　　　　"听得到"的要求，需要能够在太空播放音乐，让全世界听到属于中国航天的声音。当时负责乐音装置的卫星实验队队员沈震京说，设计人员也不断提出方案，最终确定"东方红一号"使用发射机，将电子音乐版本的《东方红》乐曲转化为无线电信号，在地面进行广播。之所以选择电子音乐，是因为相比于八音盒和磁带机，电子音乐没有触点，更易实现。

　　　　而为了实现"看得见"的效果，研制人员做了一件"观测裙"，跟随卫星入轨后会展开形成直径4米左右的球形，远远大于卫星1米的直径，在地面上用肉眼也可以看到。1970年4月25日晚，"东方红一号"飞经北京上空，人们仰望天空，看到了"中国星"！

　　1967年12月，国防科工委召开第一颗人造卫星研制工作会议，正式将其定名为"东方红一号"。在定名后仅仅29个月，1970年4月24日21时35分，中国第一颗人造卫星从酒泉基地发射升空。几个小时后，从卫星上传来的《东方红》乐曲，通过中央人民广播电台的电波，响遍神州大地。无数中国人守候在收音机旁，和乐曲一起放声歌唱……

　　卫星成功发射的第二天，正在广州参加东南亚"三国四方"会议的周恩来总理，刚走进会场就兴奋地向代表们宣布了"东方红一号"成功发射的消息。

　　随后，毛泽东主席收到了中央广播事业局军管小组寄来的两盘磁带，分别是在"东方红一号"卫星飞经首都北京和海南岛上空时直接收录、未加剪接的录音胶带。

　　湖南韶山毛泽东同志纪念馆馆长　阳国利：毛主席同志收到这两盘录音磁带后，一直将它们收藏在身边，视若珍宝，直到去世。通过这件文物，我们也希望能将文物代表的老一辈航天人所创立的"两弹一星"精神传递给大家。

　　时至今日，"东方红一号"依然在太空中遥望着祖国，而这盘磁带所记录的声音，也将鼓舞中国航天事业永远走在自力更生、奋发图强的大路上。

初 心 激 响

　　我是韶山毛泽东同志纪念馆"90后"讲解员毛冰玉，中国航天的每一个高光时刻都让我们忍不住欢呼，就像我每次和大家讲起"东方红磁带"背后的故事，都能感受到航天人咬定青山不放松的努力。这鼓舞我今后讲好红色文物故事，为实现中华民族伟大复兴中国梦贡献自己的力量。

三线建设时期贵州水钢生产的第一炉铁水铸铁样品

馆藏：首钢水钢创业馆

时间：1970年

大三线的"争气铁"

一块铸铁疙瘩背后 400 万人的创业故事

讲述人:

朱广权 中央广播电视总台央视主持人,担任《新闻 30 分》《共同关注》等多个栏目主持人

用声音刻录百年记忆,我是革命文物讲述人、主持人朱广权。

我要讲述的这件文物,是三线建设时期贵州水钢生产的第一炉铁水铸铁样品,产于 1970 年 10 月 1 日,被当地人称作"争气铁"。

这块铸铁样品,长 12 厘米,宽 3 厘米,高 3 厘米,黝黑发亮,中间带着一个凹槽。它被静静地摆放在六盘水的首钢水钢创业馆里,透过它仿佛看到荒凉大山里艰苦创业的三线建设者,仿佛听到回荡在山林间的机器轰鸣声。

20 世纪 60 年代初,面对复杂的国际形势,党中央决定将国防、科技、工业、交通等产业逐步迁入三线地区。而所谓三线地区,是指长城以南、广东韶关以北、京广铁路以西、甘肃乌鞘岭以东的广大地区,涉及我国中西部的 13 个省、自治区。由此,规模浩大的三线建设拉开帷幕。

"好人好马上三线"! 从 1964 年开始,大批沿海省市的工厂和全国各地的工程能手、技术骨干、科研专家、解放军战士、刚毕业的大中专学生们背起行囊,满怀激情,肩负使命,走进崇山峻岭、荒沟密林。

贵州六盘水煤炭资源丰富,有"西南煤海"的美誉。1966 年,国家批准贵州水城钢铁厂筹建。根据"靠山、分散、隐蔽"的建设方针,水城钢铁厂选址于贵州水城青杠林,对外称青杠林林场,代号: 603 工程。

徐春刚 1968 年从辽宁本溪来到水城钢铁厂,那一年他 22 岁刚刚毕业。回忆起当时的生活,他说,小县城里很少能吃到新鲜的蔬菜,吃上一顿豆腐就是改善生活。但因为有了建设祖国的激情和热血,大家都干劲十足。

　　　　徐春刚：你想想小县城也就一两万人口，建设大军，水
　　城就来了8万。我们自己搭席棚子，搭帐篷，不管干部工人都
　　是吃一锅饭，住一样的房子。

　　炼铁需要高炉。水钢炼铁的一号高炉，是1919年日本在华掠夺东北资源时修建的、解放后归属鞍钢的二号高炉。这台高达22米的庞然大物被拆解编号后，跋山涉水，从东北抬进六盘水。

　　今年82岁的黄震泽当时担任一号高炉工长，他说，不光是高炉，钢厂的建设处处离不开修路架桥等基础设施的完善。

　　　　黄震泽：一切都是从零开始。没有铁路，那么大的高炉，
　　拆成多少块也运不进来。高炉生产，不单单是高炉本身，还
　　有原料运输，等等。

　　1966年7月26日，水钢一号高炉破土动工。工人们用火一般的劳动热情投身工厂建设，没有加班工资，没有工作界限，抬设备，卸车皮，什么都做，没一个叫苦退让，没一个计较埋怨。彭海泉曾和雷锋是志愿服务队的队友，他说，在这里处处可见甘于奉献的雷锋精神。

　　　　彭海泉：那个时候的一块砖、一袋沙子、一袋水泥，所
　　有的建筑、机械、工具都要人工运进我们的施工工地。白天，
　　你有自己的工作，你去完成你的任务。一吃完晚饭，18:40准
　　时集合，排队一直开赴修路的现场，到东站搬运物资。每天
　　晚上要搬两趟，都是晚上11点结束。

　　1970年10月1日，是水城钢铁厂的节日。这一天，容积568立方米的"水钢一号"高炉正式出铁，奔腾的铁水，跳跃的铁花，格外壮观，人们的欢呼声在群山间久久回荡。

当时19岁的宣传干事林桂梅，就在第一炉铁水出铁现场，那天，热火朝天的场景让她至今难忘。

据统计，从1964年到1980年，在贯穿三个五年计划的16年中，国家在三线建设中投入了2000多亿元，占同期全国基本建设总投资的40%左右；400万人跋山涉水，来到祖国的大西南、大西北，建起了1100多个大中型工矿企业、科研单位和大专院校，实现了全国工业布局的纵深化。

> 贵州三线建设博物馆研究室主任 何酉食：国家搞三线建设是举全国之力投入建设，总共贵州省有91个大型项目，涵盖了国防、煤炭、建材等基础性行业，构成了现在整个贵州现代化工业的脊梁。

今天的六盘水，从"江南煤都"变成了"中国凉都"，水城钢铁厂也被列入中国工业遗产保护名录。岁月流转，沧海桑田，一部三线建设史，就是共和国开天辟地的奋斗史。"艰苦创业、勇于创新、团结协作、无私奉献"的三线精神，则是那段历史留给我们最宝贵的精神财富。

★ 初心激响

我是首钢水钢创业馆解说员吴杨，作为三线人的第三代，每次讲起老一辈人创业的故事，我都被深深感动。我立志要做一名优秀的解说员，讲好三线故事，传承三线文化，把三线精神转化为我们建功新时代的不竭动力。

文 物 展 示 ——————————

焦裕禄同志生前曾坐过的藤椅

馆藏：焦裕禄同志纪念馆

时间：1962—1964年

一把旧藤椅上的 400 天

"人民的好干部"焦裕禄

讲述人：

赵保乐 演员、主持人，曾主持央视《精彩十分》《中国文艺》等栏目

用声音刻录百年记忆，我是革命文物讲述人、演员赵保乐。

我要讲述的文物是一把旧藤椅，藤椅右侧的藤条网上还有个大大的窟窿。这把普通的藤椅曾陪伴焦裕禄同志走向人生尽头的400多个日夜。如今，它被陈列在河南兰考焦裕禄同志纪念馆中，作为镇馆之宝供后人瞻仰。透过这把旧藤椅，人们可以看到什么是"人民的好干部"，明白什么是"真正的共产党人"。

1962年12月，焦裕禄一个人拿着介绍信来到地处豫东黄河故道的兰考县。那时，展现在他面前的兰考大地，是一幅严重灾荒的景象。横贯全境的两条黄河故道，是一眼看不到边的黄沙；片片内涝的洼窝里，结着青色的冰凌；白茫茫的盐碱地上，枯草在寒风中抖动。

由于积劳成疾，焦裕禄的身体并不好，党派他到兰考工作时，干部履历表上"身体健康状态"一栏写着"有肝炎、胃病"。为了帮助兰考人民早日摆脱内涝、风沙、盐碱"三害"，焦裕禄总是拖着带病的身体，没日没夜地拼命工作。

白天，他风里雨里查风口、探水情，深入一线；晚上往往会回到办公室，坐在藤椅上在脑袋里"过电影"，总结一天的工作。行程5000多里，焦裕禄硬是把全县"三害"的具体分布情况都编了号、绘了图。

今天，在兰考县焦裕禄同志纪念馆，副馆长董亚娜和她的同事们总是一遍遍地向前来参观学习的干部群众，讲述当年焦裕禄走村串户寻找治沙良方的故事。

焦裕禄在兰考任县委书记期间仅有的四张照片（时任兰考县委办公室通讯组新闻干事刘俊生 摄）

当年，焦裕禄通过多次实地调查和实验，决定带领全县人民翻胶泥、压沙丘，在全县种植以泡桐为主要树种的生态防护林。然而，繁重的工作，加上营养不良，他的肝病一天比一天严重。疼痛难忍时，他就随手用刷子等硬东西顶着，直到藤椅都被顶出了大洞。焦裕禄的女儿焦守云回忆："他用刷子一头顶着肝部，一头顶着藤椅写文件，当用刷子顶着都不顶用的时候，他就会从藤椅（滑下来）蹲到地上。父亲是很高大的一个人哪，1米76，他就整个人都蜷缩成了一团。"

就是在这把椅子上，焦裕禄绘制了兰考县盐碱分布图；也是在这把椅子上，他发出了"苦战三五年，改变兰考面貌，不达目的，死不瞑目"的铮铮誓言；还是在这把椅子上，他用颤抖的笔写下了《兰考人民多奇志，敢教日月换新天》

的文章。然而，文章刚刚开了个头，病魔就逼他放下了手中的笔。1964年春天，焦裕禄在一次下乡时晕倒了，等送到医院检查时已经是肝癌晚期。住院期间，他仍然担心着兰考的洪水、泡桐和田地里的收成。

1964年5月14日，焦裕禄走完了他人生短暂的42年。临终前，他对组织提出了唯一的要求，希望去世后能够埋在兰考黄河故道的沙丘上。

焦裕禄病逝的那一年，女儿焦守云只有11岁。长大成人后，她才渐渐读懂了父亲的情怀。

> 焦守云：父亲这辈子就是做人讲感情，做事讲担当。在兰考最难最苦的时候，（他说）只要我在这一天，兰考就不能饿死人，如果出了问题处分我也行、摘了官帽也行，就不能叫兰考人民吃苦受罪。

如今的"三害"早已被兰考人民降服，黄沙变成了沃野，种满泡桐的沙丘成为春华秋实的果园。

焦裕禄在兰考工作了475天，可在他离开后的57年里，人们一直都记得他。每逢清明节和焦裕禄的忌日，很多兰考人都会来到焦裕禄陵园，告诉焦书记兰考的新变化。他坐过的那把旧藤椅，也静静地立在纪念馆中，成为他鞠躬尽瘁为人民的最好见证。

初心激响

我是焦裕禄同志纪念馆的讲解员李金萍，今年26岁。每当我向参观者讲起焦裕禄同志的这把旧藤椅，总能想到他当时是如何忍着病痛伏案办公的，是什么力量支撑着他熬过那些被病痛折磨的日日夜夜。在一遍又一遍的讲解中，我找到了答案，是共产党人的信仰，是为人民服务的初心。在今后的工作中，我会把焦书记的这份信仰和初心讲给更多的人听。焦书记永远活在我们心中。

袁隆平论文《水稻的雄性不孕性》原始手稿

馆藏：湖南杂交水稻研究中心

时间：1965—1966 年

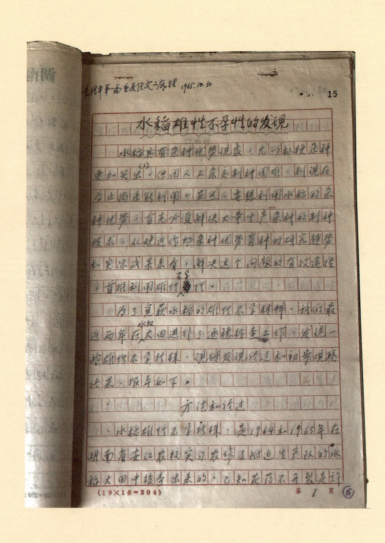

揭开水稻秘密的论文

袁隆平论文的原始手稿

讲述人：

杨 波 中央广播电视总台央广播音员

用声音刻录百年记忆，我是革命文物讲述人、播音员杨波。

我讲述的文物，是珍藏在湖南杂交水稻研究中心的一份珍贵资料——"杂交水稻之父"袁隆平所写的、第一篇关于杂交水稻论文的原始手稿。

手稿放在一本看似普通的棕黄色牛皮纸文件夹里，档案封皮题目处手写着"袁隆平早期综合材料原始手稿"。

档案共134页，起止日期为1965年至1981年，包括《水稻的雄性不孕性》论文原始手稿、选育计划、汇报请示提纲等14篇文章，共9万多字。一页页泛黄的纸张，记录了这位"共和国勋章"获得者的汗水与赤诚。

1959年到1961年三年间，我国遭遇严重的经济困难，粮食大幅减产。作为新中国培养的第一批大学生，袁隆平决心用所学专业解决粮食问题。

袁隆平：三年困难时期，没有饭吃，日子是真难过啊！特别是我们国家，人口这么多，人均耕地这么少，粮食安全特别重要。中国人的饭碗要拿到自己手里面，不要靠人家。

1961年7月的一天，和往常一样，袁隆平行走在稻田里，一株鹤立鸡群的水稻引起了他的注意。穗子又大又整齐，颗粒饱满，袁隆平高兴极了，估计这个品种产1000斤没问题，于是第二年他满怀期望地尝试了播种。

袁隆平：第二年我把它播下去，播了1000株，很好地管理，天天到田里面去观察，望品种成龙。结果一抽穗，大失所望，高的高，矮的矮，早的早，迟的迟，没有一株有它的老子那么好。

虽然后续的试验并不成功，那株鹤立鸡群的水稻却启发了袁隆平：这可能是一株由两个品种优势互补形成的天然杂交水稻。那么是否可以用人工方法，利用杂种优势，培育杂交水稻？

水稻是自花授粉植物，一朵小花既有雄花又有雌花，要让两个不同稻种杂交，用人工方法，给数以万计的花朵去雄、授粉，几乎是不可能完成的设想；而另一条路径是，培育出一种雄蕊退化的水稻做母本。

于是，袁隆平踏上了寻找水稻雄性不育株的漫漫长路。

湖南杂交水稻研究中心研究员赵炳然是袁隆平的博士，他说，水稻开花，从上午10点开始，中午结束，因此袁隆平需要在一天中最热的时段，到地里一株一株地检查。

袁隆平弓腰驼背埋在稻田里，检查了数万株稻穗，终于，1964年和1965年，在安江农校实习农场及附近生产队的水稻大田中，他找到了六株雄性不育株。

发现植株的过程、选育计划……被一个字一个字清晰地记载了下来。

1966年2月28日，根据手稿整理成的论文《水稻的雄性不孕性》发表在《科学通报》期刊中，成为袁隆平"杂交水稻"设想的开篇之作。

赵炳然说，这篇论文发表以后，被当时国家科学技术委员会（现科技部）九局的同志注意到，并推荐给了九局局长赵石英。赵石英认为论文很重要，向当时的领导汇报，此后，袁隆平的研究得到了政府的大力支持。

功夫不负有心人。1970年，袁隆平的学生在海南南红农场沼泽中发现一株花粉败育的雄性不育野生稻，命名为"野败"。杂交水稻研究从此打开了突破口。

1973年，袁隆平正式宣布籼型杂交水稻三系配套成功，标志着我国水稻杂交优势利用研究取得重大突破。

　　袁隆平小时候，老师给他的评语是"爱好自由，特长散漫"，但长大后，袁隆平却终其一生，踏踏实实行走在稻田中。袁隆平先生故去后，如今，儿子袁定阳又接过了父亲的梦想："十四五"期间，他将在内蒙古兴安盟种植耐盐碱水稻20万亩，帮助当地水稻种植户实现收入翻番。

　　赵炳然介绍，按照袁隆平生前的愿望，10年后能够拓展一亿亩盐碱地种植水稻，平均亩产300公斤以上，这样，每年多生产的300亿公斤稻谷可以多养活8000万人口；也许那时，他的"禾下乘凉梦"和"杂交稻覆盖全球梦"就真的都实现了。

　　让我们再来看看这份原始手稿档案吧：红色的格纹纸上，那一个个整洁的手写汉字，如今已化作了播撒在大地上的种子。在袁隆平及其研究团队的努力下，我国粮食安全根基不断筑牢，为经济社会发展发挥着"压舱石"的作用，中国人终于把饭碗牢牢地端在了自己手中。

★ 初 心 激 响

　　我是湖南杂交水稻研究中心栽培室主任李建武，2009年来到研究中心。《水稻的雄性不孕性》这篇论文是我们从事杂交水稻研究科研工作者必读的一篇文献。我们袁老师经常跟我们说，水稻专业是一门应用科学，电脑里面长不出水稻，书本里面的话也长不出水稻，要种出水稻一定要下田。他是这么跟我们说的，他也是这么做的，为了保障我国的粮食安全，作出了极大的贡献。

天津天虹服装厂工人为邓颖超缝制的丝绵袄

馆藏：周恩来邓颖超纪念馆

时间：1976年

音频内容二维码

一针一线皆关情
邓颖超的丝绵袄的故事

讲述人：

王　鸥　演员，曾出演《琅琊榜》《伪装者》等影视剧作品

用声音刻录百年记忆，我是革命文物讲述人、演员王鸥。

我要讲述的这件文物，是一件邓颖超同志穿过的丝绵袄，现收藏在天津市周恩来邓颖超纪念馆里，为馆藏国家一级文物。

这件丝绵袄没有任何点缀，看上去再朴素不过，但它却是45年前周恩来总理逝世后，由天津天虹服装厂73名工人为邓颖超一针一线缝制出来的，每个针脚，都蕴含着对周总理和邓妈妈的一片深情。

时间的指针转回1976年1月8日。这一天，敬爱的周总理因病与世长辞。天空都是灰色的，正如人们悲痛万分的心情。

天津天虹服装厂的工人们，从小小的电视机上看到了邓颖超为周总理守灵的情景，顿时感到心都碎了。大家聚在一起思忖着：总理走了，邓妈妈看上去太孤单了，要做点什么来安慰她呢？

一番讨论过后，大家决定，就做一件丝绵袄送给她。工人们每人拿出了五角钱，买来了布料和丝绵。可是问题来了，他们从来没见过邓颖超，也不知道她的身高，该如何估量她的身材呢？最后大家想到，利用电视影像中邓颖超与总理的合影进行对照比量，斟酌了许久才开始动手裁剪。

当时正值春节前夕，服装厂的工作十分繁忙，工人们加班加点连夜赶制，就想让邓妈妈在春节的时候能穿上这件棉袄。但是如何能把衣服送到邓颖超手上呢？周恩来邓颖超纪念馆研究部主任李勤说，在那个特殊的时期，将包裹寄到中南海困难重重，邮局不给寄，几经碰壁，大家决定将包裹寄到人民日报社，请他们转交给邓颖超。

随包裹寄出的，还有工人们写给邓颖超的一封信。

> 信件节选：
>
> 新春佳节到了，天气很冷，我们是服装工人，给您做了一件棉衣。……棉衣虽轻，但他（它）代表了70多颗诚挚的心……这件棉衣穿在您的身上，暖在我们的心里，您千万收下，一定收下!! ……您穿上这件棉衣就感到我们在您的身旁，全中国的青年都在您的身旁。都在同您一道为实现敬爱的总理为之不倦奋斗的事业而奋斗！

几经周折，包裹终于寄到了北京，送到了邓颖超手中。看到棉袄和信件，邓颖超深受感动。从不收礼物的邓颖超怕将棉袄退回伤了这些工人的心，决定收下这份真诚而特殊的礼物。她不但让秘书回了信，还随信寄上了30元钱。

> 回信节选：
>
> 她（邓颖超）看到你们七十三位青年工人同志亲手一针一线缝制的棉衣，真是穿在身上，暖在心里……寄给你们叁拾元作为衣服的成本费，这笔钱……可作为购置学习书籍和用品。

这件丝绵袄陪伴邓颖超度过了一个又一个寒冷的冬天。几年后，丝绵袄穿破了，她舍不得扔掉，就请来师傅换了新的棉袄面，继续穿。

一件丝绵袄，承载了邓颖超和天津人民之间的情深意切，而这种情感连接并非偶然。天津这座城市，是周恩来总理和邓颖超同志的第二故乡，他们曾在这里一起度过了激情燃烧的革命岁月。

1910年随母亲迁居天津后，邓颖超便和这里结下了不解之缘，她的青年时代都是在天津度过的。

五四运动中，周恩来与邓颖超初相识。当时，天津爱国学生选出骨干力量，组成了青年进步团体"觉悟社"，在那里，周恩来与邓颖超来往多了起来。邓颖超在晚年这样回忆道："后来，1920年他（周恩来）到法国去勤工俭学，我在天津当小学教师。……从1922年，1923年这个期间呢，我们之间的关系已经不是一般的同志式关系了，朋友的关系了，而是相爱的关系了。"

邓颖超对天津一直有着特别的情感。新中国成立后，她多次到天津视察指导工作。在1984年的一次视察中，邓颖超亲切会见了当年为她缝制丝绵袄的73名天虹服装厂工人。八十高龄的她与工人们一一握手，表示感谢。

1992年，邓颖超逝世。她在遗嘱中还专门提道："我是1924年在天津成立共青团的第一批团员。1925年3月天津市党委决定我转党，成为中共正式党员。"逝世后，遵照生前遗愿，邓颖超的骨灰撒入了天津海河，先前周总理的部分骨灰，也撒在了那里。

那是他们对第二故乡的不舍，对祖国和人民最为深切的眷恋。

初 心 激 响

　　我是周恩来邓颖超纪念馆讲解员张峻硕，出生于1991年。透过馆藏的这件丝绵袄，我们被邓颖超同志和服装工人们那段感人至深的情缘所打动，也更加感受到周总理和邓颖超同志与人民群众心连心、永远在一起的伟大情怀。他们为共产主义鞠躬尽瘁、死而后已的伟大精神，激励和鼓舞着我们后来人奋勇向前。

《实践是检验真理的唯一标准》的修改报样和刊发报纸
馆藏：南京大学校史博物馆
时间：1978年

音频内容二维码

真理的春风
思想解放的"春风第一枝"

讲述人:

张国立 国家一级演员、导演,曾主演《建国大业》《一九四二》等电影,《康熙微服私访记》《铁齿铜牙纪晓岚》《金婚》等电视剧

用声音刻录百年记忆,我是革命文物讲述人、演员张国立。

我要讲述的文物是刊行《实践是检验真理的唯一标准》一文的《光明日报》修改报样和最终刊行稿,现收藏在南京大学校史博物馆。这篇曾被誉为"春风第一枝"的文章一经发表,随即引发全国"真理标准问题大讨论",拉开了思想大解放的序幕。

1977年,是转折到来的"前夜",乍暖还寒。

全国人民沉浸在粉碎"四人帮"的喜悦中,人心思变,百业待举。但当年2月提出的"两个凡是",即"凡是毛主席作出的决策,我们都坚决维护;凡是毛主席的指示,我们都始终不渝地遵循"。这在理论上违背了马克思主义基本原理,在实践上也为新形势下坚持真理、修正错误设置了障碍。刚过不惑之年的胡福明当时是南京大学哲学系的教师,他决心要写一篇战斗檄文,冲破党内个人迷信的思想迷障。

什么才是我们应当坚持的真理?判断理论、观点、决策是否正确的标准又是什么?在胡福明看来,打破"两个凡是"的枷锁,党和国家才能找出"向何处去"的答案。

> 《实践是检验真理的唯一标准》节选:
>
> 检验真理的标准是什么?这是早被无产阶级的革命导师解决了的问题。但是这些年来,由于"四人帮"的破坏和他

们控制下的舆论工具大量的歪曲宣传，把这个问题搞得混乱
不堪……

7月的南京，闷热潮湿，胡福明的妻子为视力下降的老人读着报纸，他们都
会回忆起1977年的夏天。当时因妻子生病需要每日陪护的胡福明晚上就住在
医院走廊里，每天挑灯夜战，翻阅资料、旁征博引，就这样找到了突破的开关。
他要用"马克思主义的基础观点"批驳"两个凡是"。他将文章取名为《实践是
检验真理的标准》，并寄给了时任《光明日报》哲学版编辑的王强华。

在离南京千里之外的首都北京，一群有识之士同样也在酝酿真理标准这一
重大论题。中央党校理论研究室理论组组长孙长江从《光明日报》总编辑杨西
光手中获得了《实践是检验真理的标准》的校样稿，他惊喜地发现，其中的思
想观点与他不谋而合。而这种巧合，在胡福明看来，是一种历史的必然。

一个人的坚持变成了一群人的执着。第二年4月，王强华得知胡福明来北京
开会，便迫不及待地将他接到光明日报社开了稿件修改会。

前前后后，这篇6000多字的文章花了8个月才定稿。1978年5月11
日，《光明日报》公开发表这篇最终定名为《实践是检验真理的唯一标准》的文
章，新华社也随即向全国转发；5月12日，《人民日报》《解放军报》和7家省
市级大报同时转载。文章的观点朴实而深刻：检验真理的标准只有一个，就是
千百万人民的社会实践。

《实践是检验真理的唯一标准》节选：
躺在马列主义毛泽东思想的现成条文上，甚至拿现成的
公式限制、宰割、裁剪无限丰富的飞速发展的革命实践，这
种态度是错误的。

1978年，注定要成为一个以"转折"载入史册的年份。

在邓小平和许多老一辈革命家的支持下，一场关于真理标准问题的大讨论
迅速在全社会展开。为了将讨论进一步引向深入，邓小平先后去了四川、广东、

吉林视察工作，用他自己的话说，"我这是到处点火"。

一路上，邓小平讲解放思想，实事求是；也讲开动脑筋，破除僵化。11月10日，中央工作会议召开，与会人员纷纷响应要求重新确立党的实事求是思想路线。邓小平在闭幕会上的发言令人深省。

> 邓小平：一个党，一个国家，一个民族，如果一切从本本出发，思想僵化，迷信盛行，那它就不能前进，它的生机就停止了，就要亡党亡国……如果现在再不实行改革，我们的现代化事业和社会主义事业就会被葬送。

回望43年前这历史长河中的一瞬，我们要记住这篇成为号角的文章，它所催生的关于真理标准问题的划时代讨论，让思想解放的春风吹遍了神州大地。这些见证历史的报样镌刻着"解放思想，实事求是"的箴言，也将在伟大转折的辉煌篇章中，永远留下浓墨重彩的一笔。

初心激响

　　我是南京大学校史博物馆的讲解员禹俊，今年25岁。这些文物时刻向我们讲述着实事求是的价值，只有在实践中去认识、检验和发展真理，才是我们追寻真理的正确途径。

第五篇

雄心

伟大跨越

邓小平《解放思想，实事求是，团结一致向前看》讲话提纲

馆藏：中国共产党历史展览馆

时间：1978年

历史转折的宣言书
开启中国改革开放的手写提纲

讲述人：

徐 涛 配音演员、国家一级演员，曾为电影《乱世佳人》《哈姆雷特》、电视剧《三国演义》《潜伏》等多部作品配音

用声音刻录百年记忆，我是革命文物讲述人、配音演员徐涛。

我讲述的文物是1978年12月邓小平在中央工作会议闭幕会上的讲话提纲手稿，现收藏于中国共产党历史展览馆。

这份珍贵的手稿，曾一直保留在经济学家于光远家中。于光远夫妇在1997年2月将其找出后，首次对外披露。2014年1月，于光远家属将这份珍贵的手稿捐给了中国国家博物馆。

手稿由三页微微泛黄的16开纸组成，铅笔书写的讲话提纲用近400字，罗列了7个方面的问题。由这份提纲形成的讲话稿，实际上成为随后召开的十一届三中全会的主题报告，为中国特色社会主义发展之路勾勒出蓝图。

> 歌曲《祝酒歌》：
> 美酒飘香啊歌声飞，朋友啊请你干一杯，请你干一杯。
> 胜利的十月永难忘，杯中酒满幸福泪……

这首诞生于1976年的《祝酒歌》，曾是20世纪70年代末最流行的一支单曲。欢快的旋律表达出人们对即将开始的美好生活的期待。

1977年7月，党的十届三中全会一致通过了《关于恢复邓小平同志职务的决议》。

1978年10月到11月间，邓小平访问了日本、泰国、马来西亚、新加坡等

6个亚洲国家，对周边一些国家的经济发展的日新月异有了切身感受。

访问日本时，邓小平坐上了时速210公里的日本新干线高速列车。

> 翻译：怎么样，乘新干线你会有什么样的想法？
>
> 邓小平：就感觉到快，有催人跑的意思。我们现在正合适坐这样的车。

邓小平的回答饱含深意。他意识到，中国要迎头赶上世界的脚步，就必须找到一条适合本国国情的发展道路。

邓小平出访时，为党的十一届三中全会做准备的中央工作会议已于11月10日开始。11月14日，邓小平结束了对新加坡的访问。回到北京，他静静地坐在书桌前，开始构思自己在闭幕会上的发言稿。

> 邓小平故居陈列馆副馆长　何青：当时的中央工作会议，已经从原定的讨论农业和国民经济计划安排的议题，转向了怎么保证党的工作重点顺利转移到现代化建设上来、怎么才能实现安定团结的问题。

此时的中央工作会议，气氛格外热烈，与会者畅所欲言，尽吐心声。正在构思会议闭幕会发言稿的邓小平决定结合新的形势，重新考虑自己的发言稿。于是他亲自执笔起草提纲，一篇具有历史转折意义的宣言书即将诞生。

> 何青：12月2日，邓小平约胡耀邦等人谈讲话稿的问题。谈话过程中，他拿出了亲自拟定的提纲，并对提纲所列内容进行了详尽的说明。提纲里讲了7个问题：第一，"解放思想，开动机器"；第二，"发扬民主，加强法制"；第三，"向后看是为的向前看"；第四，"克服官僚主义、人浮于事"；第五，"允许一部分人先好起来"；第六，"加强责任制，搞几定"；第七，"新的问题"。

根据邓小平亲自草拟的提纲，胡耀邦、胡乔木、于光远等人继续加以完善修改。在这个过程中，邓小平又分别在12月5日、9日、11日三次与大家会谈讨论，三易其稿。最终，提纲由邓小平提出的7条调整合并为4条，这篇重要的发言稿也得以完成。

1978年12月13日，在中央工作会议闭幕会上，邓小平作了题为《解放思想，实事求是，团结一致向前看》的重要讲话。

这篇讲话卷起思想解放的风雷，驱散了那个时代困扰中国人的精神迷雾。它提出和回答了在历史转折关头党面临的一系列根本问题，明确了党在今后的主要任务和前进方向，实际上成为十一届三中全会的主题报告。

5天后，1978年12月18日，首都北京瑞雪飞扬。这一天，党的十一届三中全会在北京京西宾馆隆重召开。与之前持续了36天的中央工作会议相比，这次会议只开了5天，仿佛水到渠成、瓜熟蒂落。

初心激响

　　我是邓小平故里管理局讲解员吕薇，出生于1993年。在讲解工作中，每当我提起《解放思想，实事求是，团结一致向前看》的讲话提纲，总能引起人们的共鸣。40多年来，中国发生了翻天覆地的变化，各项事业兴旺发达、蒸蒸日上。薪火相传、生生不息，作为一名"90后"讲解员，我以能传递改革开放精神而倍感自豪。

新中国第一架自主设计的歼击机——歼-8型飞机

馆藏：沈飞航空博览园

时间：1979年

音频内容二维码

鹰击长空的传奇
英雄的歼-8 战机

讲述人：

郑　岚 中央广播电视总台央广播音员

用声音刻录百年记忆，我是革命文物讲述人、播音员郑岚。

我讲述的这件文物，是新中国第一架自主设计的歼击机——歼-8。在沈阳沈飞航空博览园的歼击机真机展厅里，人们可以看到两架退役的歼-8静静地安放在那里，虽历经岁月洗礼，仍可见当年雄姿。它的出现，标志着中国航空工业从"仿制时代"迈入了"自主研发时代"，也见证了几代航空人攻坚克难的光辉岁月。

20世纪60年代的某一天，一架美军U-2侦察机向南京逼近。我军五架战机紧急起飞拦截，天空之战，一触即发。我军的主力战机歼-6、歼-7，因性能不足，无法与之抗衡，只能无功而返。打造新的长空利器，捍卫国防安全迫在眉睫！

1965年5月17日，名为"歼-8全天候型高空高速歼击机"的研发项目被正式立项。

> 沈阳沈飞航空博览园主任　金波：歼-5、歼-6、歼-7都是仿制苏联的，但是歼-8飞机是我国自行设计制造的第一架高空高速歼击机。

从仿制到自主研发，这是一次大跨度的跳跃。这一跃如果成功，中国就有了可以直面敌对势力高空挑战的实力，可这样的技术难度在我国当时的航空工业史上是空前的。

当时，设计师交付工厂的图纸达到5万多张，要制作的各种零件1.1万多个，另有65种新材料，有些新材料是我们国家过去从没生产过的。

> 沈飞公司二级技能专家 杨国心：歼-8系列的部分连接件
> 以及部分零件都需要达到严格的尺寸精度要求，有些零件的
> 尺寸精度需要达到0.01毫米以内。

科研人员凭借着惊人毅力，把自主设计飞机的目标，慢慢变成现实。关于歼-8，曾有人问：中国人设计的战机能飞起来吗？1969年7月5日上午9时30分，新中国的数万航天人给出了答案。

歼-8首飞冲上蓝天，跃升至3000米高度，速度500公里每小时，并且经过了一系列的试飞科目检测，观看人群爆发出雷鸣般的掌声和欢呼声。

首飞任务的完成只是漫漫征程的开始。

首飞成功不久，歼-8遭遇了一个生死攸关的难题：在接近音速飞行时，飞机会出现强烈的抖振。这个问题不解决，飞机就难以实现超音速飞行。

大国重器，以命铸之。当时中国航空工业基础薄弱，想解决问题，只能上天试飞。试飞员的亲身体验，就是最直接的参考"数据"。但当时，作为试飞员生命保障的弹射救生系统远未完善，试飞员的每一次起飞都可能是永别。在一次后机身测温试飞中，飞机冒出滚滚浓烟，指挥员已下达跳伞指令，但试飞员王昂拒绝跳伞，坚持驾驶歼-8降落。王昂回忆，当时落地时，飞机的伞舱已经熔化，左轮胎也因紧急刹车而爆炸。

> 王昂：这是中国自力更生的第一架飞机，歼-8就像独生
> 子，要尽量保存。实在没有办法，牺牲也就牺牲了。

随着试飞员一次次奋不顾身地飞行，歼-8设计中的致命难题被逐一化解。

十年磨一剑。1979年的最后一个月，中国人自主研制的第一架高空高速战机——歼-8终于正式定型。它的机体细长，呈蜂腰状，总长度为21.52米，高

5.41米，机头圆形口进气，后机身内并置双发动机，因为机形匀称优美，人们戏称它为"空中美男子"。

> 军事专家 陈洪：它的速度可以达到M2.2，已经超过了两倍以上的音速。歼-7是2.02，它飞行的高度已经可以超过两万米了，因此再来什么U-2，再来什么高空侦察机，我们也不惧怕了。

20世纪80年代，随着歼-8服役，它又不断被改进、升级出歼-8全天候型、歼-8Ⅱ等多个系列机型，逐渐开始以一个家族的形态守护着祖国的长空。

2021年7月1日上午，北京天安门广场举行了庆祝中国共产党成立100周年大会。我国自主研制的6型71架军机组成4个空中梯队，驭风飞越天安门广场上空，向伟大的中国共产党百年华诞致以最崇高的敬意，表达最深情的祝福。

初心激响

我是沈飞航空博览园的讲解员薛海梅，在这里已经工作13年了。向游客普及航空知识和祖国航空工业发展壮大的历史是我的职责，我希望更多的人能够通过我国飞机的研发历程，了解中国航空人的故事和精神。

文 物 展 示 ————————

孔繁森在西藏随身携带的小药箱

馆藏：孔繁森同志纪念馆

时间：1988—1994年

小小药箱情 拳拳公仆心
援藏干部孔繁森的故事

讲述人：

刘纪宏 解放军文工团（原总政话剧团）国家一级演员，曾多次荣获军内外表演奖、导演奖、编剧奖

用声音刻录百年记忆，我是革命文物讲述人、演员刘纪宏。

我要讲述的文物是陈列在山东聊城孔繁森同志纪念馆里的一只小药箱，是国家一级文物。这只药箱产于20世纪80年代初，皮革材质，长33厘米，宽15厘米，高26厘米。它见证了援藏干部孔繁森一件件催人泪下的动人事迹，也印刻着孔繁森情系群众的赤子之心。

"是七尺男儿生能舍己，作千秋鬼雄死不还乡。"这是1979年孔繁森写下的条幅，那一年，国家要从内地抽调一批干部到西藏工作，时任中共聊城地委宣传部副部长的他主动报名，入藏后担任日喀则地区岗巴县委副书记，工作三年。自此，孔繁森和雪域高原结下了不能割舍的缘分。

42年前，西藏的基础设施十分落后，尤其是医疗条件，就连省会拉萨也仅有几家医院，更不用说地处偏远的牧区。

在自然条件恶劣的贫困地区，农牧民生了病只能咬牙硬撑，有时甚至会因为简单的感冒发烧、腹泻得不到及时治疗而失去生命。孔繁森看在眼里，急在心中。

孔繁森同志纪念馆副馆长 李建国：他（孔繁森）回来的时候，跟他的老首长徐诚主任说起这件事。她就把在济南军区为闺女准备的小药箱给他，说："给你吧，你的用处更大，可以给藏族人民带点药。"所以孔书记每次下乡的时候都带着这个小药箱。

1988年10月，孔繁森在母亲年迈、孩子年幼、妻子体弱多病的情况下，克服困难，带着小药箱二次进藏，担任拉萨市副市长。

仅4个月的时间，孔繁森就跑遍了全市8个县区所有的公办学校和一半以上的乡村小学，将拉萨的适龄儿童入学率从45%提高到80%。

为结束尼木县续迈3个乡群众因为饮水问题患大骨节病的历史，他几次爬到海拔近5000米的山顶水源处采集水样。熟悉的人，都知道孔繁森常年戴着帽子，却不知道他的头风一吹就疼痛难忍。而常用的手杖，则是用来支撑那条膝关节已病变的腿。

自己的病没空去治，可在工作之余，孔繁森却运用自己当兵时所学的医疗知识，给农牧民们听诊、发药。无论走到哪里，小药箱都是他随身必备的"秘密武器"。李建国说，这些药都是他自掏腰包购置的。

堂堂拉萨市副市长走到哪里，都为普通百姓看病送药，听来有些不可思议，可这就是孔繁森一直坚持的——用自己有限的力量、尽最大可能为群众排忧解难。

有一次，孔繁森在敬老院看到一位藏族老人的脚因为烫伤溃烂发炎了，他立刻打开随身携带的药箱，为老人擦洗涂药，又轻轻地用纱布包扎好，临走时，还掏出身上仅有的30多块钱塞到老人手里。老人眼中含着热泪不停地念叨："这真是活菩萨啊！"孔繁森常说："见到这些孤寡老人，就像见到我远在家乡的老母亲，照顾好这些老人，也就是为我的老母亲尽孝了。"

1992年，第二次援藏期满后，孔繁森又被留在了西藏。这回，他被任命为西藏阿里地委书记。

阿里地区平均海拔4500多米，气候恶劣、高寒缺氧。但孔繁森硬是在不到两年的时间内，跑遍了全区106个乡中的98个乡，行程8万多公里。

短短两年后，高大的厂房在空旷的荒原上拔地而起、公路口岸陆续开通，但人们敬爱的孔书记却再也看不到了。1994年11月29日，孔繁森在去新疆塔城考察途中，因车祸殉职，年仅50岁。当时人们在他的遗体上找到的现金只有8元6角，而他的公文包里装的，是关于发展阿里经济的12条建议。

"一尘不染，两袖清风，视名利安危淡似狮泉河水；二离桑梓，独恋雪域，置民族事业重如冈底斯山。"这两行字镌刻在阿里烈士陵园孔繁森墓两侧，更深深镌刻在阿里人民的心里。

孔繁森精神激励着无数坚守高原的党员干部，如今阿里地区已经实现了全部脱贫。在这片神圣而古老的净土上，人们正携手奋进，走向充满希望的小康生活。

初 心 激 响

　　我是孔繁森同志纪念馆的讲解员李凯，出生于1992年，小药箱背后是孔繁森同志无私忘我的对西藏同胞的一片赤诚之心。作为一名"90后"讲解员，尤其是去孔繁森书记生前工作过的阿里地区体验了一次，孔书记在那里太不容易了，回来后，我就想尽可能多地给大家分享一些孔繁森的故事，让大家了解他、学习他这种精神，并把他的精神发扬光大。

关于蛇口工业区实施《工资改革方案》的批复

馆藏：深圳博物馆

时间：1983年

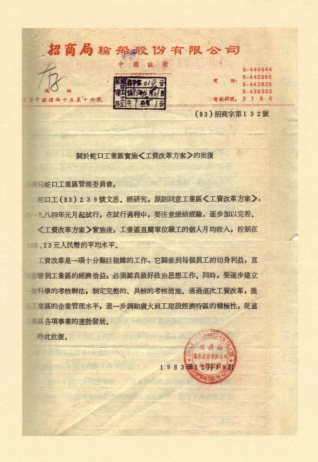

"4分钱"打破"大锅饭"
惊动中南海的"4分钱奖金"

讲述人：

任鲁豫 中央广播电视总台央视主持人，多次参与主持央视春节联欢晚会

用声音刻录百年记忆，我是革命文物讲述人、主持人任鲁豫。

我要讲述的这件文物，是1983年关于蛇口工业区实施《工资改革方案》的批复。批复中直言：工资改革是一项十分艰巨复杂的工作。但泛黄的白纸上，工整的印刷体字迹与红色的印章彰显着工资改革的坚定。

现在，这份文件就静静地躺在深圳博物馆的玻璃柜内。博物馆外深圳的日新月异，正始于40年前那段打破"大锅饭"，勇于追求"时间就是金钱，效率就是生命"的日子。

1979年7月，炸山填海的开山炮犹如一声春雷，宣告了中国改革开放春天的来临。

1979年的蛇口，是改革开放的前沿阵地。当时，蛇口急需新建一个码头，使得运送建设物资的船只能够靠岸，600米的顺岸码头工程成为蛇口第一批基础设施的重头戏。通过公开招标，项目由原交通部四航局承建。

> 时任交通部四航局二处办公室副主任 阮祥发：这是我们四航局历史上第一个签订的有奖罚条款的项目。如果推迟一天，就每天按照工程项目工程总造价的1%进行罚款。提前竣工的有奖励。

建码头要炸山填海，大量的土石方需要转运。工期紧迫，但吃惯"大锅饭"的工人们却在"磨洋工"，上厕所、车抛锚、迟到早退……即便是开着进口的日

本挖土机和翻斗车，施工队每天每辆车只能拉20多车土石。

眼看着工期赶不上，怎么办？当年10月，蛇口工业区开出了一剂"猛药"——定额超产奖励制：工人每天装运石料定额40车，超出的，每多拉一车，就奖励4分钱。原交通部四航局机械队汽车分队书记林重庆说，超产奖励制度一出，整个工地都沸腾了。司机跟他讲："书记，我们干了一整天，连上厕所都忍住了，有一部分人可能达到130车。"

干劲很快被调动起来，阮祥发回忆说，工人们一个月赚的钱比原来平均翻了三倍，工程进度也飞速提高。第二年，码头一期工程提前一个月竣工，为国家节省130万元资金。

今天很多人习以为常的KPI奖金激励机制，在当时可谓史无前例的大胆创举。很快，反对"奖金挂帅"、认为此举"冲了红灯"的质疑声四起。

1980年4月，"4分钱"定额超产奖励制被叫停了，码头二期工程的进度像踩了急刹车一样。在二期工程面临逾期的情况时，一份内参被直接送进了中南海。当年8月份，在党中央的支持下，蛇口工地上的定额超产奖励制度重新恢复，并且进一步细化为：工人每天完成55车定额任务，每车奖励2分钱；超出55车，每车奖励4分钱。工地上热火朝天的场面又回来了。那年冬天，每位建设者都收到了另一份提前完工的"特殊奖金"。阮祥发回忆说："我们利用这笔奖金，从香港运一批电视机和录音机过来，按照每一个参建职工人手一份。那个时候电视机在国内你都买不到，1980年有几个家里有电视机？"

1983年，蛇口工业区正式实施收入分配改革。在蛇口工业区《工资改革方案》中，明确了基本工资加岗位、职务工资加浮动工资的工资构成。而分配制度改革加快了深圳经济特区建设速度，蛇口的"高效率"与当年建设"国贸大厦""三天一层楼"的壮举一起，构成了"深圳速度"的标志、特区建设的符号。这一经验很快在全国的许多地方被积极推广，成为后来国内企业分配的主流模式。

> 深圳博物馆馆员 崔波：1983年蛇口对工资制度有了一个相对比较明细的文件出台，它跟当年我们说的"4分钱"超产奖励制度，还是有承接关系，从点到面地实施改革。

姓名	工资			缺勤天数/金额				应发工资						扣款		实发工资	
	基本	职务	浮动	事假	金额	病假	金额	应付	加班	金额	独生子女	工贴	合计	房租	扣款	兑换券	人民币
***	77.00	64.00	60.00					201.00				12.00	213.00			40.70	172.30
***	123.00	133.00	90.00					346.00			5	12.00	363.00			57.90	305.10
***	93.50	84.00	60.00					237.50				12.00	249.50			46.10	203.40
***	112.50	149.00	60.00					321.50			5	12.00	338.50			58.70	279.80
***	96.00	107.00	60.00					263.00			5	12.00	285.00			50.00	235.00
***	121.00	149.00	90.00					360.00			5	12.00	382.00			60.00	322.00

1983 年蛇口工业区实行《工资改革方案》，突出"薪随岗定、岗动薪动"。表为 1985 年 12 月蛇口电脑公司职工工资表（深圳博物馆 供）

从"4 分钱奖金"到蛇口工业区《工资改革方案》，在那个耻于谈钱、羞谈利益的年代，人们第一次触摸到了市场经济的冷暖。也是自那时开始，从劳动用工制度，到干部人事制度；从工程招投标制度，到城市居民住房制度，1979年到 1984 年间，蛇口创造了 24 项全国第一，深圳经济特区的外汇收入增长了两倍，和外商签订经济合作协议 2500 多个，工农业总产值比创建时的 1980 年增长了 8.4 倍。

"时间就是金钱，效率就是生命"，中国改革开放从此开启绚丽篇章。

初 心 激 响

我是深圳博物馆的讲解员傅书珍，出生于 1994 年。每当讲到蛇口在全国最早实行的工资分配制度改革时，我都会被特区人民"敢为天下先"的勇气和智慧深深打动。我将汲取特区精神的源源动力，在自己的工作岗位上埋头苦干、发光发热。

南沙群岛上的第一面五星红旗

馆藏：中国人民革命军事博物馆

时间：1988年

音频内容二维码

国旗在南沙飘扬

南沙群岛上空的五星红旗

讲述人：

铁 城 中央广播电视总台央广原播音员、播音艺术家

用声音刻录百年记忆，我是革命文物讲述人、播音员铁城。

我讲述的文物是南沙群岛上升起的第一面五星红旗，现收藏于中国人民革命军事博物馆。折叠起来放在展柜里的这面五星红旗，看上去并没有什么特别，甚至在军博的藏品当中，它的历史也算不上久远——只有30多年。红底色和黄五星都不再是崭新的样子。如果展开来，还能看到边缘有破损。这些岁月的痕迹来自南海炽热的阳光和潮湿的海风洗礼。它曾于1988年1月飘扬在北纬9°、东经112°的永暑礁上，是南沙群岛上升起的第一面五星红旗。

1987年11月，国务院和中央军委批复同意在南沙永暑礁建设有人驻守的海洋观测站，并对周围海域侦察监视，保证海洋站自身安全。第一批海军陆战队队员、第一批南沙守礁官兵之一邵建民回忆，火车载着他和战友们出发了。

1988年1月，南海舰队驱护舰编队远航南沙，到达永暑礁海域。国防大学教授张文杰介绍说，正是在这里，我军升起了南沙群岛上的第一面五星红旗。

> 张文杰：下午4点，我们的508护卫舰派出6名官兵驾驶小艇登上永暑礁，升起南沙群岛上的第一面五星红旗。

如今这面收藏在军博的五星红旗，当年曾是我国在南沙主权的象征。战士们为了守卫这份神圣的主权，开始了在茫茫大海上的"守礁生活"。

他们面对的第一个难题就是在礁盘上搭建起临时的"落脚点"，也就是"高脚屋"。没有电灯、电话，这种10平方米的海上小屋，以钢钎搭架，竹竿作柱，

篾席为墙，沥青封顶，被戏称为"海上猫耳洞"。永暑礁上的第一个高脚屋是在1988年2月16日农历除夕这天建成的。阵阵海浪声取代了喧嚣的鞭炮，5名海军官兵作为第一批驻防南沙高脚屋的守礁卫士，就在这里度过了特殊的除夕之夜。

每天24小时都在这间小小的屋子里，闷热、蚊虫还好说，最让人发愁的是补给。永暑礁没有淡水，有时候赶上台风，补给船不到，小屋被掀起的巨浪冲击着，守礁官兵们还得自己接雨水净化。这些年轻的战士就这样默默守护着，用青春换来了祖国海疆的尊严，为中国海军"走向深蓝"留下了希望的火种。

那年正月还没过完，1988年3月14日早晨，永暑礁以东大约80海里的赤瓜礁海域，中方502编队派出两批登礁人员，增援守礁分队，杨志亮就是其中一位。出征前他们留下了这样的誓言：

> 有我们在，就有国旗在，就有礁盘在，宣誓人：杨志亮……

28年后，南中国海上又一次响起杨志亮和战士们宣誓的声音。

2016年12月20日，中国海军第25批护航编队即将驶离祖国。那一年，杨志亮已经是编队政委了，他站在第一排领誓。也是2016年初，杨志亮曾随海军慰问组重访阔别28年的南沙，登上自己当年守卫过的赤瓜礁盘，泪水模糊了双眼。他全身伏在地上，贴着礁盘，倾听大海的呼唤，亲手装上一瓶沙子，灌上一壶海水。

从高脚屋到礁堡，再到现代化的营房、医院、气象站；从一封信要邮寄半年，到现在手机信号全天候覆盖；从坐船来回要十多天，到现在民航飞机几个小时就能往返……杨志亮、邵建民们守卫过的南沙，已经大不同了。唯有南中国海上的五星红旗依旧迎风飘扬。

　　我是中国人民解放军海军博物馆讲解员王宇，出生于2000年。和平、开放、自信的中国海军正在走向世界，传递构建人类命运共同体、海洋命运共同体的重要理念。我也会在自己的工作岗位上，以海军官兵为榜样，为实践和传递这些理念，一路远航。

包兰线沙坡头地段铁路治沙防护体系获奖证书

馆藏：中国科学院寒区旱区环境与工程研究所

时间：1988年

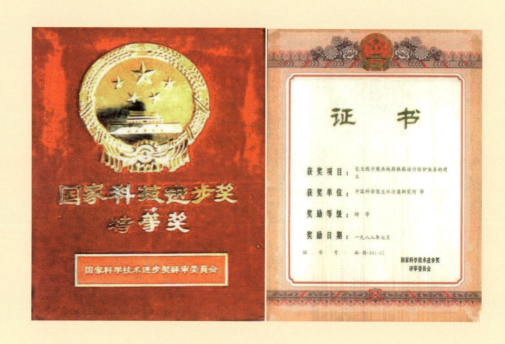

固沙"田字格"
沙坡头治沙传奇

此篇讲述的文物是一本证书。鲜红的证书封面上，印着烫金的中华人民共和国国徽图案和"国家科技进步奖特等奖"几个大字。证书里面获奖项目一栏写着：包兰线沙坡头地段铁路治沙防护体系的建立；获奖单位是中国科学院兰州沙漠研究所等。

这本证书收藏在中国科学院寒区旱区环境与工程研究所的档案室里，它的照片在宁夏中卫沙坡头沙漠博物馆展出。这本看似普通的证书，记录着中国人顽强拼搏、科学治沙、与自然对话的历史。

1958年8月1日，华北通往西北的主要铁路干线之一——包兰铁路全线通车。它是中国乃至世界第一条穿越沙漠的铁路，其中，16公里是在100多米厚的腾格里沙漠流动沙丘区，核心位置就是现在的宁夏沙坡头风景区一带。

在此之前，世界上还没有在流动沙丘修筑铁路的先例。很多国外专家认为，即使铁路修建完成，运营也会受到流动沙丘的侵扰，长期保持畅通安全几乎是不可能的事。

为了挑战不可能，人们开始不断研究尝试。刚开始，为了阻止沙漠流动，大家先将麦草平铺到沙漠里，再用沙子盖在麦草上，试图固定住沙漠。可西北的冬天，一场大风过后，干燥的沙子早已从麦草的缝隙中漏了下去，麦草便常常被吹个精光。如何将麦草固定住呢？曾担任铁路中卫固沙林场场长的张克智说，林场职工的一次无心之举给了他们启发。

张克智：技术师傅跟职工们在现场拿着铁锹，大风吹的时候，看到麦草"哗哗"被风吹走了，有个职工顺手就用铁锹把麦草挡了一下，扎到沙子里面去了。大风过去以后（他们）到现场考察，看到其他的全军覆没，麦草刮得一枝不剩，唯有扎到沙子里面的这一铁锹麦草还是原封不动，这就受到了启发。

在科学家们的带领下，人们在无数次与大自然的对话中探索麦草方格的最优方案。比如麦草扎成什么形状？圆形还是方形？再比如麦草的间隔、大小又是如何？经过无数次实验，最终研究出了享誉中外的1米×1米麦草方格治沙技术。它就像一张大网，把流沙牢牢地固定在网格区域内。看似简单的技术，在科研水平落后的情况下，科学家们通过近10年才反复试验论证出来。

麦草方格技术操作起来并不难，就是用1公斤重的小麦秸秆在沙漠里扎1米×1米的草方格，扎入沙里和露在外面的麦秆长度，都为15厘米左右，这些外露的麦草在沙地上形成一个1米×1米的围墙，固定住了沙漠的流动，对风形成一定的阻力。中国科学院沙坡头沙漠研究试验站副站长张志山说，这项技术"求真"的同时，还特别务实。

张志山：除了作用是最好，还好算账。一个草方格就是1公斤麦草。再有就是好施工。

扎好麦草方格只是固定流沙的第一步。此后，在麦草墙中撒下沙生植物的种子，随着麦草腐烂，种子生长，地衣、蕨类、草本植物、灌木、半灌木更替生长，三五年间可形成一个小生态系统，让叛逆的沙子乖顺起来。

著名科学家、我国近代地理学和气象学奠基人竺可桢在他写的《向沙漠进军》一文中，对包兰铁路沙坡头段治沙成果做了如下评价：

我们向沙漠进军，不但保护了农田，开辟了绿洲，而且对交通线路也起了防护作用。包兰铁路通车以来，火车在沙漠上行驶，从来没有因为风沙的侵袭而发生事故。

随后，科学家们和林场职工共同努力，创造性地建立起了"五带一体"治沙防沙工程，就是以铁路为轴线，在两侧分别建立固沙防火带、灌溉造林带、草障植物带、前沿阻沙带和封沙育草带，确保了包兰铁路60多年的畅通无阻。1988年，"包兰线沙坡头地段铁路治沙防护体系的建立"被评为国家科技进步奖特等奖。

从高空俯瞰，呼啸的列车宛如一条钢铁巨龙穿梭行进在沙海间。每到夏秋时节，包兰铁路沙坡头段两侧，仍然可以看到工人、农民扎麦草方格的身影。

> 张克智：现在每年就是修修补补，哪里损坏了就补上一点。因为沙漠是动态的，还需要人去维护它，还需要人去创新。这个技术也不能说是一劳永逸的。通过技术的进步，总还会创新一些技术出来，这都需要艰苦奋斗和奉献精神。这个精神确实需要传承。

初心激响

我是宁夏中卫沙坡头沙漠博物馆的讲解员王惠。每当讲起治沙的历史，我眼前就呈现出一代代治沙人的艰辛历程。大家所看到的沙坡头地段铁路治沙防护体系，保护了包兰铁路的畅通无阻，也为国内外治沙提供了中国智慧。如今这里已经不再是魔鬼的城堡，而是具有无限生机的沙漠绿洲。让我们保护生态环境，从我做起。

"海关902"缉私艇

馆藏：中国海关博物馆

时间：1989年

海上缉私英雄艇

邓小平视察南方坐的"功勋船"

讲述人：

黄　薇　中央广播电视总台主持人，曾主持《夕阳红》等节目

用声音刻录百年记忆，我是革命文物讲述人、主持人黄薇。

我讲述的这件文物是"海关902"缉私艇。它长58.5米，高13米，最大宽度7.8米。902艇于1989年在拱北海关投入使用，2009年正式退役，现收藏在中国海关博物馆里，为馆藏国家一级文物。

一艘船是怎么成为文物的？下面让我们来揭开它的神秘面纱。它是由我国自行设计建造、当时珠江水域上最为先进的船艇之一，总排水量达400吨，抗风能力8级，并配有卫星定位、雷达导航跟踪搜索等系统。服役20年间，这艘缉私艇为打击海上走私违法犯罪活动立下战功的同时，也见证了改革开放后中国海关履行使命、把好国门的光辉历程。

902艇服役的拱北海关位于我国首批经济特区之一的广东珠海，这里通过水路与香港相连，又通过陆路与澳门相通，堪称改革开放的最前沿。

在珠海这片黄金海域上，每天都有数千艘大大小小的往来货船，一派繁忙景象。但这也让一些不法分子有了可乘之机，利润空间极大的海上走私猖獗起来。

为了维护国家利益，1989年7月20日，902艇在拱北海关正式投入使用，和缉私队员们一道开始了英勇的海上征程。

也就在这一天，拱北海关接到线索，一艘走私船将趁着夜色从珠海水域驶出。接到任务的902艇载着缉私队员们于午夜时分来到拦截区域，在漆黑的大海上静静等待可疑船只的出现。指挥员紧盯雷达，一刻不敢放松。

突然，一个可疑目标出现了！902艇全速追击，时速近80公里，走私船则

铤而走险，全速逃逸。在两船靠近的千钧一发之际，缉私队员迅速跳到走私船上，控制住了犯罪分子。

> 原"海关902"艇缉私队长 吴金鹏：凌晨2点钟，我们到达了目的海域，当时海面风力已经达到了7—8级，这样的恶劣天气非常不利于我们查缉，稍有不慎就有粉身碎骨、跌落海底的危险。凭借我们过硬的操控能力，我们成功登船，并控制了该船。

最终，英勇的队员们在走私船上查扣了一批案值100多万元的旧汽车，该案也成为当年拱北海关海上渠道查获的首起旧汽车走私案。902艇一经投入使用，便立下了赫赫战功。

各类走私手表、电视机、布料，甚至还有走私的名人字画、动物化石和标本……凡此种种，让人触目惊心。随着我国进出口贸易管理制度日趋完善，走私空间被大大压缩了。然而，走私的暴利依然让不少人甘愿铤而走险。

缉私队员们日复一日坚守在时而风平浪静、时而波涛汹涌的海面，与走私分子周旋，牢牢地把守着这第一道国门。902艇也收获了累累荣誉。它服役期间，海关先后查获海上走私案件上千宗，总案值达3.5亿元人民币。

原拱北海关缉私分队长黄健骄傲地称它为"功勋船"。

这艘功勋船，还接到过一项光荣而艰巨的任务。

1992年1月23日，邓小平同志搭乘902艇从深圳前往珠海，共计24海里。在珠江口辽阔无垠的水域上，在902艇热闹的船舱里，他畅谈改革开放，发表了著名的南方谈话的重要部分。

您可能会问，这艘缉私艇，为什么能获得接送邓小平等中央领导同志的殊荣呢？中国海关博物馆副馆长李海勇为我们揭开了答案。

> 李海勇：第一，当时从深圳到珠海，海路是最快的、最便捷的；第二，当时这艘船是整个珠江口水域最为先进的船

之一；第三，跟我们海关的职业特性有关，海关是一支政治坚强、业务过硬、值得信赖的队伍。

政治坚强、业务过硬，这无疑是对海关人最好的褒奖。2009年11月19日，"海关902"艇顺利完成了第1012次巡航，光荣退役。它像是一位久经沙场的战士，满载着功勋与荣誉，圆满完成了使命。之后，它被拆卸后运往千里之外的北京，并按原样1:1组装，供人们参观。

　　李海勇：这个船见证了改革开放的一个重要时间节点，它是中华民族伟大复兴、伟大进程的见证物，对于我们了解改革开放的发展进程、了解我们这个伟大的改革开放所取得的伟大成就，加强爱国主义教育都是具有重要意义的。

这艘曾经在南海劈波斩浪的英雄艇，如今正以另一种姿态，引领我们回味改革开放的一段段伟大航程，回眸海关守护国门的一幕幕光辉瞬间。

★ 初心激响

　　我叫张汝娴，今年29岁，是中国海关博物馆的一名讲解员。902艇退役后，正式入藏中国海关博物馆，成为中国海关与国家同呼吸、共命运伟大历史的最好见证。今天，作为一名新时代的青年人，我将带领大家感悟海关与国家主权、民族兴亡的历史脉动，将海关红色故事讲述给更多的人。

人民法院庭审第一槌

馆藏：中国法院博物馆

时间：2001年

法庭敲响第一槌
人民法院的"一槌定音"

讲述人：

李洪岩 中国传媒大学播音主持艺术学院教授，博士生导师，著有《诗歌朗诵技巧》等作品

用声音刻录百年记忆，我是革命文物讲述人、大学教师李洪岩。

我讲述的文物，是"人民法院庭审第一槌"。槌头为雕工精细的獬豸造型，槌柄上刻有麦穗和齿轮，用花梨木雕刻而成，外形庄重古朴大气，现收藏在中国法院博物馆。

2001年9月14日，福建省厦门市思明区人民法院开庭审理一起受贿案，审判长、法院院长陈国猛首次在庭审中敲响法槌，开启了庭审规范化改革的新探索。当时合议庭组成人员郑志勇说："在陈院长使用法槌的主持下，整个庭审活动得以顺利有序地推进和完成。通过这次法槌的敲响，既强化了庭审的现场效果，也彰显了司法的严肃权威。"

"在庭审中使用法槌"的建议是厦门市中级人民法院研究室副主任、时任思明区法院研究室负责人的黄鸣鹤提出的，而所谓"灵感"竟然是一次法庭秩序失控的庭审激发出来的。"当事人大声喧哗，法官制止无效，气得都拍桌子了。拍完桌子以后，当事人冷静下来，但是所有的人都觉得这个场景很不雅。"

什么样的工具可以帮助法官有效维护庭审秩序、掌控庭审节奏、保证顺利开庭呢？黄鸣鹤等几位年轻法官讨论热烈。有人提出，可以借鉴西方某些国家法院使用的法铃；有人坚持，应该传承中国古代县衙升堂断案时使用的惊堂木。黄鸣鹤则提议，使用国际上通用的法槌。最后达成比较一致的意见：我们要创设一个中国的法槌，而且这个法槌要体现中国传统的法文化。

如何体现中国传统法文化？思明区法院民四庭庭长戴建平说，当时法官们

不约而同地想到了用中国古代传说中的独角神兽"獬豸"作为槌头。

> 戴建平：它（獬豸）能辨认善恶忠奸，被视为公平正义
> 的象征。它的形象是怒目圆睁，真的会令罪犯不寒而栗，这
> 也与法官的威严形象、法庭的严肃氛围是相契合的。

法槌的槌柄借鉴了拍卖槌的样式，但所不同的是，上面刻有花纹。"在法槌的手柄上雕刻出麦穗和齿轮，表现出审判权力源于人民、掌握在人民手中的深刻内涵。"厦门大学法学院教授、时任思明区法院审判员的郑金雄说。

厦门思明区法院庭审使用法槌的探索，很快引起最高人民法院的关注，经过调研，决定将这一经验向全国法院推广，金色的法徽代替了獬豸，槌身上增加了法院的名称，法槌的颜色、底座的颜色，跟法庭颜色一致，均为红棕色，这样体现了法庭的庄严。

2001年12月24日，最高人民法院审判委员会通过了《人民法院法槌使用规定（试行）》，明确了法庭审理中使用法槌的不同阶段及程序。

审判长在宣布开庭、继续开庭时，先敲击法槌，后宣布开庭、继续开庭；宣布休庭、闭庭以及判决、裁定时，先宣布休庭、闭庭以及判决、裁定，后再敲击法槌。在庭审过程中，当法槌敲响后，诉讼参与人、旁听人员应立即停止发言、喧哗或其他有碍庭审进程的行为，否则将按照规定追究其法律责任。

> 中国法院博物馆馆长 王海波：从2002年6月1日开始，
> 全国法院统一使用这种标准法槌，不管是独任审判员，还是
> 合议庭，在开庭的时候都要按照使用规定使用法槌，便于审
> 判人员更好地掌控庭审的节奏，维持法庭秩序。

庭审规范化、专业化的改革进程，还体现在法官着装的改变。无论是2000式，还是2010式，法袍的黑色散袖口、领饰上均刺绣着华表、天平、麦穗，装饰扣或胸前有金黄色法徽图案，红色半前门襟更是寓意深远。

王海波：仔细看，华表柱放在天平的最中间，它象征着人民司法是以人民为中心的；天平，代表着公平正义；红色矩形带，既是国旗的红色，也是党旗的红色，说明人民法院是在党的领导下、在国家的政治体制建构之内的。

随着法槌一声声敲响，中国特色社会主义法治建设阔步前进。曾在最高人民法院司法改革办公室工作多年、现为同济大学法学院院长的蒋惠岭说，党的十八大以来，我国司法改革以前所未有的力度、速度和深度向前推进。"习近平总书记提出要让人民群众在每一个司法案件中都感受到公平正义。要想达到这样至高的标准，其实还有很多事情要做，司法改革一定要回归司法规律；要注重人民群众的感受；队伍素质要精良，作风要端正，诉讼要便捷，程序要公正，实体要公平。"

如今，司法改革的成果逐渐呈现：立案登记制，解决老百姓打官司难；裁判文书上网，以公开促公正；基本解决执行难，维护司法权威；改革监察制度，加大打击腐败的力度；多元化纠纷解决机制、公共法律服务全覆盖；科学立法、严格执法、公正司法、全民守法深入推进。全面依法治国的宏伟蓝图正在绘就。

★ **初心激响**

我是中国法院博物馆的讲解员台艺茹，出生于1994年。奉法者强则国强。穿上法袍，坚守的是公平正义的底线；敲下法槌，托举的是头顶国徽的威严。法袍和法槌的使用既体现了现代司法文明的要求，又是全面推进依法治国进程的足迹。我们将传承法治精神，讲述好中国法治故事，展现中国特色社会主义法治文化的独特魅力，为全面推进依法治国贡献自己的一份力量。

签署中国加入世界贸易组织法律文件使用的文具

馆藏：中国国家博物馆

时间：2001年

金笔绘就入世图
金笔见证的历史性时刻

讲述人：

刘 风 国家一级演员、上海电影译制厂厂长，配音代表作有《诺丁山》《翻译风波》《功夫熊猫》等

用声音刻录百年记忆，我是革命文物讲述人、配音演员刘风。

我要讲述的文物是签署中国加入世界贸易组织法律文件时使用的文具。这套文具一共有三件，包括签字笔、墨水瓶和吸墨器。

三件套中的金笔，是当年英雄金笔厂专门为中国入世打造的。这是一支18K金笔，笔身采用中国古老的点螺工艺，配以红木雕花底座，既精美又富有民族特色，既古朴典雅又庄重大气。如今它们都被收藏在中国国家博物馆中。

从1986年正式递交"复关"申请算起，中国入世谈判经历了15年的漫长历程。如此跌宕起伏、艰苦卓绝的谈判，在关贸总协定和世界贸易组织的历史上，绝无仅有。为什么一定要入世呢？原外经贸部副部长、中国复关及入世谈判代表团第四任团长、首席代表龙永图说，一开始就是为了"平等"，要"争口气"。

> 龙永图：我们当年为什么用那么大的精力、耐力去坚持15年的谈判，就是我们有这样一种信念，中国必须成为全世界大家庭中平等的一员。当时的关贸总协定、后来的世界贸易组织，100多个国家都是成员，为什么中国作为一个大国被排斥在外？我耿耿于怀，坚持了很多年就是要争取中国在世界大家庭中平等的地位。

2018 年改革开放 40 年之际，龙永图接受记者丁飞专访

1992 年前，为证明是"市场经济"的经贸体制，中国接受了 5 年多的审查。之后是关税谈判，涉及 6000 多个税号，要一个产品一个产品地谈，一个国家一个国家地谈，但首要面对的是美国。美国是进口大国，市场最大，声音也最为响亮。谈判前前后后历经 6 年，受中美关系影响，几度中断，又几度重启。谈判团队既要面对复杂的国际环境，也要面对国内各部门、各行业的自我保护。每往前走一步，都举步维艰。

1999 年 11 月 10 日，中美迎来了第 25 轮谈判，谈判持续了 6 天 6 夜，异常艰苦，最后仍剩下 7 个问题无法达成共识，谈判陷入僵局。15 日上午 9:30，时任国务院总理朱镕基出现在外经贸部，亲自上场谈判。面对美国人抛出的前 3 个问题，朱镕基都说"我同意"。龙永图着急了，不断向朱镕基递纸条，上面写着"国务院没授权"。没想到朱总理一拍桌子，说："龙永图，你不要再递条子了。"当美方抛出第 4 个问题时，朱镕基说："后面 4 个问题你们让步吧，如果你们让步我们就签字。"5 分钟之后，美方同意了中方的意见，中美终于达成协议。

2001 年 9 月，中国加入世界贸易组织的所有法律文件在日内瓦获得通过。一个多月后，上海英雄金笔厂接到了一项特殊任务：外经贸部石广生部长将前往多哈，要用笔。上海英雄（集团）有限公司经济营运部副经理韩明回忆，那时已经是10月20日了，距离入世签字只有20天。

> 韩明：我们当初考虑选择这款笔，因为它大气，并且用到了两种工艺，红木雕刻和大漆点螺。大漆点螺是一个中国传统古典工艺，将我们吃的生蚝的壳磨成薄片，镶在大漆中，然后打磨。我们到了北京以后，在忐忑等待中，最后告诉我们，选中了我们的笔。

4天，上海英雄金笔厂将车工、抛光等200多种复杂工序分解到每一个人，24小时不停运转，完成了入世纪念笔的生产任务。

2001年11月11日，时任中国外经贸部部长石广生用国产英雄钢笔在厚达1000多页、重10多公斤的中国加入世贸组织议定书上签下了名字、日期和"须经批准"字样，中国成为世界贸易组织第143个成员。

2017年，英国"大英博物馆100件文物中的世界史"展览在中国国家博物馆举行。面对100件精美文物，国博选择"宣布中国重返世贸组织的木槌和签字笔"作为第101件展品。时任国博负责人说，这是因为它显示了当代中国融入经济全球化的努力，以及始终对世界敞开中国大门，为全球经济稳定、增长作出贡献的意愿。

★ 初 心 激 响

我是中国国家博物馆讲解员高雅，生于1994年。国博的这件文物见证了20年前我国加入世界贸易组织的历史性时刻，由此掀开了改革开放崭新的一页。今天的中国，已经成为世界货物贸易第一大国，既是全球化的受益者，也是贡献者。不仅如此，我们还在继续对外开放，继续为世界经济作出贡献。我为强大的祖国感到骄傲！

航天员杨利伟穿过的航天服

馆藏：中国国家博物馆

时间：2003年

航天员的护身服

太空 21 小时中的"护身符"

讲述人:

杨利伟 首位叩访太空的中国航天员

用声音刻录百年记忆,我是革命文物讲述人、中国首位进入太空的航天员杨利伟。

我讲述的文物,是我在神舟五号载人飞船舱内曾经穿过的航天服。这件航天服重约 10 公斤,用特殊的高强度涤纶做成,心脏部位有一个可以拧动的圆形装置,用来调节衣服内的压力、温度和湿度。衣服右腹部位置有一根细管,是航天员的通信电缆;左腹部处有两条管路,是给航天员供氧和排放二氧化碳的设备。这件珍贵的航天服曾陪我一起,见证了中国航天的历史时刻,现在收藏在中国国家博物馆里。

2003 年 10 月 15 日,对中国航天来说是一个意义非凡的日子,因为这一天标志着中国成为继俄罗斯与美国之后,第三个将人类送上太空的国家。在酒泉卫星发射中心的航天员公寓——问天阁外,我穿着那件连体航天服,作为中国首位航天员领命出征。中国国家博物馆藏品保管部李琮说,那时,没有人想到,这件航天服将见证后来那么多惊心动魄的时刻。

李琮:航天员在航天器发射、返回和在轨道运行期间发生密闭舱失压等事故时,必须穿上舱内航天服。航天服因具有充压和加压的重要功能,将起到保护航天员生命安全的关键作用。舱内航天服通常是为每一位航天员定做的。

中国航天人的不懈努力,此刻化为天地间彼此的信任与默契。怕吗?说不怕是假话。载人航天，人命关天，在我走向神舟五号之前，人类航天史上已有22名航天员献出了自己宝贵的生命。不过，同样作为第一批航天员的战友翟志刚曾表达过我们共同的信念：中华民族的飞天梦落到了我们第一批航天员身上，在这个时候我们更应该站出来。

8:50，距离发射的时间只有10分钟了。我报告完舱内的状况后，在倒数秒的时候，庄严地敬了个军礼，向曾为载人航天奋斗了几十年的人们致敬。

9:00，我乘坐着神舟五号飞船奔向太空，火箭尾部发出巨大的轰鸣声，数百吨高能燃料开始燃烧，八台发动机同时喷出炽热的火焰，高温高速的气体，几秒钟就把发射台下的上千吨水化为蒸气。火箭长长的尾焰一头连接着无数国人期待的目光，一头连接着中国人千年的飞天梦想。此时，飞船内的我全身用力，肌肉紧张，整个人像一块铁一样缩在航天服中。

飞船开始缓慢地升起，非常平稳，甚至比电梯还平稳。我感到压力远不像训练时想象的那么大，心里稍觉释然，全身绷紧的肌肉也渐渐放松下来。

就在火箭上升到三四十公里的高度时，火箭和飞船开始急剧抖动，产生了共振。我要面对的是8赫兹低频振动叠加在大约6倍于自身重力的负荷上，太可怕了，我们从来没有进行过这种训练，五脏六腑似乎都要碎了。共振持续26秒后，慢慢减轻。我如释重负，如同一次重生。就在刚才短短一刹那，我真的以为自己要牺牲了。

> 中国工程院院士、神舟飞船首任总设计师 戚发轫：我们应该是此前在确定振动条件的时候忽略了8赫兹，而这8赫兹从哪儿来的？是从运载火箭上传到飞船上来的。非常感谢航天员，没有影响到他的正常工作。

在空中度过那难以承受的26秒时，不仅我感觉特别漫长，地面的工作人员也陷入了空前的紧张中——飞船传回来的画面是定格的，我整个人一动不动。大家都担心我是不是出了什么事故。后来，整流罩打开，外面的光线透过舷窗一下子照射进来，阳光特别刺眼，我的眼睛忍不住眨了一下。地面指控大厅有人大声喊道："快看啊，利伟还活着！"所有的人都鼓掌欢呼起来。

首次进入太空，我为时间空间的无垠所震撼。当信号传回地面时，我向地面挥手致意。随后，我展示了中国国旗和联合国旗，并用中英文两种语言说："和平利用太空，造福全人类；向各国人民问好，向在太空中工作的同行们问好，向祖国人民、港澳同胞、海外侨胞问好！"

当我第一次把束缚带打开，活动自己身体的时候，那一刻我特别激动，第一时间就飘到了舷窗旁，俯瞰人类赖以生存了万年的美丽地球家园，在工作日志后写下这样的一句话：

> 为了人类的和平与进步，中国人来到太空了。

我曾俯瞰首都北京，白天它是燕山山脉边的一片灰白色，夜晚则呈现一片红晕，那里有我的战友和亲人。曾经有个流传甚广的说法，航天员在太空唯一能看到的建筑就是长城。我几次努力寻找长城，但没有结果。在太空，实际上看不到任何单体的人工建筑。

5:35，北京航天指挥中心向飞船发出"返回"指令。快速行进的飞船与大气摩擦，产生的高温把舷窗外面烧得一片通红。飞船外表面的防烧蚀层，随着温度升高不断剥落，随后，右边的舷窗开始出现裂纹，那种纹路就跟强化玻璃被打碎之后的小碎纹一样，而且眼看着越来越多。我心中的恐惧逐渐升级，你想啊，外边可是1600—1800℃的超高温度。虽然我们的航天服是用特殊的材料制作的，可以耐受一定程度的高温、低温和防辐射，但那一瞬间，我还是因为紧张流下了汗水。

> 工作日志：
> 飞船带着不小的过载，还不停振动，里面咯咯吱吱乱响。
> 外面高温，不怕！有碎片划过，不怕！但是看到舷窗玻璃开始出现裂缝，我紧张了，心想，完了，这个舷窗不行了。

　　返回的过程是整个任务当中风险比较大的一个阶段，特别是开伞的过程更是跌宕起伏。这时舷窗已经烧得黑乎乎的，我坐在里面，怀抱着操作盒，屏息凝神地等待着。6:14，飞船距地面10公里，飞船抛伞舱盖，并迅速带出引导伞、减速伞，主伞收口与放开，我坐在里面有一种被东拉西拽的感觉，特别紧张。

　　离地面5公里的时候，飞船抛掉防热大底，露出缓冲发动机。离地面1.2米，缓冲发动机点火。接着飞船"嗵"的一下落地了。虽然我身着的航天服有各种减缓着陆压力的作用，但我仍然感觉落地很重，飞船弹了起来。在它第二次落地时，我迅速按下了切伞开关。飞船停住了。此时是2003年10月16日6时23分。那一刻四周寂静无声。

　　　　戚发轫：飞船落地了，落地以后要发送脱伞的指令，这个指令谁发？有些专家说，国外资料显示，因为有"运动病"，所以航天员到天上去，头晕三天后才能恢复。但是咱们国家是决定一天就回来，杨利伟在一天之内，运动病还没恢复的时候，让他发指令，能行吗？但是最后，杨利伟准确发出了（指令），证明我们的航天员心理状态非常好，不紧张，所以现在脱伞的指令都是由航天员来发的。

杨利伟成功返回地面

落地几分钟后，我隐约听到外面呼唤我，手电的光束从舷窗上模糊地透进来。我知道我们的任务成功了。

在人类走出地球摇篮的漫漫征途中，神舟五号首次载人航天飞行任务圆满成功创造了属于中国人的数字——21小时23分钟环绕地球飞行14圈，50多万公里。18年过去了，中国人探索宇宙的脚步从未停止，今年中国空间站天和核心舱发射任务已经成功，看着神舟十二号航天员穿着新一代的航天服，我心里无限的羡慕和感慨。大家知道，我们的航天服已经有了两种，一种是我飞行时穿的航天服，这种航天服叫舱内航天服，也叫压力服；前两天，我们也看到了神舟十二号航天员出舱，他们穿的是新一代的出舱航天服。现在的航天服和我那时候相比，已经有了很多改进，从舒适性到功能都大大提高，也标志着我们国家航天技术有很大的跨进。

明年，我们将迎来首个中国自己的空间站。对于未来，我想说，中国航天员的脚步会迈得更高、更快、更远，在更深邃的太空中，会看到中国人的身影。

★ 初 心 激 响

　　我是中国国家博物馆讲解员牛蕊，1994年出生。杨利伟穿过的这件航天服标志着中华民族千年来载人航天梦想的实现。通过对这件文物的讲述，我更加理解了特别能吃苦、特别能战斗、特别能攻关、特别能奉献的载人航天精神。

"告别田赋"鼎

馆藏：中国农业博物馆

时间：2006年

千年田赋废 一鼎颂功绩
"告别田赋"鼎的故事

讲述人：

张云明 配音演员、译制导演。曾为1986年版《西游记》唐僧配音，并担任《阿凡达》《疯狂动物城》等影片译制导演

用声音刻录百年记忆，我是革命文物讲述人、配音演员张云明。

我讲述的文物是一尊青铜圆鼎，名为"告别田赋"鼎，现收藏在中国农业博物馆。这尊鼎为双耳三足式，通高99厘米，最大直径82厘米，重252千克。鼎腹上部刻有《告别田赋》铭文，文中历述了田赋，也就是农业税的变迁以及农民生活的变化。鼎腹下部的雕龙与瑞兽由祥云围绕，寓意国泰民安、社会和谐。这尊鼎从何而来？背后又有怎样的故事呢？

"交公粮"是20世纪很多农民记忆里难忘的场景。打完粮食后，到了规定的交粮日，农民们或推着板车、赶着马车，或开着拖拉机前往交粮点排队交粮。这"公粮"其实就是农业税。

新中国成立后，农业在国民经济中占很大比例，农业税是国家财政的重要来源。直到20世纪90年代，河北省灵寿县农民王三妮每年还要上缴七八百斤"公粮"。

其实当时，农民要缴纳的远不止农业税一项。比如安徽涡阳县新兴镇，农民人均年收入不过七八百元，而要缴纳的税费就有10多种。新兴镇寺后村党总支书记刘震坦言，繁重的税负不仅限制了农民收入的增长，挫伤了农民生产积极性，也恶化了干群关系。

1993年6月，顶着违纪的风险，新兴镇出台了税费"一次清"方案，和农民签订协议，按照新的标准征收。

新方案实施后，平均每人减轻税费240元左右，一个村减轻将近100万元，

政府财政照样正常运转。新兴镇的尝试成为星星之火，河北正定、湖南武冈、贵州湄潭等7个省份的50多个县纷纷效仿，农村税费改革很快便成燎原之势。

与此同时，中央已决心将地方自发性的探索提升为全局性农村税费改革。2000年，国务院正式确定安徽省率先开展试点。三年后，改革在全国铺开。到2005年底，全国已有28个省免征农业税，农业税在我国财政收入中的比重已不足1%，彻底取消农业税的时机已然成熟。

2006年1月1日，这一天是广大农民的大日子。《中华人民共和国农业税条例》正式废止，延续了2600多年的"皇粮国税"退出历史舞台。

王三妮有着家传铸青铜器的手艺，他决定用家里仅有的几万元积蓄，铸一尊鼎来纪念这件大事。

然而，儿子儿媳却不太愿意，他们原本想用这些积蓄买辆汽车。但王三妮心意已决，自顾自开始了铸鼎计划。儿媳白路彦说，看到老头儿的坚持，全家最终被感动了。

历时一年多，王三妮的"告别田赋"鼎完工，2009年6月12日被中国农业博物馆正式收藏。博物馆讲解员朱一鸣说，"告别田赋"鼎入驻后，已经成为馆内标志性展品。

> 朱一鸣：这个鼎是国家取消农业税标志性的历史见证物和纪念物，它表达了亿万农民的心声，也是党和国家实行德政的见证。

我们再来仔细看看鼎上刻写的铭文。《告别田赋》铭文，共560字，是只有小学文化的王三妮查阅大量资料，反复修改，历经几个月写成的。没有华丽的辞藻，只有朴素的感情。铭文最后这样写道：

> 我是农民的儿子，祖上几代耕织辈辈纳税。今朝告别了田赋，我要代表农民铸鼎刻铭，告知后人，万代歌颂，永世不忘。

据统计，2006年取消农业税后，全国农村税费改革每年可减轻农民负担1250亿元，人均减负率达80%。此后，每年年初，中央一号文件持续落地，反哺农业、统筹城乡，从收税到补贴，一减一增的变化，让广大农民看到了农业发展、农村振兴、农民富裕的曙光。

在希望的田野里、在丰收的沃土上，一簇簇饱满的稻穗随风摇曳，一层层金黄的麦浪沙沙作响。四海丰收无饥馑，大地从容谷满仓，这是国家强农惠农政策书写出的辉煌篇章。

初心激响

我是中国农业博物馆讲解员张时雨，出生于1993年，并有幸在建党百年之际加入中国共产党。望着"告别田赋"鼎上的铭文我看到了2600多年的田赋变迁，一字一句都体现着党对亿万农民最深厚的关怀，一笔一画都承载着农民对党最朴实的感激。也让我认识到，在新的历史起点上，我们作为年轻的"三农"工作者，更要将"三农"情怀深植于心，为"三农"工作奉献自己的青春力量。

中国第一列国产化高速动车组的设计总图

馆藏：中车青岛四方机车车辆股份有限公司档案库

时间：2005年

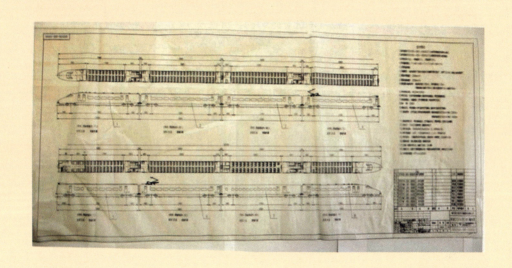

从"一幅图"到"一张网"
中国高铁的厉害之处

讲述人:
朱 迅 中央广播电视总台央视主持人

用声音刻录百年记忆,我是革命文物讲述人,主持人朱迅。

我讲述的文物是中国第一列国产化高速动车组的设计总图,现收藏于中车青岛四方机车车辆股份有限公司档案库。这张长95厘米、宽42厘米的硫酸纸图纸上,画着一列高速列车四个角度的剖面图。通过剖面图,我们可以看到列车中的座位排列、车轮间距、门窗位置等等。从2005年起,图纸上的列车,已经飞驰在我国广袤的土地上。中国高铁从"四纵四横"到"八纵八横",这张图纸诠释着从"一幅图"到"一张网"的科技进步。

火车是大众化交通工具。在很长一段时间,人们跟火车有关的记忆是伴随有节奏的"咣当"声平缓行进的绿色车身。我国著名摄影家王福春生前曾用镜头记录下绿皮车时代。

> 王福春:人满为患,车厢里、地板上,包括行李架上全都是人。

当时绿皮车运行速度是每小时120至160公里。20世纪90年代初,中国提出高速铁路的兴建计划。时任中国铁路总公司运输局局长程先东认为,发展高速铁路是时代和人民的需要。

> 程先东:当时货运满足率只能达到30%左右,修建高速铁路可以大大释放既有线路货运的能力,也能适应广大旅客对

更高水平服务的要求。

2005年6月，为了设计高速列车，中国的研发人员纷纷走出国门，到高速列车发展水平较高的国家学习交流。中车青岛四方机车车辆股份有限公司副总工程师丁叁叁回忆说，他们接触的第一张图纸让他们眼前一亮，然而却和国内的行车环境相差甚远。

可见，"他山之石"也不能盲目地利用。摆在研发人员面前最大的难题不是简单复制图纸，而是进行差异化实验，并将一系列实验结果固化下来，形成中国人自己的高速列车图纸。

在接近一年的学习、复制、固化过程中，丁叁叁和研发团队也遇到一些困惑和不解，给他们绘制中国自己的列车图纸增添了很多难度。

> 丁叁叁：你需要知道的东西，别人不会告诉你。所以在当时的条件下能够把它复制过来，把中国的列车从160公里提速到200公里，本身就是一个巨大的跨越。

从0到1，从无到有，写满了中国铁路装备事业的创新故事。一列高速动车组50多万个零部件，集机械制造、电力电子、信息技术、材料科学、空气动力学等多学科于一体。经过不懈努力，设计人员进行了无数"适应性改进"，解决了大量"水土不服"的问题。

> 丁叁叁：比如在中国环境里，高速条件下，有时柳絮会堵塞、发热，我们做了好多这方面的尝试。

正是在这种反复锤炼和打磨中，设计团队从2005年5月到11月底，一共画出了1万多张图。2005年11月25日，第一列国产化高速动车组的设计总图正式被批准。这也意味着从这一天起，中国高速动车组开始从设计图向实车的坚实迈进。

2006年7月31日，中国首列时速200公里国产化动车组在中车四方下线，代号CRH2010。2007年12月22日，首列时速300—350公里CRH2C动车组诞生。我国成为世界上继日本、法国、德国后，第四个能够独立研发制造时速300公里及以上动车组的国家。

2017年，"复兴号"惊艳问世，并在京沪高铁实现时速350公里运营，使我国成为世界上高铁商业运营速度最高的国家。截至2020年底，我国高速铁路运营里程达3.79万公里，稳居世界第一。

从"一幅图"到"一张网"，"中国高铁"正在成为一张"国家名片"赢得世界的掌声。当然，随之改变的还有中国人的生活半径和生活模式。王福春的镜头悄然记录着这样的改变。

> 王福春：过去我拍的送别都是把窗户拉开、握手，今天看来是不行了，全都是全封闭的，只有打手机说话，还有家长写个字条给孩子，让他看，几点到哪儿下车，特有意思。

初心激响

我是中国铁道博物馆讲解员左什，出生于1994年。从第一列国产化高速动车组到"复兴号"动车组，从"四纵四横"到"八纵八横"，展现的是铁路技术的进步、综合国力的飞跃。作为新时代的铁路人，我将继续担负起传承铁路红色基因的使命，让铁路精神代代相传。

海南救援队在汶川特大地震中使用的光学生命探测仪

馆藏：5·12汶川特大地震纪念馆

时间：2008年

音频内容二维码

照亮生命的那束光
汶川地震亲历者回忆瞬间

讲述人：

薛枭 别名"可乐男孩"，中粮可口可乐饮料（四川）有限公司博物馆馆长

用声音刻录百年记忆，我是革命文物讲述人、汶川特大地震时的"可乐男孩"薛枭。

我要讲述的文物是一台光学生命探测仪。它曾被海南地震灾害紧急救援队使用，成功从地震废墟下救出一名被掩埋139个小时的伤员，现珍藏在5·12汶川特大地震纪念馆内。

眼前这台黑色生命探测仪的各个部件——探头、液晶屏、耳机、电池……已被按序放进收纳箱中，陈列在玻璃展柜里。使用光学生命探测仪时，搜救人员需要头戴耳机，观察液晶显示屏，当极小的探头伸进狭窄空间，通过光的反射，就可以看清瓦砾之下的世界。

如今这台看似冰冷的仪器，对于我们这些曾埋在地震废墟下的幸存者而言，犹如生命之光、希望之光。

2008年5月12日14时28分4秒，地动山摇。地震波从四川省汶川县映秀镇西南方向外扩散，波及大半个中国。彼时，四川省绵阳市北川羌族自治县中医院的医生唐雄与妻子谢守菊正准备出门。

> 唐雄：我刚打开防盗门，就地震了。楼上的预制板往下掉。大概就两三秒吧，我就被埋在下面了，埋得一点阳光都没有，漆黑一片。

那是一座4层高的楼，唐雄和妻子谢守菊被压在了最底层。夫妇俩大声呼

喊，确认彼此活着。短暂慌乱后，作为医生的唐雄慢慢恢复冷静。

没有食物，没有水，看不到光，周围幸存的邻居陆陆续续被营救离开，但是唐雄说自己没有绝望。

> 唐雄：党、政府还有我们军队都在全力地救援。实际上，我从来没有担心没人来救，我担心的是我们能不能坚持住，能坚持几天。

那个时刻，我跟唐雄一样被埋在废墟中，也一样没有失去会被救出的信念。震后10天内，全国共有19支省级救援队来到四川，队员人数超过4000人。在黑暗的废墟中，我们等待着光照进来的那一刻。

5月15日下午，海南省地震灾害紧急救援队将被压埋72个多小时的唐雄的妻子谢守菊成功救出。

72小时、100小时，时间一分一秒地过去，唐雄仍然没有被救出来。多个救援小组救援失败后，谢守菊仍未放弃！在北川的铁桥头，谢守菊又遇到了救出自己的海南救援队，请求他们再试一试。此时，废墟下的唐雄快坚持不住了。

> 唐雄：我进入睡梦的状态，睡到17日，我爱人又钻到她被救的洞里去喊我，把我彻底喊醒了。

通过光学生命探测仪，救援队发现了生命迹象，唐雄发出敲击的声音，搜救行动随后展开。根据谢守菊给救援队所画的结构图，救援通道打到了唐雄的正上方。由于唐雄的身上还压着杂物，救援队利用废墟上的钢筋，制作出长长的铆钩，一点点将瓷砖、木板、泥土清理掉，最后将被埋139小时的唐雄拉出。

汶川大地震中，共有84017名群众被从废墟中抢救出来，430多万名伤病员得到及时救治……一个个数字，是我们经历的痛苦，也是中国人百折不挠精神的见证。

在等待那道光照进来的分分秒秒，每个人心中都有期盼。于是全国人民都听到我被救出后说的那句话："叔叔，我想喝可乐……"

那些以往看起来无比简单的小事，成为支撑我们等下去的力量。听唐雄说，他们夫妻俩在废墟下曾互相鼓励，要是能活着出去，就生一个漂漂亮亮的孩子。2010年，他们有了一个女儿，取名"唐南曦"，海南的"南"，是为感谢救出他们的英雄；晨曦的"曦"，象征每天都有希望，每天都是崭新的。

初心激响

　　我叫吴丹，出生于1995年，毕业之后我就来到了5·12汶川特大地震纪念馆，现已从事讲解工作近8年的时间了。从地震的亲历者到如今的讲述者，我目睹了灾区从曾经的满目疮痍到现在的生机勃勃。所有这一切，离不开党和国家以及全国各族人民的帮助和支持。我非常自豪，这份职业给了我一个向世人讲述中国故事、弘扬伟大抗震救灾精神的机会。

文 物 展 示 ————————

一把特殊的北京奥运会祥云火炬
馆藏：北京奥运博物馆
时间：2008年

家门口的奥运会
一把特殊的祥云火炬

讲述人:

李乃文 演员,曾主演首部奥运题材电视剧《我的2008》,参演《集结号》《我不是药神》《悬崖之上》等影视作品

用声音刻录百年记忆,我是革命文物讲述人、演员李乃文。

我讲述的文物是一把特殊的北京奥运会祥云火炬,现收藏于北京奥运博物馆。这把祥云火炬,外观上同其他火炬并无不同:美丽的祥云,火热的漆红,古朴的纸卷轴……说它特殊,是因为它不仅承载了一个家庭两代人的奥运梦想,更凝聚着普通百姓的奥运情怀。

2001年7月13日晚,国际奥委会主席萨马兰奇轻轻的一声"Beijing",让整个北京城沸腾了。人们挥舞着手中的国旗涌向天安门广场,欢呼声长久地在城市回荡。

北京申奥成功后不久,北京市朝阳区洼里乡洼边村的那忠、那和利父子便知道,"鸟巢"等奥运场馆就要建在自家门口了。

2002年9月,身为老支书的父亲那忠整理好家中的物件,第一个搬离了世代居住的洼边村。不到两个月的时间,洼里乡全部完成了搬迁。随后,奥林匹克公园就在这里破土动工。

2004年6月9日,雅典奥运会圣火北京接力活动举行,这是奥运圣火首次来到北京。那忠以洼里乡村民代表、支持奥运工程建设的北京市民的身份,被光荣地选为火炬手。

作为这次圣火传递活动中年龄最大的一位,73岁的那忠手举火炬,稳稳地跑过奥林匹克公园景观大道——也就是自己曾经的"家"。儿子那和利回忆:

　　　　那和利：我父亲还真一下子跑下来400米了。（当时）他每天早上起来上河边去跑步。人家说："你拿个酒瓶举着跑是干吗呢？"我父亲说："我这准备练跑（传递）火炬呢！"怕400米跑不下来。其实那时候他最大的心愿是2008年北京奥运会再跑一次（传递火炬）。就是没赶上，2004年9月他就去世了。

　　与那忠相比，儿子那和利与奥运的缘分似乎更深。搬离洼边村后，那和利和多数村民一样在奥运工程承建公司上班。从与土地打交道的农民转变成企业职工，那和利逐渐适应了新工作、新岗位，也对这份工作感到骄傲。在他眼中，能直接为奥运服务是件光荣的事。

　　在奥运建设者们夜以继日的工作中，一座座奥运场馆拔地而起，一条条宽敞的马路在脚下延伸，那和利原先生活的城乡接合部，变成了国际范儿的奥运村。而那和利正是这一切巨变的见证者，也享受着奥运带来的快乐。

　　2008年北京奥运会开幕式当天，那和利以奥运建设者的身份举起了祥云火炬，完成了父亲的奥运心愿。

　　北京奥运会期间，那和利又被奥组委任命为奥体中心交通场站运行团队副主任，负责2000多名工作人员的赛时用车及奥运车辆停泊等工作，以新的角色服务奥运。

2008年8月8日，那和利传递北京奥运会火炬（北京奥运博物馆 供）

北京奥运会结束后的十多年间，那和利的奥运缘仍在延续。他的工作又转变为为奥林匹克公园提供游客服务。实际上，直到"后奥运"时期，在已经成为老百姓休闲观光好去处的奥林匹克公园里，依然能在很多岗位上见到曾经洼里乡人的忙碌身影——萦绕在那和利和乡亲们心间的故土情早已化为对北京奥运遗产的长久守护。

> 那和利：我就一直没离开奥运。朋友来奥林匹克公园，我给他介绍的时候说，"我家原来就住这儿"。从原来的一个城乡接合部，到整个奥林匹克公园这一区域的发展，我真是一点一点都看着，可以说地绿、天蓝、水清，其实最受益的还是老百姓。

2011年，北京奥运博物馆落户"鸟巢"，2013年为那和利的祥云火炬第一次设立了独立展柜。展柜中，儿子那和利举过的北京奥运会祥云火炬与父亲那忠举过的雅典奥运会火炬并排展示，述说着两代人的奥运情缘。

> 北京奥运博物馆社教开放部主任 荆惠梓：璀璨夺目的奥运盛会背后，还有许多和那家父子一样的老百姓，共同的奥运梦想把他们凝聚在一起，拧成了一股绳。正是有了他们的倾情奉献，才奠定了北京奥运之城坚实的基础，托举起这场成功、精彩的北京奥运会，也铸造了中国人的百年奥运梦想。

★ 初心激响

我是北京奥运博物馆讲解员闫晓谦，出生于1992年。每当我走过陈列这两把火炬的展柜时，都会被这背后的故事深深打动。正是因为有不计其数的舍小家、为大家的人们，他们心系奥运、投身奥运，我们最终才能见证那场完美的奥运盛会。我将传播好奥运文化，让这些动人的家国故事、那些精彩的奥运瞬间走进更多人心中。

文 物 展 示 ————————

音 频 内 容 二 维 码

墨脱公路嘎隆拉隧道爆破时使用的起爆器

馆藏：西藏自治区"两路"精神纪念馆

时间：2010年

高原孤岛通天路
通往神秘墨脱的公路

讲述人：

仁青旺堆 中央广播电视总台央广藏语节目主持人

用声音刻录百年记忆，我是革命文物讲述人、播音员仁青旺堆。

我要讲述的这件文物，是墨脱公路嘎隆拉隧道爆破时使用的起爆器，现收藏于西藏自治区"两路"精神纪念馆。这只金黄色的起爆器个头不大，右侧中上部位置有个凸起的圆形银色按钮，2010年12月，当它被按下的瞬间，伴随一阵"轰隆隆"排山炮的巨响，墨脱公路控制性工程——嘎隆拉隧道最后一道断面被打穿，通往墨脱的大门打开了。

墨脱县位于西藏自治区林芝市南部，"墨脱"在藏语中是"隐秘的莲花"的意思，在通公路之前，这朵莲花一直隐藏在雪山之后与世隔绝，被称为"高原孤岛"。

爬天梯、滑溜索、过独木桥，人们想要进出墨脱，只能采用这样原始而又危险的方式。西藏自治区"两路"精神纪念馆负责人胡登奎对曾经的漫漫长路记忆犹新。

> 胡登奎：当时我们从波密大概是早上6:30出发，到达墨脱的时候已经是下午5:30，当天的天气非常好，路上没有遇到塌方，也没有遇到其他灾害，整个路程非常顺利，但是140公里（我们）整整走了11个小时，翻越了嘎隆拉山。

自20世纪60年代以来，党和政府为了打通墨脱公路，倾注了大量心血。国家先后四次投资修建从墨脱通往内地的公路，终因高寒缺氧以及雪崩、泥石流等种种自然灾害肆虐都没能成功。

为改变墨脱人民的境遇，2008年9月，总投资9.5亿元，北起波密县扎木镇，南到墨脱县县城的扎墨公路再次立项。西藏重点公路建设项目管理中心副主任邹宗良说，嘎隆拉隧道是扎墨公路能否最终贯通的决定性环节。

> 邹宗良：嘎隆拉雪山每年10月底、11月中旬积雪，到第二年自然化雪的话是7月底、8月份左右才化完，每年只有3个月畅通时间。我们打隧道就是要贯通嘎隆拉雪山。

最难啃的"硬骨头"——打通3310米嘎隆拉隧道的任务交给了拥有丰富高原隧道施工经验的武警交通一总队。他们从嘎隆拉雪山的南北两侧同时施工，可南北进出口落差达128米，相当于40层楼的高度。稍有偏差，就无法对接。当时负责测绘工作的张智勇说："为了加快进度，我们从两头对着打，隧道的走向在实际施工过程中是看不到的，只能靠仪器一步一步往前走。我所干的工作就是打几米就指一下方向，只有这样才能保证隧道按照正确的方向往前走，最后对接的时候不会出现偏差。"

剥开厚厚的积雪，嘎隆拉雪山的神秘面纱在官兵们的风钻下被揭开，项目主要负责人邹宗良说，复杂的地质环境，是他们遇到的最大难题。

> 邹宗良：第一就是隧道的涌水，第二是受到几个断裂带的影响地质不确定，1米前遇到的地质岩石非常硬，1米后可能岩石就成了面粉一样的东西。

建设者们决定使用起爆器将各爆破点的引线串接起来，进行远程操作。爆破问题解决了，怎样在冰点以下让隧道内的混凝土结构达到20℃左右的最佳效果呢？时任武警交通第二支队墨脱项目部主任程春明和战友们想尽了办法。

> 程春明：我们有效提高混凝土的各种性能，比如说我们加了早强剂，让它提前硬化；加防冻剂、减水剂，改善混合物本身的性能。

两年多的时间里，官兵们用勇气和智慧克服了常人难以想象的无数困难。2010 年 12 月 15 日，隧道贯通的日子终于到了。上午 10 点整，在位于嘎隆拉雪山半山腰的嘎隆拉隧道进口处，西藏自治区和交通运输部负责人共同按动起爆按钮。

伴随着最后一声炮响，3310 米的嘎隆拉隧道成功贯通，南北两侧相向掘进的官兵胜利会师，欢呼跳跃，相拥而泣。

多少代人期盼的墨脱之门终于被打开了。时任武警交通一总队二支队支队长吴生炳的激动心情难以言喻。

> 吴生炳：我们的官兵进山以来，一边修路，一边运材料，想尽一切办法克服重重困难。我们发扬交通部队特别能吃苦的精神，才能完成这个任务。这个隧道对西藏墨脱县来说意义非常重大，对造福墨脱人民的经济发展意义也非常重大。

2013 年 10 月 31 日，墨脱公路通车典礼举行。

墨脱正式摆脱了不通公路的历史，世代墨脱人期盼的"快捷平安走出大山"终于圆梦。

如今，墨脱县第二条公路——派墨公路也已全线联通，待公路通车后，林芝市至墨脱县的道路里程缩短为 180 公里，通行时间由原来的 12 小时缩短至 4 小时左右。天路在昔日的"高原孤岛"墨脱终于画上了优美的句点。

初心激响

> 我是西藏自治区"两路"精神纪念馆讲解员次仁拉姆，出生于 1996 年。对于我来说，每一次的讲解都是怀着无比崇高的敬意去回顾西藏交通的发展史，缅怀从筑路到护路、为了西藏交通的发展而倾力付出的人们。作为新时代的交通人，我们有责任更有义务去传承和弘扬"两路"精神，让"两路"精神随着时代的发展，在雪域高原熠熠生辉！

上海自贸区颁发的第一张外商投资企业备案证

馆藏：中国（上海）自由贸易试验区保税区展示馆

时间：2013年

备案号 No. 000001

中国（上海）自由贸易试验区
外商投资企业备案证明

RECORD CERTIFICATION FOR FOREIGN INVESTMENT
IN CHINA (SHANGHAI) PILOT FREE TRADE ZONE

企业名称 NAME OF ENTERPRISE	上海百家合信息技术发展有限公司	
投资总额 TOTAL INVESTMENT	23700 万美元	
注册资本 REGISTERED CAPITAL	7900 万美元	
投资行业 INDUSTRIES OF INVESTMENT	I-信息传输、软件和信息技术服务业（不含：电信、广播电视和卫星传输服务，互联网和相关服务，数据处理和存储服务） 517-机械设备、五金产品及电子产品批发 723-咨询与调查（不含：会计师事务所，市场调查）	

投资者名称 NAME OF INVESTORS	注册地 PLACE OF REGISTRATION	出资额 CAPITAL CONTRIBUTION
百视通新媒体股份有限公司	中国	4029万美元
Microsoft Corporation	美国	3871万美元

备案日期 DATE OF ISSUE	2013 年 10 月 日 YEAR MONTH DAY

（自即日起完成备案，可按国家相关规定办理后续手续。）

加快开放步伐的备案证
一份不寻常的证明

讲述人：

贾 男 中央广播电视总台央广主持人

用声音刻录百年记忆，我是革命文物讲述人、中央广播电视总台央广主持人贾男。

我讲述的文物是上海自贸区颁发的第一张外商投资企业备案证，在位于上海浦东外高桥的中国（上海）自由贸易试验区保税区展示馆内，存有它的复制品。

这张备案证，全名为《中国（上海）自由贸易试验区外商投资企业备案证明》。证明上用中英文写着企业名称、投资总额、注册资本、投资行业等信息，落款日期是2013年10月1日，落款处盖着中国（上海）自由贸易试验区管理委员会的红章。这张看似寻常的证明，因其右上角标有"No.000001"的编号而具有特殊历史意义。

2013年9月29日，我国第一个自由贸易试验区——中国（上海）自由贸易试验区挂牌成立，面积28.78平方公里。随后，第一张外商投资企业备案证颁发。备案证的所有者是由中国企业百视通和美国微软公司合资成立的上海百家合信息技术发展有限公司。

上海自贸区管委会保税区管理局经济发展处处长 李晓红：在此之前，外商在中国设立企业都是要审批的，上海自贸试验区就探索建立了外商投资负面清单加准入前国民待遇的管理模式，在负面清单之外的投资领域，由审批改为备案管理。

外资公司进入中国市场由审批到备案，一词之变，加快了上海自贸区对外开放步伐。除此之外，自贸区建立后，外资企业受益良多。比如，根据《中国（上海）自由贸易试验区总体方案》，百家合公司在发展游戏业务的时候，既可以把好的游戏引入中国，又可以让国内优秀的作品出海。

如今，一群中国的游戏制作者，正通过自贸区打开的新渠道走向海外，让全球玩家认识中国游戏。远在北京的游戏制作人高鸣是上海自贸区的直接受益者，他的游戏作品就是被百家合公司发现后，一步步走向世界，在全球发行。

一个贸易更加便利、投资更加开放、发展更加充满活力的自贸区，吸引着世界的目光。目前，上海自贸试验区保税片区，已经集聚数万家外资外贸企业，保税片区企业与全球220多个国家和地区有贸易往来。

开放的自贸区，也推动政府职能部门在一系列领域进行深化改革。以审批工作为例，朱颖说，她每一刻都在感受"上海速度"。

> 上海百家合信息技术发展有限公司董秘兼运营总监 朱颖：原先可能需要两三个星期，但在自贸区的工商窗口，基本上2—3天他们就能够帮我们办出来，大大缩短了我们在流程审批环节上面的时间。他们真的是做到了先行先试，政府大胆地去尝试，能够帮助企业在政策方面做突破。

经过8年的发展，上海自贸区这片土地已成为中国迈向更高水平开放、更高质量发展的试验田。投资领域的负面清单、贸易领域的单一窗口、金融领域的自由贸易账户、政府监管领域的证照分离……300多项制度创新成果在这里诞生，并向全国复制推广。

改革不停，开放不止。2020年1月1日起，《中华人民共和国外商投资法》施行，为推动更高水平对外开放提供了有力法治保障。李晓红说，根据这部法律，外商投资企业依法平等适用国家支持企业发展的各项政策。同时，上海自贸区颁发的第一张外商投资企业备案证也完成了历史使命。

从上海自贸区出发，我国自贸区布局不断优化扩容。"十三五"期间，全国新设17个自贸试验区，总数达21个，形成了覆盖东西南北中的改革开放创新格局。

2020年，我国自贸区以不到全国千分之四的国土面积，实现了全国17.6%的外商投资和14.7%的进出口，为稳外贸、稳外资发挥了重要作用。

中国开放的大门不会关闭，只会越开越大。正如习近平总书记所说，中国将秉持开放、合作、团结、共赢的信念，坚定不移全面扩大开放，将更有效率地实现内外市场联通、要素资源共享，让中国市场成为世界的市场、共享的市场、大家的市场，为国际社会注入更多正能量。

初 心 激 响

　　我是中国（上海）自由贸易试验区保税区展示馆讲解员龚留萱，今年27岁。虽然第一张外商投资企业备案证已经完成了历史使命，但我国在外商投资领域的改革一直没有停下步伐。越来越广阔开放的市场、不断优化的营商环境让中国成为更加富有吸引力的投资热土。对标最高标准、最高水平，我们仍需奋力攀登，努力当好全国改革开放的排头兵、创新发展的先行者。

中西部22省份向中央签署的脱贫攻坚责任书

馆藏：中国国家博物馆

时间：2015年

脱贫攻坚"军令状"
又一个彪炳史册的人间奇迹

讲述人:

卫 东 中央广播电视总台央广广播音员,长期担任《新闻和报纸摘要》节目播音员、《平"语"近人——习近平总书记用典》节目经典诵读人

用声音刻录百年记忆,我是革命文物讲述人、播音员卫东。

我要讲述的文物是一份脱贫攻坚责任书,这是中西部22个省份党政主要负责同志和中央签署的脱贫"军令状",现在收藏于中国国家博物馆中。这22本"军令状"的封面是正红色,上面写着"脱贫攻坚责任书",正中是中国共产党党徽。

在责任书里,写明了各省份当年的贫困现状以及制定"十三五"脱贫攻坚规划和年度减贫计划等部署,要求这些计划逐级分解,落实到县到村到户到人。这些记录了中国共产党对人民的庄严承诺,传递出中国脱贫攻坚的意志和决心。

2015年11月27日至28日,中央扶贫开发工作会议在北京召开。中西部22个省区市党政主要负责同志向中央签署了脱贫攻坚责任书。这是十八大以来唯一一项由党政一把手向中央立"军令状"的工作。

> 广西壮族自治区党委原书记 彭清华:第一次签"军令状",对我来讲,沉甸甸的。在脱贫攻坚中最大的困难是什么?是在摸清群众的状况和需求的基础上,能够分门别类地进行精准帮扶,改变过去大水漫灌的扶贫方式,采取滴灌式的帮扶。

贫有百样、困有千种。精准扶贫,让消除贫困的靶心更准,开出的药方更管用。2015年,广西20多万名扶贫工作队队员大规模进村入户,采取"一进

二看三算四比五议"的方法,在2014年建档立卡的基础上,再次对全区贫困人口展开一次全面彻底的精准识别工作,建立全区统一的精准扶贫大数据平台。

为更精准地摸清贫困底数,2015年到2016年,全国又动员起200多万人开展建档立卡"回头看",此次全国共补录未识别的贫困人口807万,剔除识别不准的人口929万。

至此,中国扶贫开发历史上第一次实现了精准到户、精准到人。国家乡村振兴局信息中心主任陆春生说,这一份份数据不仅清晰标注出贫困户都有谁、分布在哪里,更重要的是第一次从总体上摸清了全国所有建档立卡贫困户的致贫原因。

> 陆春生:分析出他的帮扶需求,比如因学致贫,具体帮扶措施可以是发放助学金、助学贷款;如果因病致贫,肯定有健康扶贫的措施。根据帮扶需求,制定帮扶措施,最终达到脱贫的成效。

为兑现"军令状",中西部22个省份按照"五个一批"精准扶贫方略,也就是"发展生产脱贫一批、易地搬迁脱贫一批、生态补偿脱贫一批、发展教育脱贫一批、社会保障兜底一批",扎实推进扶贫工作。

三宝彝族乡曾是贵州20个极度贫困的乡镇之一。时任乡党委书记龙汉勇说,乡里四面环山,与外界相连的只有一条毛马路,全乡四成以上都是贫困人口,"挪穷窝"成了他们脱贫的唯一途径。

2018年8月开始,三宝彝族乡分批搬迁到了位于晴隆县城的阿妹戚托小镇,这是全国唯一一个整体搬迁的乡镇,晴隆县也是全国最后一批摘帽的贫困县之一。

> 居民:一开始(我们)在老家是不想搬的,但是来这儿住了一段时间觉得这儿挺好的,就不想回去了。小孩读书方便,看病方便,买菜、上街都方便。

脱贫攻坚——这场艰苦战役，历史记住的数字，不仅仅是832个贫困县和12.8万个贫困村全部摘帽，也不仅仅是现行标准下近1亿农村贫困人口全部脱贫。历史也记住了22个中西部省份，记住他们为创造人类减贫史上的奇迹所付出的艰苦卓绝的努力。贵州省委原书记孙志刚对于签订"军令状"仍记忆犹新。

> 孙志刚：总书记这么讲的，你们既然签了"军令状"，军中无戏言，完不成任务，提头来见。总书记讲的话，我们一直牢记在心，只有一个信念——坚决打赢，绝不失败。

2021年2月25日，全国脱贫攻坚总结表彰大会在北京人民大会堂隆重举行。中共中央总书记、国家主席、中央军委主席习近平庄严宣告："经过全党全国各族人民共同努力，在迎来中国共产党成立一百周年的重要时刻，我国脱贫攻坚战取得了全面胜利。现行标准下9899万农村贫困人口全部脱贫，832个贫困县全部摘帽，12.8万个贫困村全部出列，区域性整体贫困得到解决，完成了消除绝对贫困的艰巨任务，创造了又一个彪炳史册的人间奇迹！"

初 心 激 响

我是中国国家博物馆讲解员董家鹏，今年24岁。22个省份党政主要负责同志和中央签署的脱贫"军令状"，这一份份文件纸张，却有千钧重，它承载的是脱贫攻坚攻城拔寨的勇气和力量。今后，我将会把脱贫攻坚的故事讲给更多人听，让大家铭记脱贫致富奔小康的精彩历程。

文 物 展 示 ————————

维和战士申亮亮的联合国和平勋章
馆藏：中国人民革命军事博物馆
时间：2016年

音频内容二维码

中国"蓝盔"守护和平之路
维和战士的荣耀勋章

讲述人：

张新成 演员，代表作有《你好，旧时光》《以家人之名》《百炼成钢》等影视剧

用声音刻录百年记忆，我是革命文物讲述人、演员张新成。

我要讲述的文物是一枚联合国和平勋章，勋章分为勋带和铜制徽章两部分。勋带颜色鲜艳，正中间的深蓝色条纹，象征国际安全；右侧的白色代表和平，而左侧的红黄绿三色线条，是马里共和国国旗的颜色。勋章的主人——维和战士申亮亮，将生命留在了距离祖国万里之遥的非洲马里。如今它收藏在中国人民革命军事博物馆里，向人们无声地讲述着中国军队为维护世界和平所作出的贡献与牺牲。

马里地处西非内陆，多年来战乱不息，是世界上最贫穷的国家之一。应联合国请求，中国向马里派出维和部队。2016年3月，29岁的申亮亮成为中国第四批赴马里维和部队的一员。他在申请书中这样写道："当得知团里要组建第四批赴马里维和工程兵大队时，我兴奋得一夜未睡，我志愿加入维和大队，这是使命在召唤。"

为了能在考核之前快速提升自己5公里越野速度，申亮亮偷偷在作训服里面穿上了10多公斤的负重衣。考核终于通过，5月18日，申亮亮和战友们一起踏上了前往马里的维和之路。

中国维和部队的营地坐落在马里的东部重镇加奥市，这里地处冲突各方的中间地带，危险随时可能发生。岗哨是营区的最后一道防线，马里时间5月31日晚上，申亮亮和战友司崇昶在维和营区2号门岗执勤，远处开来了一辆白色皮卡车，司崇昶觉得不对劲。

> 司崇昶：我第一时间感觉这个车很可疑，我说："亮亮注意，这辆车很有问题。"车一加速，我们就采取了措施，亮亮报告，我这边就装上子弹，朝皮卡车射击。

皮卡车撞上防护墙，前翻落地，燃烧起来。情况不妙，是自杀式汽车炸弹！岗哨后面50米，就是维和官兵的居住区。

> 司崇昶：亮亮说我是主哨，快撤！"啪"就把我推出去了，在他推出我的一瞬间，爆炸了。我被冲击波冲出去几十米远，当时就昏迷了。

至死都坚守哨位，至死都手握钢枪，战友卞龙回忆，申亮亮最后的姿势诠释着中国维和军人的职责。

> 卞龙：他的身体都已经被沙箱埋住了，挖到最后发现他的身体下面还压着那只烧焦了的九五式自动步枪的枪管，我的眼泪再也控制不住了。在生命的最后一刻，他还拿着自己的武器，还坚守着自己的岗位。

出生于河南温县温泉镇西南王村的申亮亮是一个留着寸头、国字脸的男孩，他从小就有一个当兵的梦想。申亮亮的父亲申天国说，自打儿子高中毕业后当兵的11年里，在家的日子加起来不过一百七八十天。

奔赴马里后，申亮亮和战友们每天5点多起床，每个小分队都有不同的工作任务——搭建板房、排污水、清理生活垃圾……他们在枪林弹雨中抢救生命，在恐袭威胁下坚持施工，在冲突边缘执勤巡逻。但申亮亮从不向父母诉说危险和艰苦的真相。

> 爸爸妈妈你们好，我们这一切都很好，住的都是集装箱房子，我们吃的穿的，包括一切用品都是国家的，什么东西都很好。

这是申亮亮牺牲前给父母留下的最后一条信息。他是中国维和部队的第17名烈士，用生命中最后37秒，独自面对500多公斤炸药袭击，换回了营区上百名战友的平安。

几天后，他的灵柩跨越11个国家、飞行上万公里回到祖国。和他一起回来的，还有这枚联合国和平勋章。

悲痛之余，也许有人会问，为什么要跑那么远，到那么危险的地方去维和？一位中国维和战士曾说，因为我们要维护人类文明的底线。中国人民革命军事博物馆副馆长刘中刚还讲了另一层原因："中国军队走出去是有风险的，但是这种风险也是值得的，更是必需的。因为它不仅给当地的和平安宁带来了福音，更主要的是为中国的和平发展拓展了空间，真正发挥了捍卫的作用。"

自1990年4月，联合国维和行动简报上第一次出现中国军人的消息开始，31年以来，我国已经累计派出维和官兵4万多人次，成为联合国常任理事国中第一大出兵国。国防大学副教授张弢这样评价中国维和部队的表现："在新的国际形势下，越来越多的中国军人走向世界，他们真诚、善良、友好的和平形象也逐步深入人心。中国军人用实际行动，向世界展示了中国人民的大爱与胸怀。"

此刻，在申亮亮烈士曾经的岗位上，中国"蓝盔"们依然坚守着职责。2021年6月16日，第19批赴黎巴嫩维和部队的410名中国官兵被授予了联合国和平勋章。勋章正中的图案，是整个世界被象征着和平的橄榄枝紧紧环绕。

★ 初心激响

　　我是申亮亮烈士纪念馆讲解员姚静，出生于1991年。人民英雄申亮亮，始终坚守哨位履行职责，将个人安危置之度外，他的事迹让我肃然起敬。这个世界哪有什么岁月静好，只是有无数像申亮亮一样的英雄在为我们负重前行。作为一名讲解员，我有责任也有义务讲好英雄的故事，感染和影响更多的人，这就是我要努力的方向！

武汉市青山区抗疫志愿者应急马甲

馆藏：湖北省博物馆

时间：2020年

微光成炬的力量
普通人 "披荆斩棘为苍生"

讲述人:

冯远征 北京人民艺术剧院副院长、演员。代表作有话剧《杜甫》《全家福》《玩家》《茶馆》《哗变》等

用声音刻录百年记忆,我是革命文物讲述人、演员冯远征。

我讲述的文物是一件武汉抗疫志愿者集体签名留念的应急马甲,现收藏在湖北省博物馆内。这件绿色马甲的胸前印着红色志愿者标识以及"青山青年志愿者"的字样。马甲的前后写着十几位志愿者的签名。透过这些或端正、或潦草、或卡通的签名,你能想象到,在2020年武汉的那些不平凡日子里,一群满腔热忱的志愿者身披这样的"战甲"忙碌在大街小巷,不计得失,默默守护着这座城市,守护着这里的人们。

2020年4月8日0点,随着第一辆小客车驶出武汉西高速路口,武汉正式解除离汉通道管控。这一天,是刚满30岁的志愿者华雨辰不分昼夜、随时待命的第75天。

在武汉抗疫的75个日夜里,当时环境需要什么,华雨辰的志愿行动就做什么。她扛过相当于自己体重三分之一的物资,她驻守过凌晨的武汉闸口,她进入过危险的方舱医院。

在方舱医院,华雨辰当播音员时最喜欢播报的是《告治愈者书》。"虽然离别总是伤感的,但这次的离别却又是喜悦而振奋人心的……"每次读到这里,她都很激动,这代表着,又有一个家庭即将团圆,这也意味着离武汉重回正常生活轨道的日子又近了一步。

再次回忆起武汉解封时志愿者伙伴相聚的那个夜晚,华雨辰说大家彼此的祝福也很贴心。

> 华雨辰：我们举行一个小小的仪式，给每个人都写了一
> 个小贺卡。我们组长还给每个人买了一个多肉植物，绿色，
> 象征着希望。

当整座城市按下暂停键的时候，一大批无私付出、坚守岗位的人，为城市的正常运转提供了保障。这是一条由平凡的人们筑起的不平凡的防线。

> 华雨辰：有一个叫李峰的男孩，他1993年（生）的。衣
> 服上应该也有他的名字。他每天晚上凌晨一两点接医护人员
> 下夜班，早上五六点送上早班，然后在白天的时候要跟着我
> 们一起搬运物资，每天只睡三四个小时，到疫情结束之后头
> 发已经花白了——真的一点都不夸张——到现在还是花白的。
> 但是他很自豪，他觉得他的头发是最帅的样子。

尺土，可以成塔；荧光，亦能增辉。华雨辰和她的小伙伴们用志愿服务守护着武汉时，还有更多人通过其他方式支援着武汉。武汉雷神山医院的建设者蒋祥就是其中一员。

2020年1月下旬到2月上旬，是湖北武汉疫情阻击战最艰难的阶段，新冠肺炎确诊病例数持续激增。中建三局武汉雷神山医院项目机电片区负责人蒋祥说，报名参加雷神山医院建设时，跟志愿者一样，都是凭着一腔热血。

与蒋祥并肩在雷神山医院奋战的22000多名工人，创造了建造史上的奇迹：用10天时间，建起一座专科医院。

据武汉市社情民意调查中心发布的调查报告显示，94.92%的受访者表示"居家期间有志愿者与其保持联系"。很多人问过华雨辰，为什么要当志愿者？她说："你需要，我就上，不问姓名，江湖再见。"而她捐出这件珍贵的马甲，却是希望更多的人记住这些无名英雄。

湖北省博物馆抗疫物证策展人黄建对自己经手的每一件文物都如数家珍。他说，这件看似普通的马甲，展示出的是一种精神力量。

　　黄建：抗疫期间，武汉的志愿者有100万人，英雄城市，英雄人民，这也是武汉抗疫能在很短时间结束的一个很重要因素。

　　"物有甘苦，尝之者识；道有夷险，履之者知。"在这场没有硝烟的战斗中，全国人民众志成城、坚韧不拔，向世界展现了中国精神、中国力量、中国担当。

初心激响

　　我叫刘祉彤，今年26岁，是湖北省博物馆的一名讲解员。去年年初，一场突如其来的新冠肺炎疫情席卷全国。一年多时间过去，我们变得更加坚定，也更加团结。我将和大家一起努力，为让这个世界变得更加美好贡献自己的力量！

文 物 展 示 ————————

七一勋章

馆藏：李大钊纪念馆

时间：2021年

不朽的"七一勋章"
最光辉的榜样的力量

讲述人：

彭友馨 庆祝中国共产党成立100周年大会千人献词团领诵员

用声音刻录百年记忆，我是革命文物讲述人、庆祝中国共产党成立100周年大会上千人献词团的领诵员彭友馨。

我要讲述的是一件既"年轻"又厚重的文物：七一勋章。建党百年之际，党中央决定，首次评选颁授"七一勋章"，隆重表彰一批为党和人民作出杰出贡献、创造宝贵精神财富的党员，29位各条战线上的杰出党员代表获此殊荣。十几天前，"七一勋章"获得者之一、李大钊先生的孙子李宏塔爷爷回到故乡，把他的勋章捐赠给了位于河北乐亭县的李大钊纪念馆。

让我们一起来仔细看看这承载着光荣与使命的"七一勋章"吧！勋章主色调是红色、金色和白色。最醒目的是正中央向日葵花瓣和红色圆盘映衬下的金色党徽。再近距离细看，旗帜丰碑、大山大河、如意祥云等富有中国文化特色的元素映入眼帘。如何能将这丰富的内涵在方寸之间呈现出来？党和国家勋奖章设计制作团队成员夏鑫说，这里凝结着整个团队近一年的心血。

工艺上的极致考究，则让平面图纸上的设计理念，得到了完美的立体呈现。

"七一勋章"采用冷压成型、彩丝织锦等传统工艺制作。其中的点睛之笔，是用源于春秋战国时期的花丝镶嵌工艺，纯手工制成的向日葵花瓣。手工拔出的花丝，每一根的直径只有0.25毫米，也就是三根头发丝粗细。回忆起制作的过程，党和国家勋奖章设计制作团队成员武玉山印象深刻："我们做活儿的时候一气呵成。扳这几个花的时候，永远是绷着一口气，扳完了泄一口气，再提气的时候再一扳，用精益求精的手法打造最高级别的奖章。"

最高级别的奖章，献给最光辉的榜样。6月29日上午10点，人民大会堂金色大厅，"七一勋章"颁授仪式隆重举行。

受到表彰的29位功勋党员，有战争年代敢于牺牲、敢于胜利的战斗英雄；有为新中国建设事业拓荒奠基的科学家；有点亮自己、照亮孩子梦想的老师；有把生命奉献给脱贫攻坚事业的青春榜样；还有大国工匠、"小巷总理"、治沙模范……他们立足本职、默默奉献，就像一簇簇微光，用一点一滴的实际行动，照亮我们前行的道路。

颁授仪式上，扎根云南贫困山区40多年，推动创办免费女子高中，帮助近2000名大山里的姐姐们走进大学的张桂梅老师动情地说："有人问我，为什么做这些？我们所做的一切，不过是许多共产党员每天正在做的事情，而党和人民却给了我们如此崇高的荣誉。"

与荒沙碱滩不屈抗争40多年，带领群众矢志不移、艰苦创业的陕西"治沙模范"石光银爷爷，许下了自己的誓言："我是共产党员，我干得再苦再累，死在这个沙窝也要干。因为你是共产党员，你入党拳头举这么高宣誓的时候，就意味着要全心全意为人民服务。"

7月1日，在庆祝中国共产党成立100周年大会上，功勋党员中的部分代表，带着闪闪的勋章，登上了天安门城楼，成为这一光辉历史时刻的重要见证者。

那一天，我作为千人献词团的成员，也有幸站在广场上，和伙伴们一起，对党许下我们青春的诺言。

面向未来，熠熠生辉的"七一勋章"，镌刻理想与信仰，是时代的荣光，更将成为催人奋进的永恒力量。听，再出征的号角，已经吹响——

习近平在庆祝中国共产党成立100周年大会上的讲话节选：
中国共产党立志于中华民族千秋伟业，百年恰是风华正茂！回首过去，展望未来，有中国共产党的坚强领导，有全国各族人民的紧密团结，全面建成社会主义现代化强国的目标一定能够实现，中华民族伟大复兴的中国梦一定能够实现！

我是国家文物局局长李群。今年是中国共产党成立 100 周年，习近平总书记指出，红色资源是我们党艰辛而辉煌奋斗历程的见证，是最宝贵的精神财富。红色血脉是中国共产党政治本色的集中体现，是新时代中国共产党人的精神力量源泉。加强革命文物保护利用，弘扬革命文化，传承红色基因，是我们的共同责任。

截至 2021 年 6 月，我国共有革命博物馆、纪念馆超过 1600 家，不可移动革命文物 3.6 万多处，国有博物馆革命文物藏品超过 100 万件套。《红色印记》中的 100 件革命文物，是它们中的代表。节目中，100 位"革命文物讲述人"通过极富感染力的真切表达，带领我们重温了那段波澜壮阔的革命历程；100 位年轻的"90 后讲解员"以现代视角思考百年历史，让我们感受到祖国接班人的朝气与热血。

知其所来，识其所在，才能明其将往。下一步，国家文物局将继续用心用情用力保护好、管理好、运用好革命文物资源，为激励全党全国人民继承革命传统，昂扬奋进全面建设社会主义现代化国家新征程作出更大贡献！

《红色印记》主创人员

图书在版编目（CIP）数据

红色印记：百件革命文物的声音档案/中央广播电视总台，国家文物局编著.—北京：中国国际广播出版社，2021.12（2024.5重印）

ISBN 978-7-5078-5028-4

Ⅰ.①红…　Ⅱ.①中…②国…　Ⅲ.①革命文物－中国－1921-2021　Ⅳ.①K871.6

中国版本图书馆CIP数据核字（2021）第217557号

红色印记：百件革命文物的声音档案

编　　著	中央广播电视总台　国家文物局
出 版 人	张宇清　田利平
策划编辑	李　卉
责任编辑	聂俊珍　李　卉
校　　对	张　娜
设　　计	王广福　张　泽

出版发行	中国国际广播出版社有限公司 ［010-89508207（传真）］
社　　址	北京市丰台区榴乡路88号石榴中心2号楼1701
	邮编：100079
印　　刷	北京启航东方印刷有限公司

开　　本	710×1000　1/16
字　　数	430千字
印　　张	28.5
版　　次	2021 年 12 月 北京第一版
印　　次	2024 年 5 月 第三次印刷
定　　价	56.00 元